TERMCRAFT

In this last volume of *Termcraft*, the author offers a compilation of the terms refered to in the other three volumes, as well as a few other entries for illustrative purposes. They represent most early terminological manifestations that led to Aristotle's categories and definitions of the Definition and the Term.

The science of the Term is an offshoot of logic, evolving from analogue thinking and primal utterances to information processing and knowledge transfer. The potential for terms to encapsulate the ultimate of everything and anything has been well grasped by the early mystics and philosophers, and up to today's speechwriters. Terminology, in fact, is the cornerstone of scientific research and economic development.

TERMCRAFT

The emergence of terminology science

by

J. L. F. Lambert

Volume 4:
A Dictionary of Ancient Terms

—8Θ8Θ8—

Lambert, J. L. F. (Jean, Louis, François), 1948-

Termcraft: The emergence of terminology science – Volume 4: A Dictionary of Ancient Terms (Part of a 4-volume edition of the 2014 single-volume edition of *Termcraft: The emergence of terminology science from the Vinčans and Sumerians to Aristotle*)
Includes three tables, a sketch, and a bibliography.
(Mrg 0.78, 0.67, 0.28; Txt Cnst 11 spc 1.1; Bbl Cnst 8.5)

FRONT COVER: The names of the four elements in Sumerian, Akkadian, and Egyptian; the lotus flower (the god of the Word's plant linking the four elements at the basis of technology) floating on the Blue Planet, and, unfolding from it, Aristotle's syllogistic terms; framing the whole and upholding the author's name in a cartouche, the Egyptian hieroglyph for a gateway, (*sbâ*, homophonous with both 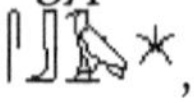, star, and , to teach).

'Termcraft' registered with National Library of Canada in 2002
2004.12.24 10-copy first edition National Library of Canada legal deposit number of draft: D 886015, under the title, *Termcraft: A backgrounder of the early history of terminology for students of translation and philosophy, and technical writers*

Reprint
ISBN 978-0-9947728-8-6 (soft)

Ancient civilizations, Vinčan, Sumerian, Egyptian, Akkadian, Hebrew, Arabic, Eblaite, Ugaritic, Sanskrit, Greek, Latin, Symbolism, Language, Writing, Hieroglyphics, Cuneiform, Comparative linguistics, Lexicology

To B. L.

CONTENTS

Volume 1: The First Scribal Arts and Techniques

PREFACE by Pr. Dr. L. G. KELLY
FOREWORD

PROLOGUE

Part One: THE GENESIS OF TERMINOLOGY

CHAPTER 1 — BETWEEN CACOPHONY AND HOMOPHONY: THE BIRTH OF SPEECH
A PHYSIOLOGICAL DISPOSITION
A PROBLEM OF DYNAMICS
THE CHALLENGE

CHAPTER 2 — THE CONCEPT OF REFERENCE
MEANING AND DESCRIPTION
The Vinčan Approach; The Sumerian Approach; The Kemetic Approach
COMMON REFERENTIAL PROBLEMS AND SOLUTIONS
Framing the Purpose; Equivocity
THE DEVELOPMENT OF PROTOTERMS

CHAPTER 3 — THE EXISTENTIAL TRIANGLE
THE DOCTRINE OF IDEAS
The Theory of Participation
THE DOCTRINE OF NAMING
Divine Naming; Royal Naming; Personal Naming
THE DOCTRINE OF BEING
Self-Predicating

ILLUSTRATIONS, APPENDIXES, BIBLIOGRAPHY, INDEXES

Volume 2: The Word of the Priests

Chapter 4 — THE DOCTRINE OF THE CREATING WORD

THE MESOPOTAMIAN WORD

Enlil, the Conceiver; Enki, the Word; Nabu, the Word Function; Mesopotamia's Precreations; The Babylonian Creative Word; Mesopotamia's Top Genera; The Terminological Aspect of the Mesopotamian Word; An Arabian Epilogue

THE KEMETIC WORD

Horus, the Conceiver; Thoth, the Word Organ; Thoth, the Word; Kemet's Precreations; The Silent Enlightenment from an Eclipse; Kemet's Top Genera; The Terminological Aspect of the Kemetic Word; A Quantum Epilogue

THE LEVANTINE WORD

An Effective Word; The Avatars of a Protective Creator; Ehyeh, the Absolute Creator; The Hebraic Creative Word; Israel's Top Genera; The Terminological Aspect of the Israelite Word; A Roman Epilogue

THE HELLENIC WORD

A Chaotic Beginning; Hermes, the People's Word; A Hermetic Gift; A Certain Poetic Licence; A Certain Experience of Boundaries; A Catalytic Nominalization; Intelligence, the Overall Conceiver; The Triangulation of the Creating Act; The Systematization of Opposition; The Binary Order and Dialectic; The Invisible Extension of the Binary Order; The Termist Framing of the Creating Word; The Terminological Aspect of the Hellenic Word; A Global Epilogue

ILLUSTRATIONS, APPENDIXES, BIBLIOGRAPHY, INDEXES

Part Two: PROTOTERMINOLOGY

Volume 3: The Road to Athens

CHAPTER 5 – THE NOTION OF ORDER

A PARADISE LOST

THE INTEGRATION OF OPPOSITES

The Mesopotamian Perspective; The Kemetic Perspective; The Levantine Perspective; The Hellenic Perspective

THE HARNESSING OF SEQUENCES

Apprehending Causes; Balancing Cause and Effect; Controlling Effects

THE WORD AS A PROTOCOL FOR ORDER

CHAPTER 6 – FROM BOUNDARY TO TERM

BOUNDARY ROPES AND INDIVIDUALIZATION

BOUNDARY STONES AND GODS OF THE WORD

BOUNDARY WORDS AND TERMS OF THOUGHT

CHAPTER 7 – THE PRE-ARISTOTELIANS

THE TECHNIQUE OF CLASSIFICATION

FROM SELF-DEFINITION TO AN A PRIORI DEFINITION

The Pythagorean Definitions; The Platonic Definition

CHAPTER 8 – THE STAGIRITE'S APPROACH

REDEFINING PROPOSITIONS

THE THEORY OF PREDICATION

The Types of Predicables; The Categorial Function of Predicables; The Transitivity of Predication; The Plurality of Predication; Post-Aristotelian Interpretations of Predication

THE THEORY OF DEFINITION

The Constituent Parts of the Definition; The Types of Definition; Derivations of Definition

THE DOCTRINE OF SYLLOGISTIC

The Subject-Predicate Role Exchange; The Necessariness of Representability; The Validity Variables

THE TERM

Modern Applications of the Term

EPILOGUE

ILLUSTRATIONS, APPENDIXES, BIBLIOGRAPHY, INDEXES

Volume 4: A Dictionary of Ancient Terms

ENGLISH-ANCIENT LANGUAGES.......... 2

VINČAN-ENGLISH (tentative) 29
SUMERIAN-ENGLISH 32
EGYPTIAN-ENGLISH 54
AKKADIAN-ENGLISH 103
HEBREW (old)-ENGLISH 177
ARABIC (old)-ENGLISH 180
EBLAITE-ENGLISH 182
UGARITIC-ENGLISH 183
SANSKRIT-ENGLISH 187
GREEK (old)-ENGLISH 189
LATIN-ENGLISH 195

Bibliography 201

ACKNOWLEDGMENT

Credit is gratefully acknowledged for permission to include a sketched copyrighted material by the following copyright owner:

British Academy (Brigid Hamilton-Jones): From *Semitic Writing from Pictograph to Alphabet*, 3rd edition by G. R. Driver, London: The British Academy, p. 272. Sketching by permission of the British Academy.

A DICTIONARY of ANCIENT TERMS

This diachronic polyglot dictionary is divided into two main parts, the first with English entries, and the second with ancient-language entries. The Egyptian Glossary includes three parts; the Akkadian Glossary has four parts. The absence of corresponding entries in particular glossaries does not mean the concepts did not exist.

It regroups the ancient words and terms used as illustrations in the first three volumes of *Termcraft*, in particular in reference to:

> common determinatives, the four elements, the Pythagorean opposites, Aristotle's categories, and designations related to basic concepts of the god of the Word, creational body organs and tools, genealogy, science, some conjunctions or Boolean operators, syllogistic, and terminology.

It illustrates possible interlinguistic connections and how old some terminology-relevant, protophilosophical concepts are.

ENGLISH-ANCIENT LANGUAGES

Not all variants or synonyms are provided. Apart from the Akkadian section that is accessible with sign numbers, and the Egyptian section that has each group of transcribed uniliteral glyphs followed by corresponding multiliteral glyphs, all subglossaries have their transcriptions in the English alphabetical order. Entries in bold characters designate prototerminological concepts. Sources have different transcription systems and do not use the International Phonetic Alphabet; underlined letters are crossed (e.g., ẖ becomes ħ). Underlined terms are possible Sumerian determinatives borrowed and adapted by cuneiform systems such as Akkadian and Eblaite writings. Vinčan has not been deciphered. AK: Akkadian; AR: Arabic; EB: Eblaite; EG: Egyptian; GK: Greek; HB: Hebrew; LT: Latin; SM: Sumerian; SK: Sanskrit; UG: Ugaritic; VN: Vinčan.

1: AK *ištēn* : EG *wā* : GK Α̅; *heis*; *hen*; *mia* : LT *I*; *unus*: SM *diš* : VN *
2: AK *šina* : EG *snw* : GK Β̅; *duo* : LT *II*; *duas*; *duo* : SM *min* : VN **
8: AK *šamānū* : EG *ḫmnw* : GK Η̅; *okto* : LT *VIII*; *octo* : SM *ussu*
10: AK *ešru* : EG *mđw* : GK Ι̅ ; *deka* : LT *X*; *decem* : SM *u*
3,600: AK *šāru* : GK ͵Γχ : LT *MMMDC* (∞∞∞*ĐC*) : SM *šár*
216,000: SM *šár-géš*

A

absence: AK *dappurtu* : EG *gâw* : LT *absentia*
absent: SM *ir-ús-sa*
abyss: AK *apsū* : GK *abussos* : LT *abyssus* : SM *abzu*; *engur*; *sug*. (Coptic: *noun*; cf. primeval water.) Cf. deep; extremity; underground waters
accident; attribute: AR *'araḍ*: GK *pathos*; *sumbebēkos* : LT *accidens*
account: AK *ipšu* : GK *lógos* : LT *ratio*. Cf. record
accounting: EG *nt-ḥsb*
act, to: AK *alāku* : EG *ìrì* : GK *poiein* : LT *agere* : SM *lâḫ*; *súg*. Cf. do; make; move
action: EG *ā* : GK *poiesis*; *praxis* : HB *'ălee-lāh'* : LT *actio* : SK *karman*. Cf. activity; category
activity: AK *alaktu* : EG *r-āwy*; *rāw*; *st-ā* : GK *diagōgē*; *energeia* : LT *energia* : SK *karmatva* : SM *níg-ak-ak*. Cf. action; change; movement
actuality: GK *energeia*

adversary: EG *ḫfty* : SM *gaba-šu-gar*
affected, to be: GK *paskhein*
affection: EG *st-ìb* : GK *pathēma*; *pathos* : LT *affectio*; *passio* : SK *rāga*. Cf. category; undergo
affirmation: EG *tz* : GK *kataphasis*; *katēgoria* : LT *affirmatio*. Cf. assertion; negation
after: AK *warki* : AR *ba'da* : EG *m-ḫt*; *r-sâ* : GK *husteron*; *meta* : HB *'aḥar* : LT *post* : SM *egir* : UG *àḫr*. Cf. behind; posterior
agreement: AK *dibbātu* : GK *harmonia* : LT *conditio* : SM *inim*
air: AK *lilū* : EG *ìgbw*; *ìsnn*; *ìtm*; *mâ*; *nfw*; *nnây*; *šw*; *ṭâw* : GK *aēr* : HB *ruaḥ*; *šāmayim* : LT *aer* : SK *vāyu* : SM *líl*. Cf. breath; heaven; soul; spirit; wind
alien: AK *aḫū* : HB *gēhr* : SM *kúr*. Cf. other
all: AK *gimru*; *kalū*; *kullatu* : AR *kull* : EG *ntt ìwtt*; *r-đr* : GK *holon*; *pas* : HB *kōl* : LT *omnis* : SK *sarva* : SM *šár* : UG *kl*. Cf. universe; whole; world
altar: AK *maškittu* : EG *ḥtp* : VN
ambiguous: GK *homōnumos* : LT *aequivocus*. Cf. equivocal
amulet: EG *ānḫ*; *zâ*
and: AK *u* : AR *wa* : EG *ḥnā*; *ḥrā* : HB *ve* : LT *et* : SM *bi-da* : UG *w*. Cf. include; with
answer: AK *apālu* : HB *mah-'ăneh'* : LT *responsum*
answer, to: AR *'aĵāba* : EG *wšb* : HB *'ānā* : LT *respondere* : SM *gî* : UG *'ny*
ape: AK *uqūpu* : EG *ky* : GK *pithēkos* : HB *kōhph* : SK *kapi*
arm: AK *idu* : AR *đirā'* : EG *âqbt*; *ā*; *rmn* : HB *zrō'*: LT *brachium* : SM *á*; *da* : UG *đr'*. Cf. leg; strength
army: AK *ummānu* : EG *mšā*
army scribe: AK *ṭupšar ummānim* : EG *zš mnfty*
arrow: AK *šiltāḫu* : EG *šsr*; *zwnt* : SM *^{giš}gag-si-sá*; *ti*
art: AR *ṣinā'*; GK *tekhnē* : SK *kalā*
ask, to: AK *šālu* : AR *sa'ala* : EG *nđ* : HB *šā'al* : LT *inquirere* : SM *èn--tar* : UG *šàl*. Cf. inquire; question
ass: AK *imēru* : AR *ḥimār* : HB *ḥmōr* : SM *anše*; *kunga* : UG *ḥmr*. Cf. donkey
assembly: AK *puḫur* : EG *đâđât* : GK *ekklesia* : HB *'ătzeh'-reth*; *kāh-hāhl'* : LT *concilium* : SK *sabhā* : SM *un-ken*. Cf. council
assert, to: LT *praedicare*
assertion: GK *katēgoria*; *kataphasis*. Cf. affirmation; statement
assignee: EG *ìry*
assistant: AK *aḫu*; *šamallū* : LT *assistens* : SM *šeš*. Cf. craftsman
attribute; accident: AK *simtu* : GK *sumbebēkos*; *pathos* : LT *attributum* : SK *viśeṣaṇa* : SM *me-te*. Cf. characteristic; distinguishing attributes; honour; predicate
attributes: EG *đrt*; *ḥmswt*. Cf. qualities
attribution; predication: GK *katēgoria* : LT *attributio*. Cf. charge
authority: AK *emūqu* : EG *ḥqât*; *st-r* : LT *autoritas*: SM *nam-nir-gál*

B

baboon: EG *āān* : LT *Papio cynocephalus*. Cf. sacred baboon
back: AK *warkatu* : AR *ḍahr* : EG *pzd*; *sâ*; *ìât* : HB *šekem* : SM *egir* : UG *ẓr*. Cf. posterior
bad: AK *lemnu* : EB *ba-rí-um* : EG *bìn*; *đw* : GK *kakos* : HB *ra'* : LT *malus* : SM *ḫul*. Cf. evil; good
bad thing: GK *kakon* : SM *níg-gíg*. Cf. badness
badness: AK *lemuttu* : EG *bw-bìn*; *bw-đw* : GK

kakon. Cf. bad thing; evil; goodness
bag: EG *ārf* : SM *gàr*
barge: EG *wsḫt*
barley: AK *še'u*; *uṭṭatu* : AR *ša'ir* : EG *ìtì*; *šmāì* : HB *ś'ōrim* : SM *še* : UG *š'r*
basic language: SM *eme-temen-a*
bat: AK *sudinnu* : EG *drgyt* : SM *su-din*mušen
be, he causes to: HB *yahveh*
be, I am/will: HB *ehyeh*
be, to: AK *bašū*; *emū* : AR *kāna* : EG *pâ*; *wnn* : GK *einai* : HB *hāyā* : LT *esse* : SK *as* : SM *gál*; *me*; *ti* : UG *kn*. Cf. exist
bear: AK *asu* : LT *ursus* : SM *az* : VN
beautiful: AK *banū* : EG *nfr*; *twt* : GK *kalos* : LT *bellus* : SM *să*
beauty: EG *nfr*; *nfrw*
because: AK *aššum* : EG *đr-ntt*; *ḫft-ntt*; *mā-ntt* : GK *dia* : HB *kī* : SM *bar*; *mu*; *nam-šù*. Cf. cause
become, to: AK *ewū*; *tāru* : EG *ḫpr* : LT *fere* : SM *tug*. Cf. change
become, to; born, to be : GK *gignesthai*
becoming: GK *genesis*. Cf. change; future
bee: AK *ḫabubītu* : EG *bìt* : LT *apis*
beer: AK *šikaru* : EG *ḥnqt* : SM *kas*; *kaš*
before: AK *maḫra* : EG *r-ḥāt*; *tp-ā* : GK *pro* : LT *ante*; *prae* : SM *dub-sag*. Cf. prior
beginning: AK *rēšu* : EG *ḥât*; *pât* : GK *arkhē* : HB *rēh-šēth'* : LT *principium*. Cf. end; first; front; primeval time
behind: AK *warka* : EG *ḥâ*; *ḥr-sâ*; *m-ḫt*; *m-sâ* : SM *egir*. Cf. after; posterior
behold, to: EG *ptrì* : SM *igi--dū*
being: AK *mū* : EG *wnnt* : GK *einai*; *on* : SK *sattā* : SM *me*. Cf. entity; living being; person; reality; substance; that which is; there is; thing
belong to, to: AK *dagālu* : GK *huparkhein*. Cf. present in, to be
belonging to: EG *ìry*; *n*; *ny*. Cf. present in; related to
beloved: AK *narāmu* : EG *mry* : SM *ki-ág*
big: AK *rabū* : AR *kabīr* : EG *āâ*; *wr* : GK *megas* : HB *gādōl* : LT *grandis* : SK *bṛhat* : SM *gal* : UG *gdl*. Cf. great; quantified
big language: SM *eme-gal*
billy goat: AK *kizzu* : AR *tays* : EG *ār* : HB *tayiš* : SM *máš-nita* : UG *gd*
bind, to: AK *qaṣāru*; *rakāšu* : EG *ḥtr*; *mr*; *qâs*; *ŧâz*; *wāf* : HB *rāḵas* : SM *kéš*; *sìr* : UG *rks*. Cf. swear
bird: AK *iṣṣūru* : AR *'uṣfūr* : EG *âpd* : GK *ornis* : HB *'ōp*; *ṣippōr* : LT *avis* : SM *ḫu*; <u>*mušen*</u> : UG *'p*; *'ṣr* : VN
bird of prey: AK *erū*; *našru* : AR *nasr* : EG *pḫt* : SM *it*mušen
birth, to give: AK *walādu* : AR *walada* : EG *msì* : HB *yālaḏ* : SM *mud*; *tud* : UG *yld* : VN
birthday: EG *hrw ms*
black: AK *ṣalmu* : AR *'aswad* : EG *km* : GK *melanos* : LT *niger* : SM *gĕ*; *gĭ*; *gíg*
black ibis: EG *gmt* : LT *Plegadis falcinelus*. Cf. ibis
blood: AK *damu* : AR *dam* : EG *dšrw*; *znf* : GK *haima* : HB *dām* : LT *sanguis* : SM *mud*; *úš* : UG *dm*
blood vessel: EG *mt*
boat: AK *elippu* : EG *âtì*; *ìâ*; *ìm*; *māk* : GK *skaphē* : SM *má-gan*. Cf. cargo boat; watercraft
boatman: AK *malāḫu* : EG *dpy* : SM *lú-má*; *má-lâḫ*
body: AK *zumru* : EG *đt*; *ḥā* : GK *sōma* : LT *corpus* : SK *śarīra*; *tanu* : SM *alam*; *kuš*; *su*. Cf. form; mortal body; physical body; shape; whole
body part: AK *šīru* : EG *ìwf*; *msdt* : SM <u>*uzu*</u>. Cf. part
bone: AK *eṣemtu* : AR *'aẓm* : EG *qs* : HB

'eṣem : SM *gag* : UG *'ẓm*

book: EG *mđât*; *sẖrt* : GK *biblion* : LT *liber*

border: AK *miṣru* : EG *đr*; *tâš*; *wb* : GK *termon* : HB *g'vool* : SM *maš*. Cf. boundary; edge

born, to be: EG *msì* : LT *nasci*

born, to be; become, to: GK *gignesthai*

boundary: AK *pāṭu*; *uṣurtu* : EG *ìđr*; *nđ*; *tâš* : GK *herma*; *horismos*; *horos* : LT *limes*; *terminus* : SM *in-dub-ba*; *ki-sur-ra*; *sur*; *zag*. Cf. border; boundary stone; limit; term

boundary stone: AK *kudurru*; *narū* : EG *ìzt* : *GK horos* : SM *bulug*. Cf. boundary; Hermes boundary stone; stele

boundless: EG *đrw* : SK *ānantya*. Cf. unlimited

bounty: LT *bonitas* : SM *níg-dagal*

bovine: AK *liātu* : SM *gud*. Cf. cattle

bow: AK *qaštu* : EG *pđt* : HB *kĕh'-sheth* : LT *arcus* : SM *gišpan*; *mu* : UG *qšt*

branch: AK *ḫuṭāru* : EG *ìâât*; *smḥ* : SM *pa*

breast: AK *tulū* : AR *ṣadr* : EG *šnbt* : HB *šad* : LT *mamma* : SM *gaba* : UG *ŧd*. Cf. chest

breath: AK *imtu*; *rūtu* : EG *ìs*; *mâ*; *nft*; *nfw*; *nnây*; *nyfât*; *ŧâw* : GK *pneuma*; *psukhē* : HB *n'šāh-māh'*; *ruaḥ* : LT *anima* : SK *prāṇa*: *śvāsa* : SM *pa-ág*; *zi*. Cf. air; heaven; soul; spirit; wind

brick: AK *libittu* : EG *đbt* : SM *sîg*

bright: AK *nawirtu*; *pesū* : GK *aglaos* : LT *clarus* : SM *bábbar*

brightness: HB *nōh'-gah*; *zohar*

bring, to: AK *wabālu* : EG *ìnì* : SM *dĕ*; *túm*

bronze: AK *siparru* : EB *zabar* : EG *bìâ rwđ*; *ḥsmn* : SM *zabar*

brother: AK *aḫu* : AR *'aḫ* : EG *sn* : GK *adelphos* : HB *'āḥ* : LT *frater* : SK *bhrātṛ* : SM *šeš* : UG *àḫ*

build, to: AK *banū* : AR *banā* : EG *šš* : HB *bānā* : SM *dím*; *dù*; *ku* : UG *bny*. Cf. make

building: AK *bītu* : EG *pr* : LT *habitatio* : SM *é* : VN. Cf. house

bull: AK *šūru* : AR *ŧawr* : EG *kâ* : GK *tauros* : HB *šōr* : LT *taurus* : SM *gud* : UG *ŧr*. Cf. ox; wild bull

buried, to be: EG *sâḥ-tâ*

bush: EB *sar*

buy, to: AR *ištarā* : HB *qānā* : SM *šám* : UG *qny*

C

calf: AK *būru* : AR *'iǰl* : HB *'ēgel* : SM *amar* : UG *'gl*

call, to: AK *nabū*; *qālu* : AR *da'ā* : EB *na-ba-um* : EG *āš*; *ìâš* : GK *kalein* : HB *qārā'* : LT *vocare* : SM *mĕ*; *pàd* : UG *qrd*

canal: AK *palgu* : EG *mr* : SM *pā*. Cf. watercourse

canon: AR *qanon* : EG *mâāt*; *ntā* : GK *kanon* : LT *canon*. Cf. formula: logos; straight

cargo boat: AK *makurru* : EG *āḥāw* : SM *má-gũr*

cartouche: EG *mnš*; *šnw*. Cf. that which encircles

category: GK *katēgoria* : LT *praedicatum* : SK *padārtha*. Cf. action; affection; condition; location; posture; quality; quantity; relation; substance; time

catfish: EG *nār*

cattle: AK *būlu* : EG *ìḥw*; *kâ*; *mnmnt* : HB *miqneh* : SM *gud* : UG *bhmt*. Cf. bovine; property

cause: AR *fā'il*; *sabab*; GK *aition* : HB *n'sib-bāh'* : LT *causa*; *material* : SK *hetu*; *kāraṇa* : SM *á-ág*. Cf. because

causes to be, he: HB *yahveh*

cedar: AK *erēnu* : EG *āš*; *sb* : GK *kedros* : LT *cedrus* : SM *eren* : UG *àrz*

celestial body: EG *sbâ* : SM *mul*

cemetery: EG *tâ-đsr* : LT *cimiterium* : SM *ki-maḫ* : UG *ḫrt*

change: AK *šinītu* : EG *ìyw* : GK *metabolē* : LT *vicis* : SK *pariṇāma*; *vikṛti*. Cf. activity; becoming; future; moving
change, to: AK *enū*; *nakāru*; *šanū*; *šunnū* : EG *wdb* : GK *metaballein* : HB *nāḵar* : LT *mutare* : SM *bal*; *kúr*. Cf. act; become; create
chaos: GK *khaos* : HB *tohu* : LT *chaos*
characteristic: AK *simtu* : EG *ìwn*; *qd* : SM *me-te*; *ta*. Cf. attribute; present in; relative to
characteristic property: GK *idiotēs*. Cf. property
charge: AK *karṣu*; *qātu* : EG *smìt*; *tíms* : GK *katēgoria*. Cf. attribution; denunciation; that which makes known
chariot: AK *narkabtu* : AR *markabat* : EG *mìkârbwtì* : GK *harma* : HB *merkaḇā* : LT *carrum* : SM *gigir*; *gišgigir* : UG *mrkbt*
chariot frame: SM *tum*
chariotry: EG *nt-ḥtrì*
cherub: AK *kurību* : HB *k'roov* : LT *cherub*
chest: AK *irtu* : EG *msdt*; *qâbt* : SM *gaba*. Cf. breast; front
chief scribe: EG *zš āâ*
chisel: AK *maqqaru* : EG *mđât*; *mnḫ* : SM *nagar*
city: AK *ālu* : EG *bâk* : GK *polis* : HB *ir*; *kir-yāh'*; *m*; *rs* : LT *urbs* : SM *eri*; *uru* : UG *qrt*. Cf. settlement
civil language: SM *eme-gi*. Cf. language
class: GK *genos* : LT *classis* : SK *varga*. Cf. rank; species
clay: AK *ṭiṭṭu* : EG *ìm*; *sìn* : GK *keramos* : SM *im*
clay tablet: AK *ṭuppu* : EG *ā* : SM *dub*. Cf. tablet
close, to be: SM *da*
cloth: AK *kitū* : EG *ḥbsw*; *mn*; *sìât* : LT *tela* : SM *túg*. Cf. fabric; garment
cloud: AK *urpu* : EG *qrì* : GK *nephelē* : LT *nimbus* : SM *im-dir*
clouds: HB *rabot*
cold: AK *kūṣu* : EG *ḥwđây*; *qbb* : GK *psukhron*; *krusos*; *psukhros* : HB *kōhr* : LT *frigidus* : SM *sid*. Cf. hot
come, to: AK *kašādu* : AR *'atā* : EG *ìy* : HB *bā'* : LT *venire* : UG *bà*
come and go, to: EG *šmy ìy*
command: AK *awātu*; *parṣu*; *pū*; *tērtu* : EG *wđt*; *wpwt* : GK *prostaxis* : HB *mitz-vāh'* : SM *aka*; *dûg-ga*; *me*; *mu*. Cf. knowledge; message
Commander King's House Guard: EG *ìmyr mšā n pr nswt*
common: GK *koinos* : LT *communis*. Cf. same; universal
company of gods: EG *pâwt n ntrw*
complete, to: AK *šuklulu* : EG *km* : GK *apartizein* : LT *complere* : SM *šu-dŭ*
complete, to be: AK *šalāmu* : EG *tm* : HB *šālam* : UG *šlm*
composite : GK *sunolon*; *suntheton* : LT *compositus*
composite figure: AK *kurību*
conceive, to: EG *mât* : LT *concipere*
concerning: EG *r*; *ìr*. Cf. relative to
condition: EG *ā*; *āḥāw*; *ḫrt* : LT *habitus*; *status* : SK *avasthā*. Cf. category; having; state
constituent: GK *enuparkhon* : LT *constituens*. Cf. part
contain, to: AK *išū* : EG *ārf* : LT *continere*. Cf. include
continuous: GK *sunekhes* : LT *continuus*
contract: AK *riksu* : EG *ḫtm* : LT *contractus*
contradiction: EG *ābābt*; *bāā*: GK *antiphasis* : LT *contradictio*
contrariety: GK *enantiōsis*; *enantiotēs* : LT *contrarietas*
contrary: AK *ina pūt* : EG *ānw*; *nḥâ* : GK *enantion*; *enantios*; *hupenantios* : HB *hēh'-phe'ch* : LT *contrarium*

contrived speech: SM *eme-suḫ-a*. Cf. speech
contrived, he: GK *emesato*
control, to: SM *šu*
copper: AK *werū* : EB *kà-pá-tu* : EG *ḥmt* : LT *cyprum* : SM *urudu* : UG *ṯlṯ*
corpse: AK *šalamtu* : EG *ħât* : SM *kuš*. Cf. mortal body
correct: EG *mââ* : LT *correctus*
cosmic ocean: EG *nwn*. Cf. inertia; primeval sea
cosmic order: AK *mū* : EG *mâāt* : SK *dharma*. Cf. order
cosmic rope: AK *markasu*
cotton plant: EB *tu-ba-lu-um* : SM *ú-sig*
council: EG *qnbt*. Cf. assembly
count, to: EG *ḥsb*; *ìp* : LT *putare* : SM *šid*
country: AK *mātu* : EG *ḫâst* : SM *ki*; *ma-da* : UG *ḥwt*. Cf. foreign land
countryside: EG *sḫt*
cover, to: LT *operire* : SM *šú*
cow: AK *arḫu*; *lītu* : AR *baqarat* : EB *ma-ni-lum* : EG *ìwâ* : HB *pārā* : SM *áb* : UG *ypt*
cow and calf: SM *áb amar bi-da*
craft: EG *ḥmwt* : GK *tekhnē*
craftsman: AK *ummiānu* : EG *ḥmwty* : GK *dēmiourgos* : SM *giš-kíg-ti* : UG *ḥrš*. Cf. assistant; sculpture
create, to: AK *epēšu* : EG *ābḥt*; *ptḥ*; *qmâì*; *s-ḫpr* : HB *assah*; *b-r-ʹ*; *k-n-h* : LT *creare*; *generare* : SM *dím*; *mud* : UG *knh*. Cf. change; make; shape
creation: AK *epištu* : LT *creation* : SK *nirmāṇa*; *sṛṣṭi*. Cf. shape
crested ibis: EG *âḫ* : LT *Ibis comata*. Cf. ibis
crocodile: AK *kušū* : EG *āfāf*; *dpy*; *ḫnty*; *kâpw*; *msḥ*; *mzḥ* : GK *khampsai* : LT *crocodilus* : SM *úḫu*
cupbearer: AK *šāqū* : EG *wbâ*; *wdpw* GK *oinochoos* : HB *mašqeh* : SM *sagi*
curse, to: SM *nam--kū*
curved: GK *kampulos*; *kurtos* : LT *curvus*. Cf. straight
custom: AK *ūsu* : EG *hp*; *nt-ā* : GK *ēthos*; *nomos* : LT *usus* : SK *svadhā*. Cf. duty; usage
customs: HB *minhag*
cut, to: EG *ìwì*; *mđḥ*; *wđā* : GK *temnein* : LT *caedere* : SM *kū*. Cf. divide; judge; tear
cypress: AK *šurmēnu* : EB *balašu* : EG *kbs* : GK *kuparissos* : LT *cupressus* : SM *giššu-úr-me*; *šurme*

D

dark: AK *ṣalmu* : HB *ģhōhʹ-šěch* : LT *obscurus* : SK *timira* : SM *gĕ*; *gĭ*; *gíg*. Cf. light
dark beer: SM *kas gíg*
darkness: AK *ekletu*; *ṣalmu* : EG *kkw*; *knḥw*; *knmt*; *nfy*; *wšâw* : GK *skotos* : HB *ģhăšēh-ʻchāhʹ* : LT *obscuritas* : SK *ganesan*; *tama* : SM *ku-ku*; *mul-sĭg* : UG *ẓ̱lmt*. Cf. night
date: AK *suluppū* : EG *bnrì* : GK *daktulos* : LT *dactylus* : SM *zú-lum-ma*
date palm: AK *gišimmaru* : EG *bnr* : LT *Phoenix dactylifera* : SM *gišgišimmar*; *gišimmar*
daughter: AK *mārtu* : AR *bint* : EG *sât* : HB *bat* : LT *filia* : SM *dumu-sal* : UG *bt*
day: AK *ūmu* : AR *yawm* : EB *da-la-lum* : EG *hrw*; *sw* : GK *hemera* : HB *yōm* : LT *dies* : SM *ud*; *û* : UG *ym*
day and night: SM *ud gíg bi*
death: AK *mūtu* : EG *ḫpt*; *mt*; *rā n mwt* : GK *thanatos* : LT *mors* : SK *mṛtyu* : SM *nam-tar*; *úš*. Cf. fate
deceitful speech: EG *mdt hâpt* : SM *eme-sig*. Cf. speech
decree, to: AK *nabū* : EG *wđ* : LT *sancire* : SM *nam--tar*
deduction: GK *sullogismos* : SM *níg-šid*

deep, the: AK *apsū* : GK *bathu* : HB *tehom* : SM *abzu*; *engur*; *sug* : UG *thmt*. Cf. abyss; primeval sea; underground waters
definition: AR *ḥadd* : *GK horismos*; *horos*; *lógos* : LT *definitio* : SK *lakṣaṇa*. Cf. delimit; determination; formula; limit; present in; terminology
deity: AK *ilu* : EG *ntr* : LT *deitas* : SM *dingir*. Cf. divinity; god; goddess
delimit, to: AK *eṣēru* : EG *ḥnb* : LT *definire* : SM *sur*. Cf. definition; limit
denunciation: GK *katēgoria* : LT *denunciatio*. Cf. charge
depth: AK *šuplu* : EB *tì-é-mu* : GK *bathos*; *bussos* : SM *šá-gi*
descend, to: EG *hây* : LT *descendere*
desert: AK *ṣēru* : EG *dšrt* : SM *é-ri*
destiny: AK *šīmtu* : LT *destinatus* : SK *pravṛtti* : UG *ùḫry*. Cf. end; fate; tablet of destiny
determination: GK *horismos* : HB *yaen* : LT *determinatio*. Cf. definition; term
determine, to: AK *šāmu* : EG *dì m ìb*; *šâ* : GK *horizein*; *prosdiorizein* : LT *determinare*; *limitare* : SM *tar*. Cf. tear
dew: AK *nalšu* : EG *ìâdt* : GK *drosos*
diagnosis: GK *diagnōsis* : LT *diagnosis*
difference: EG *tnt* : GK *heterotis* : LT *differentia* : SK *anyatā*; *bheda*. Cf. differentia
different: AK *šanū* : GK *diaphoros*; *heteros* : LT *differens* : SK *anya*; *bhinna* : SM *ha-mun*. Cf. other
differentia: AR *faṣl* : GK *diaphora* : LT *differentia*. Cf. difference; distinguishing attributes; distinguishing qualities; specific difference
differentiation: HB *havdalah*
direction: AK *tērtu*; *ūsu* : GK *tropē* : LT *direction* : SM *im*; *tu*
disobedient: SM *nu-še-ga*
disorder: EG *ìsft*; *shâ*. Cf. order
disposer: EG *tzw* : GK *theos*. Cf. god
distinguish, to: GK *diagignōskein*; *diorizein*: LT *distinguere*
distinguishing attributes: EG *ztnw*. Cf. attribute; differentia
distinguishing qualities: EG *ztnw*. Cf. differentia; quality
district: EG *w*; *wārt*
divide, to: AK *parāsu*; *zāzu* : EG *đzì*; *pzš*; *št*; *wpì* : GK *diairein*; *horizein* : HB *pāras* : LT *dividere* : SM *bar*; *si--il*. Cf. cut; judge; split
divine cloth: EG *nfr*
divine decree: AK *mū*; *parṣu* : SM *me*
divine power: SM *me*. Cf. power
divinity: AK *ilūtu* : EG *ntr* : LT *divinitas* : SM *nam-dingir*. Cf. deity
division: AK *zu'uztu* : EG *ḫbt*; *pzšt* : GK *diairesis* : LT *divisio* : SK *vibhāga* : SM *ḫal*; *si-il* : UG *prst*. Cf. part; split
do, to: AK *epēšu* : EG *ìrì* : GK *poiein* : LT *agere* : SM *dù*. Cf. act; make
document: AK *immu* : EG *ā*; *ānḫ*; *šāt*; *znn* : SM *dub*
dog: AK *kalbu* : AR *kalb* : EG *whr* : HB *keleb* : SM *ur* : UG *klb*
dominion: EG *wâs*. Cf. power
donkey: EG *āâ*. Cf. ass
door: AK *daltu* : AR *bāb* : EG *āâ*; *r*; *r-āwy*; *sbâ* : HB *delet* : SM *^{giš}ig*; *ig* : UG *dlt*. Cf. doorway; gate; house door
doorkeeper: AK *mukīl babim* : EG *ìry-āâ* : SM *lú-geš-éd*; *ni-gab*. Cf. gatekeeper
doorleaf: EG *āâ*
doorway: EG *sbâ*. Cf. door

double: AK *tašna* : EG *kâ* : GK *diploos* : LT *duplus* : SM *min-la-ba*. Cf. two-faced
dough cake: EG *pâwt*
dove: AK *summatu* : EG *pādt* : SM *tu*^{mušen}
drink, to: AK *šatū* : EG *bābā*; *swrì* : SM *nag*
drug: AK *šammu* : AR *dawā'* : EG *pħrt* : GK *pharmakon*
dry: EG *šw* : GK *xēros* : SK *śuṣka*. Cf. wet
dryness: EG *hâfy* : SK *śuṣikā*
dual: AK *šinā* : EG *sny*; *ty*; *wy*; *y* : LT *dualis* : SM *min*
duty: AK *isiḫtu*; *parṣu* : EG *ìrt*; *nt-ā* : SM *garza*. Cf. custom

E

eagle: AK *urinnu* : AR *ǵaran* : EG *āḫm* : LT *aquila* : SM *ú-ri-in*^{mušen} : UG *nšr*
ear: AK *uznu* : AR *'uđun* : EG *msđr* : GK *ous* : HB *'ōzen* : LT *auricula* : SM *géštug* : UG *ùdn*. Cf. wisdom
earth/below: SM *ki*
earth: AK *erṣetu* : AR *'arḍ*: EG *gbb*; *tâ* : GK *gē* : HB *'adamah*; *'ereṣ* : LT *terra* : SK *kṣiti*; *pṛthivī* : SM *ki* : UG *àrṣ*. Cf. land
East: AK *ṣītu*; *šadū* : EG *ìâbt* : HB *kāh-deem'*; *miz-rāhǵh'* : SM *giš-nim*; *kur-ú*; *utu-è*. Cf. morning; West
ebony: AK *ušū* : EG *hbny* : GK *ebenos* : LT *ebenus* : SM ^{giš}*esi*
edge: AK *pulungu* : AR *ḥāfa* : BQ *ezpain* : SK *aśri* : SM *gú*. Cf. border; extremity; lip; outer limit; shore
effect: EG *bsw* : LT *effectus*
egg: AK *pīlū* : EG *swḥt* : LT *ovum* : SM *nuz*
Egyptian (language): EG *r n Kmt*
Egyptian language: EG *mdw r n Kmt*
eight: AK *šamānū* : AR *ŧamāniyat* : EG *ḫmnw* : GK *okto* : HB *šmōnā* : LT *octo* : SM *ussu* : UG *ŧmn*
elbow: EG *šnāt*
element: AR *isṭaqis* : GK *arkhē*; *stoikheion* : LT *elementum*. Cf. stuff; substance
elements: EG *gzw*; *pâwt* : LT *principia*
elephant: AK *pīru* : EG *âbw* : GK *elephas* : LT *elephantus* : SM *am-si*
end: AK *uṣurtu* : EG *đrā*; *grḥ*; *r-ā* : GK *hou heneka*; *telos*; *terma* : HB *kāh-tzāk'* : LT *finis* : UG *ùḫry*. Cf. beginning; destiny; edge; front; limit; middle
enemy: AK *nakiru* : EG *ḫfty*; *ḫrwy* : HB *oyev* : LT *hostis*; *inimicus* : SM *érim* : UG *ìb*
energy of the soul: EG *ìb*
enneadic divine company: EG *psđt*
entelechy: GK *entelekheia*
entity: GK *on*; *einai* : LT *entitas*. Cf. being; substance
equal: GK *isos* : LT *aequalis* : SK *sama* : SM *sá*. Cf. same
equal, to be: AK *šanānu* : SM *sá*. Cf. same
equivocal. GK *homōnumos* : LT *aequivocus*. Cf. ambiguous
essence: AK *parṣu* : AR *mā huw*; *dhāt*; *mahiat* : GK *ti ēn einai*; *ti esti* : LT *essentia*; *quidditas* : SK *svarūpa* : SM *me*. Cf. soul; substance; what-it-is
essence of Nature: EG *nŧr*
eternally: EG *r-nḥḥ* : GK *aei*
eternity: EG *đt*; *nḥḥ* : LT *aeternitas*
ethics: GK *ethike* : LT *ethica*
even: GK *artion*. Cf. odd
evening: AK *lilātu*; *šimetan* : EG *mšrw*; *rwhâ* : GK *hesperos* : HB *érev*; *māriv* : LT *vesper* : SM *usan*. Cf. West
evil: AK *lemnu*; *lemuttu* : EG *bìnt*; *đwt* : HB *rōh'ă'* : SK *anartha*; *kālī* : SM *ḫul* : UG *brk*. Cf. bad; badness
ewe: AR *riḫlat* : AK *immertu*; *laḫru* : EG *zrt* : HB *rāḥēl* : SM *ganam*; *gânam*; *ũ*

exalted: AK *nādu*; *ṣīru* : EG *wâš*: SM *maḫ*
examine, to: AK *amāru* : EG *s-mtr* : LT *examinare* : SM *bar--ak*
exceedingly: EG *r-ìqr*
excellent: EG *ìqr* : LT *excellentem*
exclusively: EG *ḥr-ḫw*
exist, to: AK *bašū* : EG *pâ*; *wnn* : GK *einai*; *huparkhein* : LT *existere* : SK *bhū* : SM *gál*. Cf. be; present
expanse: HB *rakia* : LT *expansum* : SM *zi-ga*
expert: AK *damqu*; *ummiānu* : EG *wn-ḥr* : SM *um-mì-a*
extremity: UG *àpsu*. Cf. abyss; edge
eye: AK *īnu* : AR *ʻayn* : EB *in* : EG *ìrt* : GK *ophthalmos* : HB *ʻayin* : LT *oculus* : SM *igi* : UG *ʻn*. Cf. pupil

F

fabric: SM *mû*. Cf. cloth; linen
face: AK *pānu* : AR *waĵh* : EG *ḥr* : HB *pānīm* : LT *facies* : SM *ka* : UG *pnm*. Cf. form
fact: AK *kīma* : GK *ergon*; *historia*; *hoti*; *on*; *pragma* : LT *factum*. Cf. opinion
fair speech: EG *mdt nfrt* : SM *eme-suḫ-a*. Cf. speech
falcon: AK *surdū* : EG *bìk* : LT *falco* : SM *súr-dù*[mušen]. Cf. hawk
far: AK *rūqu* : AR *baʻīd* : EG *wâ* : HB *rāḥōq* : LT *distantem* : SM *gal-gal* : UG *rḥq*
far above: EG *ḥr*
farmer: AK *ikkaru* : EG *ḥnnwy*; *ḥnwty* : SM *engar*; [lú]*engar*. Cf. plough
fate: AK *šīmtu* : GK *oitos* : LT *fatum* : SM *nam-tar*. Cf. death; destiny
father: AK *abu* : AR *'ab* : EB *a-bù* : EG *ìt* : GK *pater* : HB *'āb* : LT *pater* : SK *pitṛ* : SM *a-a*; *ab*; *ab-ba*; *ad*; *ad-da* : UG *àb*
fatherhood: SM *nam-ad*
fear: AK *puluḫtu*; *anūnu* : EG *hwt*; *nrw* : SM *nam-te*
feast, to: EG *s-ḥâb*
female: AK *sinništu* : EG *ḥmt* : GK *thēlu* : HB *n΄kēh-vāh΄* : LT *femella* : SM <u>*sal*</u>. Cf. male
female name: SM *mi*; <u>*munus*</u>
female scribe: EG *zš sḥmt*. Cf. scribe
female servant: AK *amtu* : EG *bâkt*; *ḥmt*
female slave: SM *géme*. Cf. slave
female speech: AK *emesallu* : SM *eme-sal*. Cf. speech
female weaver: AK *ušpartu*
feminity: SM *nam-mí*
festival: AK *isinnu* : EG *ḥâb* : SM *ezen*
field: AK *eqlu*; *ṣēru* : EG *āḥt*; *sḫt*; *šâ* : GK *agros* : LT *ager* : SM *a-gàr*; *gán* : UG *šd*
fighting: EG *r-ā-ḫt*
figure: AR *šakl* : GK *eidos*; *skhēma* : LT *figura*. Cf. form
fill, to: EG *mḥ* : LT *plere* : SM *si*; *sig*
find, to: AK *watū* : EG *gmì* : LT *invenire* : SM *pà*
finger: AK *ubānu* : AR *'uṣbaʻ* : EG *đbā* : GK *daktulos* : HB *'eṣbaʻ* : LT *dactylus* : SM *šu-si* : UG *ùṣbʻ*
fire: AK *girru*; *išātu* : AR *nār* : EG *ḫt*; *nfr*; *rāy*; *sđt*; *wât* : GK *pur* : HB *'ēš* : LT *focus* : SK *agni*; *tejas* : SM *izi*; *mu* : UG *ìšt*; *nr*
fire place: SM *ki izi*
firm: LT *firmus* : SM *zi*. Cf. stable
first: AK *ašaridu*; *maḫru*; *pānu* : EG *tp* : GK *prōtos* : LT *primus*; *princes* : SM *sag-kal*. Cf. beginning; front
fish: AK *nūnu* : AR *nūn* : EG *rm* : GK *ikhthus* : HB *dāg* : LT *piscis* : SM *ḫa*; <u>*kŭ*</u> : UG *dg*
fisher: AK *bā'iru* : EG *wḥā* : SM *eššad*; *šu-ḫa*
flattering: EG *bq-ḥâty*
flesh: AK *šīru* : EG *ìwf* : GK *kreas*; *sarx* : LT *caro* : SK *māṃsa* : SM *su*; *uzu* : UG *šìr*
flood: AK *mīlu* : EG *nwy* : SM *a*. Cf. inundation
flood, to: AK *raḫṣu*
flower: EG *ānḫ*; *ḥrrt*; *wnb*

: GK *anthemon* : LT *flos*
flower bunch: EG *ānḫ*
fly: AK *zumbu* : AR *đubāb* : EG *āff* : HB *zebūbīm* : SM *nim* : UG *đbb*
flying insect: AK *kuzazu* : EG *ḫnms* : SM *ku-za-zu*
foliage: AK *artu* : EG *ìsr*
food: AK *akālu*; *kurumattu* : EB *a-kà-lum*; *bù-ur-tum* : EG *đfâw*; *wnmw* : GK *opson*; *trophē* : SM *ninda*
foot: AK *šēpu* : AR *riĵl* : EG *rd* : GK *pous* : HB *pa'am* : LT *pede* : SM *gìri*; *me-ri* : UG *p'n*
forearm: EG *mn*
foreign land: AK *mātu* : EG *ḫâst* : SM *kur*. Cf. country; land
form: AK *lānu* : AR *ṣūrah* : EG *ḫprw*; *ìrw*; *qì*; *tìt* : GK *morphē*; *skhēma* : LT *forma* : SK *rūpa* : SM *alam*; *é-gãr*. Cf. body; face; figure; formula; shape; thing
Form; Idea: GK *eidos*; *idea*
formal speech: SM *eme-sukud*. Cf. speech
formula: EG *ntā*; *ŧz* : GK *lógos* : LT *formula*. Cf. canon; definition; form; hypothesis; sentence; statement
forthright speech: SM *eme-di*. Cf. speech
foundation: AK *išdu*; *uššu* : EG *ħrw*; *sntt*; *zntt* : LT *fundatio* : SM *suḫuš*; *temen*; *úr*; *uš*
foundation stone: AK *temenu*
friend: AK *ibru* : EG *ḫnms*; *smr* : HB *ḥābēr* : LT *amicus* : SM *ku-li*
frog: AK *muṣa ' irānu* : EG *ābḫn*; *kâr*; *qârr* : SM *bí-za-za* : VN
front: AK *maḫru*; *pānu* : EG *ḥât* : LT *frons* : SM *igi*. Cf. beginning; chest; end; first; prior
front of, in: AK *maḫru* : EG *ḫft*. Cf. opposite
function: GK *energeia*; *ergon* : LT *functio*
future: AK *warkītu* : EG *m-ḫt*; *r* : GK *mellon*. Cf. becoming; change; posterior

G

garden: AK *musarū* : EG *ḥzp*; *kânw* : GK *paradeisos* : HB *gan* : LT *hortus* : SM *sar*. Cf. orchard
garden plant: EG *ìârrt* : SM *sar*. Cf. plant
gardener: AK *nukarippu* : EG *kâry* : SM *nu-sar*. Cf. orcharder
garland: EG *ānḫ*; *wâḥw*
garment: AK *nalbašu*; *ṣubātu* : EG *âdìw*; *ḥbs* : HB *ta'ch-ree'ch'* : SM *túg*. Cf. cloth
gate: AK *bābu* : EB *ká* : EG *rwt* : GK *pule* : LT *porta* : SM *ká*. Cf. door; granite gate
gatekeeper: AK *ātū*; *pītū*. Cf. doorkeeper
generate, to. Cf. birth
genus: AR *jins* : GK *genos* : LT *genus* : SK *jātī* : SM *me*. Cf. proximate genus
gift: LT *donum* : SM *níg-ba*; *ru*
give, to: AK *nadānu*; *qāšu* : AR *wahaba* : EG *dì*; *rdì* : HB *nātan* : LT *dare* : SM *ba*; *mu*; *ru*; *sum* : UG *ytn*
go, to: AK *alāku*; *italluku* : AR *đahaba* : EB *é-a-gú-um* : EG *šâz*; *šmy* : HB *hālak* : LT *ire* : SM *du*; *gin* : UG *hlk*. Cf. to move
goat: AK *enzu* : AR *'anz* : EB *en-sí* : EG *ānḫt*; *wāty* : GK *tragos* : HB *'ēz* : LT *capra* : SM *ūd* : UG *'z* : VN. Cf. ibex
god: AK *ilu* : AR *aḷḷāh*; *ulūhat* : EG *nŧr* : GK *theos* : HB *'el* : LT *deus* : SK *deva* : SM *dingir* : UG *ìl*. Cf. deity; disposer; principle
goddess: AK *iltu* : EG *nŧrt* : SM *dingir* : VN. Cf. deity
gold: AK *ḫurāṣu* : AR *đahab* : EB *guškin* : EG *nbw*; *sâw* : GK *khrusos* : HB *zāhāb* : LT *auro* : SM *guškin* : UG *ḫrṣ*
good: AK *damqu*; *ṭābu* : AR *ṭayyib* : EG *nfr* : GK *agathos* : HB *ṭōb* : LT *bonus*; *probus* : SK *sreyas* : SM *dùg*; *sīg* : UG *dmq*; *n'm*. Cf. bad; not good
good, to be: EG *nfr*
good thing: EG *nfrt* : GK *agathon*; *eu* : LT

bonum : SM *níg-dùg*. Cf. goodness
goodness: AK *damiqtu*; *ṭūbu* : EG *bw-nfr*; *nfr* : GK *agathon*; *eu* : LT *bonitas* : SK *sādguṇa* : SM *nam-dùg*; *níg-sag-ga*. Cf. badness; good thing
goods: AK *makkūru* : HB *tuvin* : SM *níg-gar*. Cf. possession
goose: AK *kurkū* : EG *smn* : GK *khen* : SM *kur-gi*[mušen]
governor: AK *paḫatu*; *šāpiru* : EB *lugal* : EG *ḥqâ* : LT *gubernator* : SM *énsi*
graciousness: EG *ìmwty* : SM *nam-sag-ga*
grain: AK *ašnan*; *šeu* : EG *ānḫ*; *ānḫt*; *bâbât*; *nfr*; *nfrw* : HB *lehem* : LT *far*; *granum* : SM <u>*še*</u> : UG *àkl*
grammar: GK *grammatikē* : LT *grammatica*
granary: AK *ganūnu*; *karū* : EG *šnwt* : GK *apothēkhē* : SM *é uš-gíd-da*; *gŭr*
granite: EG *mât*; *mâŧ*
granite gate: EG *mâŧ rwt*. Cf. gate
great: AK *rabū* : EG *āâ*; *wr* : GK *megas* : HB *rav* : LT *celsus*; *magnus* : SM *gal* : UG *rb*. Cf. big; quantified; relative to
greatly: SM *gal-bi*
greatness: EG *āât*; *wr* : SM *nam-gal*

H

half : AK *mišlu* : EG *gs* : SM *maš*
hand: AK *qātu*; *rittu* : AR *yad* : EB *i-ad* : EG *ā*; *dt*; *đrt* : GK *kheir* : HB *yād* : LT *manus* : SM *kišib*; *šu* : UG *yd*
harmony: EG *mâāt* : LT *harmonia*
harpoon: EG *mābâ*; *wā*
hate: AK *zīru* : EG *msđyt*; *sfât* : GK *misos* : SK *dveṣa* : SM *ḫu-gig*
hate, to: EG *bwt*; *msdì*; *msđì*
have, to: AK *išū* : GK *ekhein* : LT *habere* : SM *gál*; *tuku*
having, to be: GK *ekhein*. Cf. condition
hawk: EG *ḥrw* : GK *hierax* : LT *falco*. Cf. falcon
hawser: AK *maḫrāšu* : SM [giš]*dim-gal*
head: AK *qaqqadu*; *rēšu* : AR *rās* : EG *đâđâ*; *tp* : GK *kephalē* : HB *rōš* : LT *caput* : SM *sag* : UG *rìš*
health: AK *šulmu* : EG *snb* : SM *silim*
hear, to: AK *šemū* : AR *'ađana*; *sami'a* : EG *sđm* : HB *šāma'* : LT *audire* : SM *giš--tuk* : UG *šm'*
heart: AK *libbu*; *surru* : AR *lubb*; *qalb* : EB *é-da-ru-um*; *lubbu* : EG *ḥâty*; *ìb* : GK *kardia* : HB *lēb* : LT *cor* : SM *lipiš*; *šà* : UG *lb*. Cf. present in
heart and lungs: EG *ḥâty ḥnā zmâ*
heart and trachea: EG *nfr*
heaven: AK *šamū* : EG *ḥrt*; *pt* : GK *ouranos* : HB *šāmayim* : LT *caelum* : SK *dyú* : SM *an*. Cf. air; breath; high; sky; soul; spirit; wind
heaven and earth: EG *pt tâ* : SK *dyāvāpṛthivī* : SM *an ki*. Cf. universe
herald: AK *nāgiru* : EG *wḥmw* : GK *karux* : SM *inim-dé-dé*; *nigir*. Cf. messenger
herb: AK *šammu* : EB *u* : LT *herba* : SM *sar*
herder: AK *utullu* : EG *mnìw* : SM *utul*
Hermes boundary stone: GK *herma*; *horos*. Cf. boundary stone
hero: AK *qarrādu* : EB *qá-ra-dum* : EG *mr*; *nḫtw*; *pry* : GK *hērōs* : LT *heros* : SM *mes*; *ur-sag*
heroism: AK *qarrādūtu* : SM *nam-ur-sag*
heron: EG *šnty* : SM *igi-ra*
hidden: EG *ìmn*
hide: AK *mašku* : AR *gēled* : EG *ḫār* : SM <u>*kuš*</u>. Cf. leather; skin
hieroglyph: EG *tìt* : GK *hieroglupihikos* : LT *hieroglyphicus*
hieroglyphic script: EG *zḫâ n mdw ntr*
hieroglyphics: EG *mdw ntr*. Cf. words of the god

high: AK *eli*; *eliš*; *elū* : AR *'ālī* : EG *qâì* : GK *akros* : LT *altus* : SM *an*. Cf. heaven; up
high language: SM *eme-sukud*. Cf. language
highlands: AK *ḫuršānu* : SM *ḫur-sag*
hill: AK *tillu* : AR *tell* : EG *qââ* : HB *tel* : SM *dŭ*
hills: EG *ḫâst*
history: GK *historia* : LT *historia*. Cf. story
hit, to: SM *ra*
hoe: EG *ḥnn* : GK *makhella*. Cf. plough
homeland (of Sumer): SM *kalam*
Homo habilis: LT *Homo habilis*
Homo sapiens: LT *Homo sapiens*
homonym: GK *homōnumon* : LT *homonymum*
honey: AK *dišpu* : EG *bìt*; *ìbyt* : HB *dbaš* : SM *làl*
honeybee: AK *nūbtu* : EG *āf-ìbìt*; *āfy* : SM *nim-làl*
honour: AK *simtu* : EG *ìmâḫ* : GK *timē* : LT *honor*
honoured: EG *ìmâḫy*
honoured person: AK *karūbu* : EG *ìmâḫy*. Cf. person
hoofed mammal: SM <u>*anše*</u>
horizon: AK *išid šamē* : EG *âḫt* : GK *horizōn* : LT *horizon* : SM *an-úr*. Cf. limit; surround; that which encircles
hostile: AK *nakru* : LT *hostilis* : SM *kúr*
hostility: AK *nukurtu* : LT *hostilitas* : SM *nam-érim*; *níg-á-érim*
hot: AK *emmu* : EG *ḫm*; *rkḥ*; *tâ* : GK *thermos* : HB *ham* : SM *bí*. Cf. cold
hour: EG *wnwt*
house: AK *bītu* : AR *bayt* : EG *pr* : GK *oekos* : HB *bayit* : LT *domus* : SM *é* : UG *bt*. Cf. building; king's house; palace; residence; tablet house
house door: EG *sbâ n pr* : SM *é-a ig-bi*. Cf. door
house plan: SM *é-a giš-ḫar-bi*. Cf. plan
how: AK *ayyaka*; *kī* : EG *mì mā*; *wy* : LT *quomodo* : SM *a-na-gĭn*; *ta-gĭn*
humanity: AK *nišū* : EG *ḥnmmt*; *wnđwt* : SM *nam-lú-lúl-lu*. Cf. humankind
humankind: EG *pāt*; *tmw* : HB *'adam* : LT *homo* : SM *na-ám-lú-lu*. Cf. humanity; mankind; people
hurl down, to: EG *rdì-hây*
hypothesis: GK *hupothesis* : LT *hypothesis*. Cf. formula; proposition

I

I am: HB *ehyeh* : SM *me*
ibex: AK *turāḫu* : EG *nìâw* : LT *ibex* : SM *dàra*. Cf. goat
ibis: EG *hâby*; *hâbw*; *tḫn*; *tḫy* : GK *ibis* : LT *ibis*. Cf. black ibis; crested ibis; sacred ibis
idea: AK *zikru* : EG *sḫr* : GK *eidos* : LT *idea*. Cf. species; thought
Idea; Form: GK *idea*; *eidos*
identity: EG *rn*
if: AK *ašar*; *šumma* : EG *ìr*; *mì* : HB *loo* : LT *si* : SM *tukumbi*; *ud-da*
illness. Cf. sickness
imagine, to: AK *eṣāru* : EG *qmd* : LT *imaginari* : SM *inim-ma...sè*. Cf. suppose
immediately: EG *ḥr-āwy*; *r-nnwyt*
immobility: EG *wrdt* : LT *immobilitas* : SK *stabdhi*. Cf. inertia; rest; stabilility
immobilize, to: AK *kabālu*. Cf. rest
incantation: SM *nam-šub*
incarnation: EG *ḥm* : LT *incarnatio*
incense: EG *bd*; *sntr* : SM *na*
include, to: AK *gamāru*; *manū* : EG *ārf* : LT *includere*. Cf. and; contain; like; present in; with
individual: AK *wēdu* : GK *atomon*; *kath' ekaston* : LT *individuus*; *persona* : SK *vyakti*. Cf. one; person
indivisible: GK *atomos* : LT *individuus*

inertia: EG *nn* : LT *inertia* : SK *apravṛtti*; *tamas*. Cf. cosmic ocean; immobility

injustice: EG *btâ*; *ìyt*; *ìzft* : HB *lo-ken* : LT *injustitia* : SK *adharma*

inquire, to: AK *šālu* : EG *ḫt* : GK *epizētein*; *zētein* : LT *inquirere*. Cf. ask; question; seek

inquiry: EG *sḫtḫt*; *šnw* : GK *historia* : HB *midraš*; *še'elah* : LT *quaestio*. Cf. question

inscription: AK *musarū* : EG *wđ* : LT *inscriptio* : SM *mu-sar*

instrument: GK *organon* : LT *organum*

intelligence: AK *uznu* : GK *nous* : LT *intellegentia* : SK *buddhi*

intelligent: GK *noeros* : SM *gal-zu*

interpret, to: EB *pá-tá-ru* : EG *wḥā* : GK *hermēneuein* : LT *interpretari* : SM *nì-tur-du--ga*. Cf. speak softly

interpreter: EG *âān*; *āw* : GK *hermēneus*; *prophētēs* : LT *interpretor* : SM *eme-bala*; *lú-sag-šè-nú-a*

inundation: AK *riḫiṣtu* : EG *bāḥw*; *ḥây*; *ḥāpy*; *wâḫ*; *wđnw* : LT *inundatio* : SM *ra*. Cf. flood

iron: AK *parzillu* : AR *ḥadīd* : EG *bìâ n pt* : GK *sidēros* : HB *barzel* : LT *ferrum* : UG *brđl*

island: EG *ìw* : GK *nesos* : LT *insula*

ivory: EG *âbw* : LT *ebur* : SM *zú*

J

join, to: EG *zmâ* : GK *sumplekein* : LT *jungere*

judge: AK *dayyānu* : EB *di-ku*; *ba-da-qù da-ne-um* : EG *sâb*; *wpp* : GK *histōr*; *krites* : HB *paraz* : LT *judex* : SM *di-kū*

judge, to: AK *diānu* : EB *ba-da-qù da-ne-um* : EG *wđā mdw*; *wpì* : GK *krinein*; *logizesthai* : LT *iudicare* : SM *di--kū*. Cf. cut; divide

jug: AK *assammū* : HB *paraz* : SM *dug*. Cf. vessel

just: EG *mâāty* : LT *justus*

justice: AK *kīttu*; *mīšaru* : EG *hp nfr*; *mâāt* : GK *dikaiosunē*; *dikē* : HB *tzeh´-dek* : SK *dharma* : SM *níg-gi-ma*

justification: EG *mâā-ḫrw* : LT *justificatio*

justified: EG *mâā-ḫrw*

K

kind: GK *genos* : HB *meen* : LT *genus*. Cf. species

kind of thing: GK *hopoion*. Cf. thing

king: AK *šarru* : AR *malik* : EB *en* : EG *nswt* : GK *basileus* : HB *melek* : LT *rex* : SM *lugal*; *un* : UG *mlk*

king's house: EG *pr nswt* : SM *lugal-la é-a-ni*. Cf. house

king's scribe: EG *zš nswt*. Cf. scribe

king's slave: SM *eri lugal-la*. Cf. slave

kingdom: HB *mal-'chooth´* : LT *regnum*

kingship: AK *šarrūtu* : EG *nswyt* : SM *nam-lugal*. Cf. monarchy

know, to: AK *idū* : AR *'arifa* : EG *āmì*; *rḫ*; *swn*; *zâ* : GK *epistamai*; *gignōskein*; *gnōrizein* : HB *yāda'* : LT *sapere*; *scire* : SM *zu*

knowledge: AK *mudūtu* : AR *ma'rifah* : EG *rḫt*; *sât*; *wpwt* : GK *epistēmē*; *gnōsis* : HB *dēh-'āh´* : LT *scientia* : SK *vidyā*. Cf. command; message

L

ladder: AK *simmiltu* : EG *mâqt* : LT *scalae* : SM *^{giš}kūn*; *kūn*

lady: AK *bēltu* : EG *nbt* : SM *nin*; *ga-ša-an*

lamb: AK *puḫādu* : AR *ḥamal* : EG *kârkârtì* : HB *kebeš* : LT *agnus* : SM *sìla* : UG *kr*

land: AK *mātu*; *ugāru* : EG *tâ* : GK *gē* : HB *ádamah* : SM *ma-da* : UG *àrṣ*. Cf. earth; foreign land

land, to: EG *zmâ-tâ*

language: AK *atmū*; *lišānu* : EG *đdt* : GK

dialektikos : SK *bhāṣā* : SM *eme* : UG *lšn*. Cf. civil language; high language; people's language
language of herding: SM *eme-udu-la*
language of lamentation: SM *eme-sal*
language of law: EG *mdw nt mâāt*
language of navigation: SM *eme-má-lâḫ-a*
language of palace: EG *mdw pr nswt*
language of rightfulness: SM *eme-si-di*
lap: AK *sūnu* : EG *mâst* : SM *úr*
lapis lazuli: AK *uqnū* : EG *ḫzbâd* : HB *šoham* : SM *nâgìn*; *nâza-gìn*; *za-gìn*
latent memory: GK *anamnesis*
law: AK *kīttu* : EG *mâāt*; *hp* : GK *nomimon*; *nomos* : HB *ģhōhk*; *tōh-rāh* : LT *lex* : SK *vidhi* . Cf. statute
lawsuit, to take up a: SM *di--dāb*
lead, to: EG *ḫrp* : LT *ducere* : SM *du*
leader: AK *etellu* : GK *pompos* : LT *dux*; *princeps* : SM *lú-igi-du*; *nir-gál*. Cf. prince
learn, to: AK *lamādu* : EG *ām*; *rḫ* : GK *manthanein* : HB *lāh-mad'* : LT *cognoscere*; *discere* : SM *zu* : UG *lmd*
leather: AK *mašku* : EG *dḥrt*; *ḫār* : SM *kuš*. Cf. hide
left: AK *šumēlu* : AR *šamāl* : EG *ìâbt* : GK *aristeron* : HB *śēmōl* : LT *sinister* : SM *gúb* : UG *šmàl*. Cf. right
leg: AK *šēpu* : EG *wārt* : SM *du* : UG *ìšd*. Cf. arm
legal: LT *legalis* : SM *si-sá*
legal process: EG *tp-rd-hpw*
legitimate, to: AK *kiaiš raplusu* : LT *legitimare* : SM *igi-zi--bar*
let, to: EG *rdì*
letter: GK *gramma*; *stoikheion* : LT *littera*
life: AK *balāṭu*; *napištu*; *nīšu* : AR *nafs* : EG *ānḫ* : GK *bios*; *zōē* : HB *nepeš* : LT *vita* : SK *jīvā* : SM *mu*; *nam-ti*; *ti*; *zi* : UG *ḥym*; *npš*
life force: EG *kâ* : SM *alad*
life-prosperity-health: EG *ānḫ-wḏâ-snb*
lift up, to: AK *našū* : HB *z-b-l* : LT *attollere*; *extollere*
light: AK *nawirtu*; *nūru*; *urru* : EG *ḥâyt*; *mâwt*; *wyn* : GK *leukos*; *phōs* : HB *neer*; *ōhr* : LT *lumen*; *lux* : SK : *jyoti* : SM *giš-nu$_{11}$*; *giš-šir*; *ud-zal*. Cf. dark
like: AK *kīma* : EB *ka* : EG *mì*; *mìty* : GK *homoios* : LT *similis* : SM *gim*; *ur*. Cf. quality; relative to; same; similar
likeness: AR *šabīh* : EG *mìtt*; *snn*; *znt*; *znty* : GK *homoiōma* : HB *demut* : LT *similitas*. Cf. statue
limb: EG *āt* : LT *membrum*
limit: AK *šaptu* : EG *đr*; *ìđr*; *nđ*; *tâš*; *wb* : GK *peras* : HB *g'vool* : LT *limes*. Cf. boundary; definition; delimit; end; outer limit
limit, to: GK *horizein* : LT *limitare*; *terminare*. Cf. horizon
limit of a musical interval: GK *horos*
limited: GK *peperasmenon*. Cf. number; unlimited
line: GK *grammē* : LT *linea*
linen: AK *kitū* : EG *šs* : LT *linum* : SM *gada*. Cf. fabric
lip: AK *šaptu* : AR *šifat* : BQ *ezpain* : EG *spt* : GK *kheilos* : HB *śāpā* : LT *labia* : SM *nundum* : UG *špt*. Cf. edge
live, to: AK *balāṭu* : AR *ḥayiya* : EG *ānḫ* : GK *zēn* : HB *ḥāyā* : LT *vivere* : SM *ti*
living being: AK *šiknat napišti* : AR *nefeš* : GK *zōon* : SM *zi-gál-la*. Cf. being
living person: EG *ānḫ*. Cf. person
location: AK *maškanu*; *mazzāzu* : GK *topos* : LT *locatio* : SK

adhikaraṇa : SM *ki-gub*. Cf. category; place; position; somewhere; where
logos: GK *lógos* : SM *me*. Cf. order
lord: AK *bēlu* : AR *sayyid* : EG *nb* : HB *'ādōn* : LT *dominus* : SM *en* : UG *àdn*
lordship: AK *bēlūtu* : EG *nbt* : SM *nam-en*
love: AK *rāmtu* : AR *'aḥabb* : EG *mrì*; *mrwt* : GK *eros*; *philia* : HB *'āhēb* : LT *amor* : SK *rāga* : SM *ki-ága* : UG *àhb*
love, to: AK *rāmu* : EG *mrì* : GK *philein* : HB *rāh-ġham'* : LT *amare* : SM *ág*
low: AK *šaplū*
lower: AK *šaplū* : EG *ħry* : SM *sig-ta*
lung: AK *ḫašū* : AR *ri'at* : EG *wfâ*; *zmâ* : GK *pneumōn* : LT *pulmo* : SM *ūr* : UG *írt*

M

mace: AK *gišḫaššu* : EG *ḥđ* : SM *^{giš}tukul*
magic: AK *kišpu* : EG *ḥkâ* : LT *magica* : SM *níg-ak*
magical procedure: AK *epuštu* : EG *ḥkâw* : SM *níg-dim-dim-ma*
make, to: AK *banū* : AR *fa'ala* : EG *ìrì* : GK *poiein* : HB *'āśā* : LT *creare*; *facere* : SM *dím*; *dù*; *ku* : UG *'šy*. Cf. act; build; create; do
making: GK *poiēsis*
male: AK *zikaru* : AR *đakar* : EG *mt*; *ŧâw*; *ŧây* : GK *anēr* : HB *zāh-'chāhr'* : LT *masculus* : SM *nita* : UG *đkr*. Cf. female
male name: SM *diš*
man: AK *awīlu* : AR *rajul* : EB *a-dam*; *lú* : EG *rmŧ*; z : GK *anthrōpos* : HB *'adam*; *'īš* : LT *homo* : SM *lú* : UG *bnš*; *mt*. Cf. men; occupation; people
mankind: AK *awīlūtu* : EG *pāt*; *tmw* : HB *ha-'adam* : SM *lú-lŭ* : UG *àdm*. Cf. humankind
many: AK *mādu* : AR *katīr* : EG *āšâ* : GK *polla* : HB *rōhv* : LT *multus* : SM *maḫ*; *šár-géš* : UG *mìd*. Cf. multitude; one; plurality
mast: AK *dimmu-ša elippi* : EG *ḫt-ŧâw* : LT *malus* : SM *^{giš}dim-má*
master: AK *bēlu* : EG *nb*; *tp-ḥr* : HB *bah'-'al* : LT *magister* : SK *pati* : SM *lugal* : UG *b'l*
matter: AR *maddah* : EG *pâwt* : GK *hulē* : LT *material* : SM *níg*. Cf. primeval matter; stuff
matter (case): AK *awātu* : EG *mdt*; *zp* SM *inim*
mayor: AK *iššakku*; *rabiānu* : EG *ḥqâ-ḥwt* : SM *énsi*
meal: AK *naptanu* : EG *sḥk*; *šâbw* : SM *bar*; *kul*; *unu*; *zì*
measure: EG *ŧbw* : GK *metron* : LT *mensura*
measure, to: EG *ḫâì* : GK *metrein* : LT *metiri* : SM *ág*
men: GK *làos*. Cf. man
merchant: AK *tamkāru* : SM *dam-gàr* : UG *bdl*
message: AK *našpartu*; *šipru* : EG *wpwt*. Cf. command; knowledge
messenger: AK *mār šipri*; *našparu*: EG *hbw*; *wpwty* : GK *aggelos* : HB *mal-āh'ch'* : LT *nuntius* : SM *kâš*; *kin-gî-a*; *^{lú}kâš*; *^{lú}kin-gî-a*; *maškim-e-gi*; *rá-gaba*; *sukkal*. Cf. herald
metal: EG *bìâ* : LT *metallum* : SM *urudu*
metalsmith: AK *qurqurru* : HB *qayin* : SM *tibira* : UG *nsk*
metempsychosis: GK *metempsukhousthai*
meteor: AK *kisru* : GK *meteōron* : SM *múl*
middle: AK *qablu* : EG *ḥr-íb*; *qâb* : SM *íb*; *múru*. Cf. end
mid-month festival: EG *mđdìwnt*
might: AK *emūku* : SM *nam-maḫ*. Cf. power; strength
mighty: AK *gapšu*. Cf. powerful; strong
mind: AK *kabattu*; *libbu* : EG *ìb* : GK *nous* : LT *mens* : SK *manas* : SM *šà*
mineral: EG *ḥmt*; *mâd* : LT *minerale*
minister: AK *abkallu* : SM *agrig*; *sukkal*

mirror: EG *ānḫ*; *mâw-ḥr*; *wn-ḥr* : SM *mu-ša-lum*
mistress: AK *bēltu* : EG *ḥnwt*
modus operandi: LT *modus operandi* : SM *me*
moment: EG *ât* : LT *momentum*
monarchy: EG *mdt-nb-wā*. Cf. kingship
monkey: AR *qird* : EG *gìf*; *htw* : GK *kerkopithekos*
month: AK *warḫu* : AR *šahr* : EG *âbd* : HB *ḥōdeš* : LT *mensis* : SM *itu* : UG *yrḫ*
moon: AK *warḫu* : AR *qamar* : EG *ìāḥ* : GK *selēnē* : HB *yārēḥ* : LT *luna* : SM *itud* : UG *yrḫ*
morning: AK *šēru* : AR *ṣabāḥ* : EG *dwâw* : HB *šaḥar* : SM *nim* : UG *šḥr*. Cf. East
mortal body: EG *đt*. Cf. body; corpse; physical body
mortuary priest: EG *ḥm-kâ*
mother: AK *ummu* : AR *'umm* : EB *ù-mu-mu* : EG *mwt* : GK *meter* : HB *'ēm* : LT *mater* : SK *mātṛ* : SM *ama* : UG *ùm*
motion: LT *motio* : GK *kinesis* : SK *gamana*. Cf. movement; quality
mountain: AK *šadū* : AR *ĵabal*; *sadd* : EG *đw*; *mr* : GK *oros* : HB *har* : LT *mons* : SM *kur*; *sa-tu* : UG *gbl*
mouth: AK *pū* : AR *fam* : EG *r* : GK *stoma* : HB *pe* : LT *buccha* : SK *mukha* : SM *ka* : UG *p*
move, to: AK *alāku* : GK *kinein* : LT *movere*. Cf. act; go; rest
move about, to: EG *mnmn*
movement: AK *alaktu* : GK *kinēsis*. Cf. activity; motion; rest
moving: GK *kinoumenon*. Cf. change; resting
multitude: AK *niši dišatu* : AR *jumhūr* : EG *āšât*; *wpwt* : LT *multitudo* : SM *ùku-lu-a*. Cf. many
musical interval: GK *horos*
mutually opposing: SM *ḫa-mun*. Cf. opposite

N

name: AK *nibītu*; *šumu* : AR *ism* : EB *šum* : EG *rn* : GK *onoma* : HB *šēm* : LT *nomen* : SK *nāman* : SM *mu* : UG *šm*. Cf. female name; male name; term
name, to: AK *nabū*; *zakāru* : EG *dmw*; *nḫb*; *rn* : GK *onomazein* : LT *appellare* : SM *mu*; *mu-šè--sâ*; *pàd*; *sâ*. Cf. speak
name and form: SK *nāmarūpa* (pl. *loka*). Cf. nature of the world
narrow: AK *qatnu* : EG *kâ* : GK *stenos* : LT *angustus* : SM *sig*
nature: AR *ṭab'* : GK *hoti estin*; *phusis* : LT *natura* : SK *prakṛti*. Cf. what it is
nature of the world: SK *nāmarūpa*. Cf. name and form
neck: SM *gú*
negation: GK *apophasis*; *arnesis* : LT *negatio* : SK *abhāva*. Cf. affirmation
net: AK *parru*; *pūgu*; *šētu*; *šuškallu* : EG *āḥ*; *ḥb*; *ìâdt*; *ìbt*; *ìḥ*; *šnw* : GK *diktuon* : SM *par*; *sa*; *sašuš*
netherworld: AK *erṣet lātāri*; *ḫilibū* : EG *dwât* : SM *kur*
new: AK *eššu* : EG *mâ*; *mâwy* : GK *kainos*; *neos* : LT *neus* : SK *nava* : SM *gibil* : UG *ḥdt*. Cf. young
New Year's Day: EG *wpt-rnpt*
New Year's Festival: AK *akītu*
newly: SM *gibil-bi*
nice. Cf. beautiful; good
night: AK *mūšu* : EG *grḥ* : GK *nux* : HB *lah'-yil* : LT *nox* : SM *gíg*. Cf. darkness
Nile bank: EG *ìdb*
Nile tilapia: LT *Tilapia nilotica*
norm: AK *mū*; *parṣu*; *usuratu* : SM *me*
North: AK *ištānu* : EG *ḥdì*; *mḥt* : HB *tzāh-phōhn'* : SM *mir*; *si-sa*. Cf. South
not: AK *lā* : AR *la* : EG *nì* : HB *lo* : SM *nu*

not good: SM *nu-dùg*. Cf. good
noun: GK *onomatikos* : LT *nomen*
number: AK *minūtu* : EG *āḥā*; *rḫt*; *tnw*; *ŧnw* : GK *arithmos* : HB *mis-pāhr* : LT *numerus* : SM *šiti*; *úttu*. Cf. limited; quantified

O

oar: EG *ḥìpt*; *māwḥ*; *wsr* : GK *kōpe* : SM *^{giš}gisal*
oath: AK *šiptu* : AR *yamin* : EG *ānḫ*; *ārq* : GK *horkos* : SM *nam-érim*. Cf. word
obelisk: EG *tḫn* : GK *obeliskos* : LT *obeliscus*
oblong: GK *heteromēkes* : LT *oblongus*. Cf. square
occupation: LT *occupatio* : SM *lú*. Cf. man; people
odd: GK *peritton* : SK *vishama*. Cf. even
offspring: AK *pir'u* : SM *a*; *dumu*; *nunuz*
ogdoadic divine company: EG *ḫmnw*
old: AK *labīru*; *šēbu* : EG *ìs* : GK *palaios* : SK *jara* : SM *libir*; *til*
omen: AK *tērtu* : GK *teras* : LT *omen* : SM *maš*
one: AK *ištēn* : AR *'aḥad* : EG *wā* : GK *heis*; *hen*; *mia*; *monas* : HB *'eḥād* : LT *unus* : SM *diš* : UG *àḥd* : VN. Cf. individual; many
one third: AK *šalšu* : EG *r-â* : SM *šušana*
open, to: AK *petū* : SM *bar*
opinion: AK *nitlu*; *šaptu* : AR *ra'y* : GK *doxa* : LT *opinio*. Cf. fact
opposite: AK *miḫirtu* : AR *did* : EG *ḫft*; *r-āqâ*; *r-ḫft*; *wbì* : GK *antikeimenon*; *enantios* : LT *oppositus* : SK *pratiyogin*. Cf. front of; mutually opposing
oppositional pair: SK *dvaṃdva*
or: AK *ū*; *ūl*; *ūla* : AR *'aw* : EG *r-pw* : SM *ù* : UG *ù*
orchard: AK *kirū* : EG *ḫndš*; *šnwyt* : HB *par-dēhs'* : SM *^{giš}kĭri*. Cf. garden
orcharder: AK *amēl urqi* : SM *lú-nu-kĭri*; *nu-kĭri*. Cf. gardener
order: EG *smât* : GK *kosmos*; *taxis*; *thesis* : HB *s'dāh-reem'* : LT *ordo*. Cf. cosmic order; disorder; logos; that which is
ornamental speech: SM *še-èr-ka-an*. Cf. speech
orphan: AK *ekū* : EG *nmḥw*; *tfn* : LT *orphanus* : SM *nu-síg*
other: AK *aḫū*; *šanū* : EG *ky* : GK *allos* : LT *alius*; *alter* : SK *apara* : SM *kúr*. Cf. alien; different; relative to
outer limit: GK *peras*. Cf. edge; limit
outer limits: EG *pḥww*
outline, to: SM *ḫar*
outskirts: AK *aḫiātu* : GK *periphereia* : LT *peripheria*
overseer: AK *laputtū*; *nāqidu*; *waklu* : EG *ìmyr* : SM *agrig*; *sag-èn-tar*
overseer of animals: SM *nu-bànda*
owl: HB *yan-shōhph'*
ox: AK *alpu* : EB *gû* : EG *ìḥ* : GK *bous* : HB *'ālep* : LT *bos* : SM *gud* : UG *àlp*. Cf. bull

P

paint: EG *msdmt*
palace: AK *ekallu* : EG *āḥ*; *pr-āâ*; *stp-zâ* : HB *hykal* : LT *palatium* : SM *é-gal*. Cf. house
papyrus: EG *mnḥ*; *ŧufy*; *wâđ* : GK *papuros* : HB *eveh* : LT *papyrus*
part: AK *zittu* : EG *dnìt*; *p*; *r* : GK *morion*; *meros* : HB *ġhēh'-lek*; *māh-nāh'* : LT *pars* : SK *aṃśa*; *āti* : SM *ḫal*; *šè*. Cf. body part; constituent; division; whole
particular: AR *juz'* : GK *en merei*; *epi meros*; *kata meros*; *merikos* : LT *particularis*; *specialis*
particular property: GK *idiotēs* : LT *proprium*. Cf. property
pass, to: EG *znì* : LT *passare* : SM *zal*
past: AK *maḫru*; *pānu* : GK *parelēluthos*;

paroikhēmenos : SM *û-bi-ta*. Cf. prior
path: AK *kisbu* : AR *samt* : EG *ìāt*; *mŧn*; *r-wât* : SM *du-ús*; *gìri*; *gìri-gen-na*; *he-en-du*. Cf. road; way
peace: AK *salīmu* : AR *salam* : EG *hrt*; *ḥtp*; *ḥtpw* : LT *pax* : SK *śānti* : SM *inim-dùg*. Cf. rest
peasant: EG *sẖty*
people: AK *nišū* : AR *i'ns* : EG *ḥrw*; *rẖyt*; *rmŧ*; *wnny* : GK *dēmos*; *làos* : HB *'anōš*; *segullah* : LT *populus* : SM *ùg*; *uku* : UG *ìnš*; *nšm*. Cf. humankind; man; occupation
people's language: SM *eme-ku*
perceive, to: EG *sìâ* : GK *gignōskein* : LT *intellegere*; *percipere*
perception: EG *sìâ* : GK *aisthanesthai*; *aisthēsis* : LT *perceptio*
person: AK *napištu* : AR *'insān* : EB *na-si* : EG *wnnw* : GK *prosōpon* : LT *persona* : SK *puggāla* : SM *lú*. Cf. being; honoured person; individual; living person
phallus: AK *birku*; *išāru*: EG *bâḥ*; *ḥnn*; *nfr* : GK *phallos* : LT *penis* : SK *zizna* : SM *gìš*; *mu*; *uš*
pharaoh: EG *pr-āâ*
phoenix: EB *ḫu-la-tum* : EG *bnw* : GK *phoinix* : LT *phoenix* : SM *tu-gûr*
physical body: EG *ḥā*: SK *deha*; *kāya*. Cf. body; mortal body; shadow
physician: AK *asū* : EG *swnw* : SM ^{lú}*a-zu*
pierce, to: LT *pertundere* : SM *bùru*; *lá*
pike: LT *Petrocephalus bane*
pillar: EG *ìwn* : GK *stulos* : LT *pila*
pilot: EG *ìry-ḥât*; *sẖry*; *sšmw*
place: AK *ašru* : AR *ayn* : EG *bw*; *st* : GK *topos* : HB *mah'-kōhm'*; *šr* : SM *ki* : UG *maqamu*. Cf. location
plan: AK *uṣurtu* : EG *kât*; *sẖr*; *sntt*; *snŧ*; *zntt* : SM *giš-ḫar*. Cf. house plan
planet: HB *mazzal* : LT *planeta* : SM *múl*
planets: GK *asteres planetai* : LT *stellae errantes*
plant: AK *šammu* : EG *bḥḥ*; *ḥn*; *sm*; *wânb* : GK *phuton* : SM *ú* : VN. Cf. garden plant
platform: AK *kisallu* : EG *ŧnŧât*
plough: AK *epinnu* : EG *hb* : GK *arotron* : SM ^{giš}*apin*; *dam-ga*. Cf. farmer; hoe
plural: EG *w* : LT *pluralis* : SM *didli*; *meš*
plurality: GK *plēthos*; *polla* : LT *pluralitas* : SK *bahutva*. Cf. many
poetry: GK *poiēsis* : LT *poesis*
position: AK *nanzazu* : EG *sẖr* : GK *thesis*; *topos* : LT *positio*; *positura* : SM *lug*. Cf. location
possession: AK *nikkassu* : EB *ma-ni-lum* : EG *sâḥt* : GK *hexis* : SM *níg-gur*$_{11}$; *níg-ú-rum*. Cf. goods; property; state
posterior: GK *husteros* : LT *posterior*. Cf. after; back; behind; future; prior
posture, to be in a: GK *keisthai*. Cf. category
posture: AK *uzuzzatta* : EG *kz* : SK *āsana*. Cf. stand
pot: AK *karpatu* : EB *gú-bar* : EG *đâđâw*; *hnw* : HB *seer* : SM ^{dug}*šab*; ^{dug}*ul* : UG *spl*. Cf. vessel
power: AK *danānu* : EG *âẖw*; *bâw*; *nŧr*; *wâs* : GK *kratos*; *dunamis* : LT *potentia* : SK *śakti* : SM *á*; *nè*. Cf. divine power; dominion; might
powerful: AK *dannu* : EG *sẖm*; *wsr* : LT *potens*; *potis* : SM *bànda*; *maḫ*; *ú*. Cf. mighty
precision: EG *tp-mtr*
predicate: AR *maḥmūl* : GK *katēgorēma*; *katēgoria*; *katēgoroumenon* : LT *praedicatum*. Cf. present in; subject
predication; attribution: GK *katēgoria* : LT *praedicatio*
prefect: AK *sākinu*; *šāpiru* : EB *na-se* : LT *praefectus*

premise: AR *muqaddamah* : GK *horos*; *protasis* : LT *praemissa*
presence: EG *bâḥ*; *ḫft-ḥr*; *mtr* : GK *parousia* : LT *praesentia*
present: EG *āḥā*
present, to be: AK *izuzzu* : EG *mtr* : GK *huparkhein* : LT *adesse* : SM *gub*. Cf. belong to; exist; stand
present in: AK *libbu* : GK *en*; *en tini* : SM *šà*. Cf. belonging; definition; heart; include; predicate; property
present in, to be: GK *enuparkhein*; *pareinai*
presumptuous: EG *qâ-sâ* : LT *praesumptiosus*
previous: AK *maḫru*; *pānu* : LT *prior* : SM *igi*. Cf. prior
price: EG *swnt* : LT *pretium* : SM *níg-šám*
priest: AK *šangū* : EG *ḥm-nṯr* : GK *hiereus*; *presbyteros* : LT *presbyter* : SM *nu-èš*. Cf. mortuary priest
primary substance: GK *ousia prōtē*. Cf. substance
primeval matter: EG *ḥwḥw*; *pâwt*. Cf. matter
primeval sea: UG *tahamatu*. Cf. cosmic ocean; deep; sea; that which encircles
primeval time: EG *pât*. Cf. beginning; time
primeval water: EG *nww* : SK *kāraṇavāri*. Cf. water
prince: AK *etellu*; *rubū* : EG *r-pāt*; *sry*; *syr* : HB *z-b-l* : SM *nun* : UG *zbl*. Cf. leader
princess: AK *rubātu* : EG *rt- pāt* : SM *egi*; *nin*
principle: EG *nṯr* : GK *arkhē* : SK *tattva* : SM *me*. Cf. god
prior: AK *ullanu* : GK *proteros* : LT *prior*. Cf. before; front; past; posterior; previous
prisoner of war: AK *šallatu* : EG *sqr-ānḫ* : SM *nam-ra-ag*
proclaim, to: AK *nabū*; *šūdū* : AR *'a<u>dd</u>ana* : EG *ìbḫ*; *mâṯ* : GK *eirein* : LT *clamare*; *praedicare*; *proclamare*
proclamation: LT *proclamatio* : SM *me*
proof: AR *dalīl* : EG *hyt* : GK *apodeixis*; *kataskeuē* : LT *documentum*; *proba* : SK *pramāṇa*
property: AK *bušū*; *makkumru* : AR *khaṣṣah* : EB *ma-ni-lum*; *nì-ba* : EG *ḥnw*; *ḫt*; *ìḫt*; *ìšt* : GK *idion* : HB *miqneh*; *tuvin* : LT *dominium* : SM *níg-gar*. Cf. cattle; characteristic property; particular property; possession; present in; quality
prophecy: EB *na-ba-u-tum* : GK *prophetia* : LT *prophetia*
prophet: EB *na-ba-um* : EG *ḥm-nṯr* : GK *prophētēs* : HB *nāh-vee'* : LT *propheta*
proposal: GK *protasis*
proposition: AR *qaḍyah* : EG *ìâm* : GK *apophantikos lógos*; *problema* : LT *propositio*. Cf. hypothesis; sentence; statement
propositional term: GK *horos*. Cf. term
prove, to: AK *kānu* : EG *hytì* : GK *sullogizesthai* : LT *probare*
province: AK *piḫātu* : EG *spât* : GK *nomos* : LT *provincia* : SM *nam*
proximate genus: LT *genus proximus*. Cf. genus
pupil (of an eye): EG *ḏfḏ*; *ḥwnt ìmt ìrt*. Cf. eye
pure: AK *ellu* : EG *wāb* : GK *katharos* : LT *purus* : SM *gúb*; *kug*; *na-ri-ga*; *sikil* : UG *ṭhr*
put, to: LT *ponere* : SM *gar*
pyramid: EG *mr* : GK *puramidos* : LT *pyramis*

Q

qualified: GK *poion* : LT *quale*. Cf. quality
qualities: EG *ḥmswt*; *ḏrt*. Cf. attributes
quality: AK *kīnu* : AR *ayyšay' huw*; *kayt* : EG *bât*; *bìt*; *qnì* : GK *poios*; *poiotēs* : LT *proprietas* : SK *guṇa* : SM *gĭn*;

giri-uš. Cf. category; distinguishing qualities; like; motion; property; qualified.
quantified: GK *poson* : LT *quantum*. Cf. big; great; number; quantity; small
quantity: AR *kam* : EG *āḥā*; *bḫt*; *tnwt* : GK *poson* : LT *quantitas* : SM *nínda*. Cf. category; quantified
quay: AK *kāru* : EG *mryt* : SM *kar* : UG *màḫadu*
queen: AK *šarratu* : EB *ma-lik-tum* : EG *ḥnwt*; *nsyt* : LT *regina* : SM *ereš*; *lugal-ti*
question: GK *erōtēsis*; *zētēsis*. Cf. inquiry
question, to: AK *sanāqu* : EG *nmā*; *šnì*; *wšd* : LT *quaerere*. Cf. ask; inquire; request; seek; what
quintessence: GK *pempte ousia* : LT *quinta essentia*; *quintum genus*

R

race: GK *genos* : LT *gens*; *genus* : SM *gir*
rain: AK *zunnu* : AR *maṭar* : EB *ga-šúm* : EG *ḥyt* : HB *gešem* : LT *pluvia* : SM *im* : UG *gšm*; *mtr*
rainstorm : AK *rādu* : EG *ìgâp*; *znmw* : SM *muru*. Cf. storm
ram: AK *šū* : AR *kabš* : EG *zr* : HB *ah'yil* : SM *udu-nita*. Cf. sacred ram
rank: EG *ìât*; *st-dr*. Cf. class
read, to: AK *amāru*; *barū* : AR *qara'a* : EG *āš*; *šdì* : LT *legere* : SM *gù--dé*
reality: EG *wn-mâā* : LT *realitas* : SK *satyatā*. Cf. being; that which is
realization: GK *entelekheia*
reason: GK *aitia*; *dioti*; *lógos* : SK *buddhi*. Cf. canon
recall, to: GK *anamimneskein*
recite, to: EB *na-ba-um* : LT *recitare* : SM *pà*
record: AK *nikkassu* : HB *zik-kāh-rōhn'*
record, to: EG *sḫâ*
recruiting scribe: EG *zš sḥwypâ*. Cf. scribe
red: AK *ruššū* : AR *'aḥmar* : EG *dšr* : GK *eruthros*
reed: AK *qanū* : EB *qá-nu-wu* : EG *ì* : GK *kalamos* : HB *kāh-neh'* : SM *gi*
regulation: AK *parṣu*; *sakkū* : EG *ḥqâ*; *tp-rd* : SM *gárza*
related to: AK *aššu* : EG *ìry* : LT *relatus*. Cf. belonging to
relation: GK *pros ti* : LT *relation* : SK *saṃbandha*. Cf. category; relative to
relative to: GK *pros ti* : LT *ad aliquid*. Cf. characteristic; concerning; great; like; other; relation; same; small
remain, to: EG *mn* : LT *manere*; *remanere*
request: AK *erištu* : LT *requisita* : SM *níg-al-di* : UG *ìršt*. Cf. question
residence: EG *ānḫ*; *ḥnw*. Cf. house
resin: AK *rīqu* : EG *āâgt*; *ìhmt*; *mnnw*; *sfy* : LT *resina* : SM *šim*
rest: AK *nēḫtu* : EG *wrd* : GK *ēremia* : SM *ne-ḫa*. Cf. immobility; movement; peace
rest, to: AK *nāḫu* : EG *grḥ*; *ḥtp*; *wrd* : HB *n-w-h* : LT *quiescere* : SM *dub-dub*. Cf. immobilize; move
resting: GK *eremoun*. Cf. moving
revise, to: EG *s-ìp* : LT *revisere*
rib: AK *ṣēlu* : AR *ḍl'* : EG *spr* : HB *ṣēla'* : LT *costa* : SM *ti* : UG *ṣl'*
right: AK *imnu* : AR *yamīn* : EG *ìmn* : GK *dexion* : HB *yāmīn* : LT *rectus* : SM *zid-da* : UG *ymn*. Cf. left
righteousness: HB *tz'dāh-kāh'*; *tzeh'-dek* : LT *justitia* : SM *níg-si-sá*
river: AK *nāru* : AR *nahr* : EG *ìtrw* : GK *potamos* : HB *nāhār* : LT *fluvius* : SM *íd* : UG *nhr* : VN. Cf. watercourse
riverbank: AK *kišādu* : EG *mrw* : LT *ripa*. Cf. shore
road: AK *ḫarrānu* : EG *ḥrt*; *wât* : SM *ḫar-ra-an*. Cf. path; way

roof: EG *đâđâ pr*; *hât*; *wrmwt* : SM *ùr*

room: AK *šubtu* : EG *āt* : LT *camera* : UG *ḥdr*

roomkeeper: EG *ìry-āt*

royal offering: EG *ḥtp-dy-nswt*

ruby: AK *yaraḫḫu* : SM *tu*

rudderstock: AK *gimmuššu* : SM ^{giš}*gi-muš*

ruin: EG *wâs* : LT *ruina*

ruler: AK *rubū* : EG *ḥqâ* : GK *arkhon*; *dunastēs* : HB *sar* : LT *princeps* : SM *énsi*

rules: EG *nt*

S

sacred baboon: EG *ìān* : LT *Papio hamadryas*. Cf. baboon

sacred ibis: HB *yan-shōhph´* : LT *Ibis religiosa*; *Threskiornis aethiopica*. Cf. ibis

sacred ram: EG *bâ*. Cf. ram

safe, to be: AK *šalāmu* : SM *ni-dub*

said of: GK *legethai kata*

same: GK *homos*; *tautos* : SK *sama*. Cf. equal

same, to be the: AK *šanānu* : SM *sá*. Cf. common; equal; like; relative to

sand: EG *šāy* : LT *arena*

say, to: AK *qabū* : AR *qāla* : EG *đd*; *ptrì* : GK *legein* : HB *'āmar* : LT *dicere* : SM *di*; *dûg*; *e* : UG *rgm*. Cf. speak

scarab: EG *ḫprr* : HB *tšelatšal* : LT *scarabaeus*

sceptre: AK *ḫaṭṭu* : EB *gidri* : EG *ābâ*; *ḥqât* : GK *skēptron* : LT *sceptrum* : SM *gidru*; ^{giš}*gidru*

scholar: AK *ummiānu*

school: AK *bīt ṭuppi* : EG *āt sbâ* : GK *skholē* : LT *schola*. Cf. scribal school; tablet house

scorpion: AK *aqrabu*; *zuqaqīpu* : AR *'aqrabun* : EG *đârt*; *zrq* : GK *skorpios* : HB *'ak-rāhv´* : LT *scorpio* : SM *gír*; *gír-tab*

scoundrel: SM *nu-érim*

scribal craft: AK *ṭupšarrūtu* : SM *nam-dub-sar*

scribal school: SM *é-dub-ba*. Cf. school

scribe: AK *ṭupšarru* : EB ^{lú}*dub-sar* : EG *ānu*; *zš* : LT *scriba* : SM *dub-sar*; ^{lú}*dub-sar*. Cf. female scribe; king's scribe; recruiting scribe

sculpt, to: EG *mnḫ*; *msì*; *ptḥ*. Cf. shape

sculptor: EG *gnwty*

sculpture: AK *uṣurtu*: LT *sculptura*. Cf. craftsman; shape; statue

sculptured boundary stone: AK *kudurru*. Cf. boundary stone

sea: AK *tāmtu* : AR *baḥr* : EB *ti-´à-ma-tum* : EG *wâđ-wr*; *ym* : GK *thalassa* : HB *yām* : LT *mare* : SM *a-ab-ba* : UG *ym*. Cf. primeval sea

seal: AK *kunukku* : EG *đbāt*; *ḫtm*; *sđâyt* : GK *sphrasis* : LT *sigillum* : SM *kišib*

seat: AK *mūsaru* : EG *ḥmz*; *st* : SM ^{giš}*gu-za* : UG *mšb*. Cf. throne

secondary substance: GK *ousia deutera*. Cf. substance

secretary: AK *waklu* : LT *secretarius* : SM *ugula*

sedge: EG *swt*

see, to: AK *amāru*; *naṭālu* : AR *ra'ā* : EG *mââ*; *nwâ*; *znw* : GK *horan*; *idein* : HB *rā'ā* : LT *videre* : SM *igi--bar* : UG *àmr*

seek, to: AK *saḫāru* : EG *đār*; *ḥìḥì* : GK *zētein*; *epizētein* : LT *quaerere* : SM *kin*. Cf. inquire; question

seize, to: LT *sacire* : SM *dāb*

sentence: EG *ŧâz* : GK *lógos*. Cf. formula; proposition; subject; word

serekh: EG *s-rḫ*. Cf. that which makes known

serpent: AK *ušumgallu* : EG *ḥfâw*; *nāw*; *rkrk* : GK *ophis* : SK *sarpa* : SM *muš* : UG *tnn*. Cf. snake

servant: AK *wardu* : EB *eb-du* : EG *bâk*; *ḥmw* : GK *diakonos* : LT *minister*; *serviens* : SM *arad* : UG *'bd*

settlement: AK *ālu*;

dimtu : EG *nìwt* : SM *maš-gána*; <u>*uru*</u>. Cf. city

sex: GK *genos* : LT *sexus*

shade: AK *ṣulūlu* : AR *ẓill* : EG *šwt* : HB *ṣēl* : LT *umbra* : SM *an-dùl* : UG *zll*. Cf. sunshade

shadow: AJ *ṣillu* : AR *ẓil* : EG *ḫaybt*; *šwt* : HB *ṣēl* : LT *umbra* : SM *gissu* : UG *zl*. Cf. physical body

shape: AK *lānu* : EG *tìt* : GK *skhēma* : LT *forma* : SK *ākṛtī* : SM *é-g̃ar*. Cf. body; creation; form; sculpture

shape, to: EG *ptḥ* : SM *dé*. Cf. create; sculpt

sheep: AK *immeru* : AR *šā'* : EB *udu* : EG *zrì* : GK *probaton* : HB *śe* : LT *ovis* : SK *avi* : SM <u>*udu*</u> : UG *ìmr*; *š* : VN. Cf. wool-bearing sheep

sheep and goats: AK *ṣēnu* : EG *ìwt*

shekel: AK *šiqlu* : HB *šeh´-kel* : SM *gín*

shepherd: AK *nāqidu*; *rē´ū* : AR *rā'in* : HB *rō'e* : LT *pastor* : SM ^{lú}*sipa*; *na-gada*; *sipa* : UG *r'y*

shine, to: AK *nabaṭu*; *nebū* : EG *âḫ*; *ìrr*; *pāpā*; *psđ*; *tḥn*; *ṭḥn* : SM *băr*; *mul*

ship: AK *elippu* : EG *ḥā* : GK *naus* : LT *navis* : SM ^{giš}*má*; *má*. Cf. watercraft

shore: AK *kišādu* : AR *ḥāffa* : EG *wđb* : HB *ḥôp* : SK *tīrain*: SM *gú* : UG *ḫp*. Cf. riverbank; edge

shrine: AK *parakku*; *sagū* : EG *kâr* : SM *èš*

sick, to be: EG *mn*; *šn*

sickness: AK *murṣu* : EG *ḫâyt*; *ìnd*; *šnw*; *tḥnw*; *wìât* : SM *gig*; *tūr*. Cf. illness

sign: AK *ittu*; *ṣaddu* : AR *'alāmah* : EG *tìt* : SK *mudrā* : SM ^{giš}*ti-bal*

silence: AK *qūlu* : EG *sgr* : SM *me*; *níg-me-gar*

similar: EG *mìtw* : GK *homoios* : LT *similis*. Cf. like

similar, to be: AK *mašālu*

simultaneous: GK *hama* : LT *simul*

sing, to: AK *zamāru* : EG *kâì* : HB *n-*^{c}*-m* : LT *cantare* : SM *du*

singer: AK *nāru* : EG *šmāy*(*t*) : SM *nar*

sister: AK *aḫātu*; *mārtu* : AR *'uḫt* : EG *snt* : HB *'āḥōt* : LT *soror* : SM *sal-šeš* : UG *àḫt*

sistrum: EG *zḫm* : GK *seistron*

skin: AK *mašku* : AR *ĵild* : EG *ħnt*; *ìnm*; *mskâ* : GK *khorion* : HB *gēled* : LT *pellis* : SM *bar*; *kuš*. Cf. hide

sky: AK *šamū* : AR *samā'* : EG *nwt* : GK *aithēr* : HB *šah´-ģhak* : SM *an*; *gĕ*; *mé*; *mi* : UG *šmm*. Cf. heaven

slave: AK wardu : AR *'abd* : GK *doulos* : HB *'ebed* : SM *eri*. Cf. female slave; king's slave

small: AK *maṭu*; *qatnu*; *ṣeḫru* : AR *ṣaγīr* : EG *ktt*; *nđs*; *šrì* : GK *mikron*; *mikros* : HB *qāṭān* : LT *parvus* : SK *alpa* : SM *bànda*; *sig*; *tur* : UG *dq*; *ql*. Cf. quantified; relative to

snake: AK *ṣiru* : AR *ḥayyat* : EG *đdft*; *ḥrrt*; *sâ-tâ* : HB *nāḥāš* : LT *serpens*. Cf. serpent

soft speech: EG *hrt-đd* : SM *eme-galam-ma*. Cf. speech

soldier: AK *rēdū*; *ṣābu* : EG *mâty*; *mšā*; *qn*; *wāw* : LT *soldiarus* : SM ^{lú}*erín*; *uku-uš*

somewhere: AK *ayyīšamma* : GK *pou*. Cf. location; where

son: AK *māru* : AR *ibn* : EG *sâ* : HB *bēn* : LT *filius* : SM *dumu*; *dumu-nita*; *mu* : UG *bn*

soul: AK *napištu*; *zaqīqu* : AR *nafs* : EG *bâ* : GK *psukhe* : HB *nepeš*; *n'dee-vāh´* : LT *anima* : SK *ātman* : SM *zi* : UG *npš*. Cf. air; breath; essence; heaven; spirit; substance; wind

South: AK *šūtu* : EG *rsw* : HB *dāh-rōhm´*; *neh´-gev* : SM *u-lu*. Cf. North

sovereign: EG *ìty*

speak, to: AK *dabābu* : AR *takallama* : EB *na-ba-um* : EG *mdwì* : GK *eirein*; *legein*; *phanai*;

phōnein : HB *millēl* : LT *fari*; *loqui* : SM du_{11}; *dûg*; *e*; *me*; *mu*; *pà* : UG *rgm*. Cf. name; say; speech; utter

speak softly, to: EB *pá-tá-ru*: SM *nì-tur-du--ga*. Cf. interpret

special: HB *s'gool-lāh'*

species: AR *naw'* : EG *sẖr* : GK *eidos* : LT *species* : SK *bhid*. Cf. class; idea; kind

specific difference: GK *eidopoios diaphora* : LT *differentia specifica*. Cf. differentia

specification: EG *tp-n-sšmt-ā* : GK *dihorismos* : LT *determinatio*

speech: AK *dabābu* : AR *qawl* : EG *mdw*; *pr*; *r*; *tp-r* : GK *epos*; *lógos*; *phōnēma*; *phrasis* : HB *mil-lāh'* : LT *dictus*; *parabola*; *phrasis* : SK *vāk* : SM du_{11}*-ga*; *eme*; *i*; *níg-dûg-ga*. Cf. contrived speech; deceitful speech; fair speech; female speech; formal speech; forthright speech; ornamental speech; soft speech; speak

speech contriver: GK *eiremes*

speech in defence: EG *wšbt* : GK *apologia*

spine: EG *ìmâẖ*

spirit: AK *šēdu* : EG *kâ* : HB *ruaḥ* : LT *spiritus* : SK *prāṇa* : SM *šedu*. Cf. air; breath; heaven; soul; wind

spiritual body: EG *zāḥw*

spiritual force: EG *âẖ*

spit, to: AR *tafala* : EG *psg*; *pzg*; *tfn* : LT *spuere* : UG *ùpt*. Cf. splutter out; utter

split: AK *ḫepū* : SM *ḫal*; *si-il*. Cf. division

split, to: AK *ḫepū* : EG *pẖâ* : GK *skhizein* : LT *fendere* : SM *bar*; *si--il*. Cf. divide

splutter out, to: EG *šš*. Cf. spit; utter

spread, to: SM *dũ*

square: GK *tetragōnon* : LT *exquadra*. Cf. oblong

stab: SM *gír*

stability: LT *stabilitas* : SK *sthiti* : SM *níg-nu-kur-u*. Cf. immobility; stable

stable: AK *dannu*; *tarbaṣu* : EG *đdì* : LT *stabilis*. Cf. firm; stability

staff: AK *šibirru* : EG 1. *mdw*; *wâḥt*; 2. *wâs*. Cf. stick

stand, to: AK *nazāzu* : EG *āḥā* : GK *histanai* : LT *stare* : SM *gub*. Cf. posture; present

stand firm, to: SM *suḫuš*

star: AK *kakkabu* : AR *kawkab* : EG *ānẖ*; *sbâ* : GK *aster* : HB *kōkāb* : LT *astrum*; *stella* : SM *an*; *mul* : UG *kbkb*. Cf. celestial body

state: EG *ā*; *āḥāw*; *ẖrt*; *sšmw* : GK *hexis* : LT *status* : SK *avasthā*. Cf. condition; possession

statement: AK *lišānu* : AR *qawl* : EG *ŧâz* : GK *apophansis*. Cf. assertion; formula; proposition

statue: AK *ṣalmu* : EB *an-dùl* : EG *ħnty*; *twt* : LT *statua* : SM *alam*; *nu*. Cf. likeness; sculpture

statute: GK *nomos*; *nomimon* : LT *statutum*. Cf. law

stele: AK *narū* : EG *ābā*; *āḥāw*; *wđ* : GK *stēlē* : LT *stela* : SM *na*; *na-rú-a* : UG *nd*. Cf. boundary stone

sternpost: AK *qarnu elippi* : SM ^{giš}*si-má*

stick: AK *udugu* : EG *nbâ*; *tìsw*. Cf. staff

stone: AK *abnu* : AR *ḥaĵar* : EG *ìnr* : GK *laos*; *laas*; *lithos* : HB *'eben* : LT *lapis*; *petra* : SM *nâ*; *zá* : UG *àbn*

storm: AK *imsuḫḫu* : EG *đā*; *nšny* : HB *zeh'-rem* : LT *tempestas* : SM *im*; *líl*; *tu*. Cf. rainstorm; wind-and-rain storm

story: GK *muthos* : LT *fabula* : SK *kathā*. Cf. history

straight: EG *āqâ*; *mâât* : GK *euthus*; *orthos* : HB *yāšar* : LT *directus*; *rectus* : SM *si-sá*. Cf. canon; curved

straight, to be: AK *ešēru* : AR *yasur* : HB *yāšar* : SM *si* : UG *yšr* strength: AK *danānu* : EG *nḫtt*; *wsrt* : SM *á*; *nam-á-gál*; *nè*. Cf. arm; might

strike down, to: EG *sqr*

strong: AK *dannu*; *li'ū* : EG *nḫt*; *wsr* : LT *fortis*; *potens* : SM *bànda*; *kalag*; *maḫ*; *ú*. Cf. mighty

stuff: EG *pâwt*. Cf. element; matter; substance

subdue, to: SM *gú--gar*

subject: AR *mawḍū‘* : GK *hupokeimenon* : LT *subjectus*. Cf. predicate; sentence; substratum; word

subsequently: EG *ḥr-sâ*

substance: AR *jawhar* : EG *gzw*; *kâ*; *pâwt* : GK *ousia* : HB *y'koom* : LT *substantia* : SK *dravya*. Cf. being; category; element; essence; primary substance; secondary substance; soul; stuff; thisness; what

substantive: GK *ousiotikos* : LT *substantivus*

substratum: GK *hupokeimenon*. Cf. subject

Sumer's homeland: SM *kalam*

Sumerian (language): AK *lišānu šumeri* : SM *eme-ku*

sun: AK *šamšu* : AR *šams* : EG *rā* : GK *hēlios* : HB *šemeš* : LT *sol* : SM *utu* : UG *špš* : VN

sunrise: AK *ṣīt šamši* : EG *bqâ*; *rā-ḫā* : SM *ud-è*

sunset: AK *erēb šamši* : EG *ḥp ìtn* : SM *ud-šú*

sunshade: AK *andullu*. Cf. shade

sunshine: EG *âḫw*; *nfr*

superintendent: AK *rābisu* : EB *a-ga-ra-gu-um*; *ugula* : LT *superintendens* : SM *maškim*

suppose, to: EG *ìb*. Cf. imagine

surround, to: AK *lawū*; *saḫāru* : EG *ìnḥ*; *šnì* : SM *ḫar*; *nigin*. Cf. horizon; that which encircles

swallow: AK *sinuntu* : EG *mnt* : SM *sim*^{mušen}

swear, to: AK *tamū* : EG *ānḫ*; *ārq* : LT *jurare*

sweet, to be: SM *dùg*. Cf. bind

sycamore: EG *nht* : GK *sukomoros* : LT *sycomorus*

syllogism: AR *qiyās* : GK *sullogismos* : LT *syllogismus* : SK *kevala saṃvākya*

synonym: GK *sunōnumon* : LT *synonymum*

synonymous: GK *sunōnumos* : LT *univocus*

T

tablet: AK *lī'u*; *ṭuppu* : EG *āny* : SM *li-um*. Cf. clay tablet

tablet copy: SM *gaba-ri dub*

tablet house: AK *bīt ṭuppi*. Cf. house; school

tablet of destiny: AK *ṭupšimtu*. Cf. destiny

tablet specialist: EB *dub-zu-zu*

tail: AK *zibbatu* : EG *sd* : SM *kun*

take along, to: SM *lâḫ*; *súg*

take away, to: EG *nḥm* : SM *kar*

teach, to: AK *lummudu* : EG *sbâ* : GK *didaskein* : HB *yarah* : LT *docere*

teacher: SM *dub-zu-zu*

teaching: HB *tōh-rāh*

tear: AK *dintu* : EG *rmyt* : SM *a*; *ér* : UG *my-rišk*. Cf. weep

tear, to: SM *tar*. Cf. cut; determine

tell, to: AK *šanū* : EG *smì* : GK *eirein* : LT *narrare*

temple: AK *ekurru* : EG *ḥwt-ntr*; *r-pr* : SM *é* : VN

temple council: EG *qnbt nt ḥwt ntr*

ten: AK *ešru* : EG *mđw* : GK *deka* : LT *decem* : SM *u*

term: AR *ṭarf*; *ḥadd* : GK *horos* : LT *terminus*. Cf. boundary; determination; name; propositional term; terminology; term (of ratio); term (of time); word

term (of ratio): AK *araḫū* : GK *horos* : SM *a-ra-ḫi*. Cf. term

term (of time): EG *nrì*. Cf. time

terminologist: SM *inim-zu*

terminology: GK *onomata*. Cf. definition; term

testify, to: EG *mtì*; *mtr*

testimony: AK *šībūtu* : AR *šahādah* : EG *mtt* : SM *enim-enim-ma*

that: AK *ullu* : EG *tf* : SM *ul*

that which encircles: EG *šnw* : SK *acayanah*. Cf. cartouche; horizon; primeval sea; surround

that which is: EG *ntt*; *wnntt*. Cf. being; order; reality; there is; what it is

that which is not: EG *ìwtt*

that which makes known: EG *s-rḫ*. Cf. charge; serekh

then. Cf. therefore

there is: UG *ìt*. Cf. being; that which is

therefore: AK *kīam* : EG *ìḫ*; *rf* : LT *ergo* : SM *na-nam*

thing: AK *bušū* : EG *bw*; *ḥnw*; *ḫt*; *sšr* : GK *on*; *pragma* : HB *dāh-vāhr´* : LT *causa*; *res* : SK *artha* : SM *níg*. Cf. being; form; kind of thing; what

think, to: AK *ḫasāsu* : EG *ḫmt*; *mâwt*; *nkâ*; *wââ* : GK *noein* : LT *cogitare*; *pensare* : SM *šâg-dāb*

think creatively, to: EG *kâ*

thisness: GK *tode ti*. Cf. substance

thought: EG *sḫr* : GK *dianoia*; *ennoia*; *noēma* : SM *ka-gar*. Cf. idea

throat: AK *ḫurḫudu* : EG *ḥtyt*; *ḫḫ*; *šâšâyt* : GK *bronkhos*; *pharunx* : LT *bronchia* : SM *za-pa-ág*; *zi*

throne: AK *kussū*; *parakku* : AR *kīssē'* : EG *nst*; *srḫ* : GK *thronos* : HB *kis-sēh´* : LT *thronus* : SM *bára*; *gišgu-za* : UG *ksù*. Cf. seat

thunder: EG *mdw pt* : GK *brontē*

time: AK *adānu* : AR *waqt* : EG *hâw*; *nnwyt*; *nw*; *rk* : GK *khronos* : HB *raqah* : LT *tempus* : SK *kāla* : SM *á*; *á-ud-te-gĭ*. Cf. category; primeval time; term (of time); when

time, at some: GK *pote*. Cf. when

today: AK *ūmam* : EG *mìn*

tomorrow: AK *urram* : EG *dwâw*; *m-dwâ*

tongue: AK *lišānu* : AR *lisān* : EB *li-sa-nu* : EG *lwsâ*; *ns*; *rwsâ*; *šzr* : GK *glōssa*; *glōtta* : HB *lāšōn* : LT *lingua* : SK *jihvā* : SM *eme*; *me* : UG *lšn*

tooth: AK *šinnu* : AR *sinn* : EG *ìbḥ* : GK *odōn* : HB *šēn* : LT *dens* : SM *zú* : UG *šn*

top genus: LT *summum genus*

touch, to: EG *sâḥ* : GK *haptesthai*

town: AK *karu* : EG *dmì* : SM *eri*; *uru* : UG *qrt*. Cf. settlement

translation reviser: SM *ugula-eme-bala*

translator: EB *tà-da-bí-lu* : SM *inim-bala*

transmigration: GK *metempsukhousthai*

transmutation: GK *khemeia*

treasury building: EG *pr-ḥđ* : SM *é níg-ga-ra*

tree: AK *iṣu* : AR *šaĵarat* : EG *ḫt*; *ìmâ*; *šâ*; *šn* : GK *dendron*; *drus* : HB *'ēṣ* : LT *arbor* : SM *giš* : UG *'ṣ*

tribe: EG *wḥwt* : GK *phule*

true: AK *kīnu* : EG *mââ* : GK *alethes* : SM *zid*

truth: AK *kīttu* : EG *bw-mââ*; *mâât* : GK *alētheia* : HB *ĕmeth* : SK *satya*

two: AK *šinā* : AR *iṯnāni* : EG *snw* : GK *duas*; *duo* : HB *šnayim* : LT *duas*; *duo* : SM *min* : UG *ṯn* : VN

two thirds: AK *šīnipu* : EG *rwy* : SM *šanabi*

two-faced: AK *usumia*. Cf. double

two-sighted: SM *igi-min*

type: AR *ḍarb* : GK *genos* : HB *meen*

U

undergo, to: GK *paskhein* : LT *pati*; *sufferer*. Cf. affection

underground waters: SM *abzu*. Cf. abyss; deep; water

unguent: EG *ānd*; *ānḫ*; *wrḥ*

universal: AR *kull* : GK *katholou* : LT *universalis* : SK *sāmānya* : SM *me*. Cf. common

universe: AK *gimru* : EG *r-đr* : GK *pan* : LT *universum* : SK *brahmagola* : SM *an-uraš*. Cf. all; heaven and earth; whole; world

unlimited: EG *đrw* : GK *apeiron*. Cf. boundless; limited

up: AK *eli*; *eliš*. Cf. high

upper: AK *elū* : EG *ḥry* : SM *igi-nim*

usage: GK *khrēsis*; *nomos*. Cf. custom

utensil: AK *numātu*; *unūtu* : SM *eme*

utter, to: EG *šsr* : SM *dûg*. Cf. speak; spit; splutter out

utter blessings or prayers, to: AK *karābu* : UG *krb*

utterance: AK *zikru* : EG *ḫn*; *tp-r* : GK *phases*; *prophora* : SM du_{11}*-ga*; *ka-ta-è*. Cf. voice; word

V

valley: EG *ìnt* : SM *gána-íd* : UG *ʿmq*

vessel: AK *karpatu*; *šappu* : EB *gú-bar* : EG *hnw* : LT *vas* : SM *dug* : UG *spl*. Cf. blood vessel; jug; pot

village: AK *kapru* : EG *wḥyt* : SM *é-duru*

vizier: AK *sukkallu* : EG *ṫâty* : SM *sukkal*

voice: AK *qūlu* : EG *ḫrw* : GK *phōnē* : HB *kōhl* : LT *vox* : SM *eme*; *gù*; *za-pa-ág*. Cf. utterance

vulture: AK *zību* : AR *đi'b* : EG *â*; *nrt* : HB *nešer* : LT *vultur* : SM *nu-um-ma*^{mušen}; *ú-di-nu*^{mušen}

vulva: AK *biššūru*; *urū* : EG *âtyt*; *ìdt* : LT *vulva* : SM *érim*; *sal*

W

wall: EG *ìnb*

water: AK *mū* : AR *mā'* : EB *ma-wu* : EG *mw*; *nw* : GK *hudōr* : HB *mayim* : LT *aqua* : SK *āpa*; *pānīya* : SM *a*; *mē* : UG *my* : VN. Cf. primeval water; underground waters

watercourse: AK *naḫlu*; *nāru*; *nḫry* : EG *ìtrw-mr*; *nḫry*; *wât-mw* : SM *íd*. Cf. canal; river; wet

watercraft: EG *dpwt* : SM *má* : VN. Cf. boat; ship

waterwell: : AK *būrtu* : AR *bi'r* : EG *ḫnm*; *ħnmt* : HB *be'ēr* : SM *pú* : UG *bìr*

wavy-horned ram: LT *Ovis longipes palaeoaegypticus*

way: AK *girru*; *padānu* : AR *samt* : GK *hodós* : SM *sil*. Cf. path; road

weak: AK *enšu* : EG *âhd*; *ħzì*; *nw* : SK *árbha-s* : SK *kṣīṇa* : SM *sig*

weakness: AK *anšūtu* : EG *âhd* : SM *nam-sig*

weapon: AK *kakku* : EG *rā-ḫt* : SM *mu*; *tukul*

weave, to: AK *ṭurru* : EG *zšnì* : LT *texere* : SM tu_{14}

weaver: AK *ušparu* : EG *ḫry* : SM *uš-bar*

weep, to: AK *bakū* : EG *nhp*; *rmì* : SM *ér--šẽ̄šẽ̄* : LT *flere*. Cf. tear

well: EG *nfr* : GK *eu*; *kalōs*

West: AK *amurru*; *erbu* : AR *ɣarb* : EG *ìmnt* : HB *maʿrāb*; *yām* : SM *giš-sig*; *mar-tu*; *utu-šú* : UG *ʿrb*. Cf. East; evening

wet: EG *bâìw*; *ìbḥ* : GK *hugros*. Cf. dry; water

what: AK *mīnu* : AR *mā* : EG *ìšst*; *mā*; *ptr*; *pty* : HB *mah* : SM *a-na* : UG *mn*. Cf. question; substance; thing; what it is

what it is: GK *hoti estin*. Cf. nature; that which is; what

what-it-is: GK *ti esti*; *ti ēn einai*. Cf. essence

when: AK *enūma*; *mati* : AR *when* : LT *quando* : SM *ud*; *me-na-am*; *me-ta*. Cf. time

where: AK *ali*; *ayyānu*; *ekia* : AR *'ayna* : EG *tn*; *tny*; *ṯn*; *ṯnì* : HB *'ayyēh* : LT *quo*; *ubi* : SM *e-ne*; *ki*; *ma-a*; *mǎ*; *me-a* : UG *ìy*. Cf. location; somewhere
white: AK *peṣū* : AR *'abyaḍ*: EG *ḥḏ* : GK *leukos* : HB *lābān* : LT *albus* : SM *bábbar* : UG *lbn*
white water lily: LT *Nymphaea alba*
whole: AK *kalū*; *napḫaru* : AR *kull* : EG *r-ḏr* : GK *holos* : HB *kōl* : LT *integritas* : SK *abhinna*; *ankal* : SM *gu*; *ki-šár*; *kìlib* : UG *kl*. Cf. all; body; part; universe
wholesaler: SM *gal-dam-gàr*
why: AK *ammatu*; *ana-mīnim*; *atā* : EG *ḥr-mā*; *ḥr zy ìšzt* : GK *dia ti* : LT *ad quid*; *cur* : SM *a-na-aš*; *te*
wide: AK *rapšu* : EG *wsḫ* : GK *eurus*; *platu* : SM *dagal*
widely: SM *dagal-bi*
widen, to: EG *s-wsḫ*
wild bull: AK *rīmu* : EG *smâ* : SM *am*. Cf. bull
wind: AK *imsuḫḫu*; *šāru* : AR *rīḥ* : EG *ìgbw*; *ìs*; *ìsnn*; *ìtm*; *mâ*; *nft*; *nfw*; *nnây*; *ṯâw* : GK *anemos* : HB *ruaḥ* : SK *vāta* : SM *im*; *líl*; *tu*$_{15}$: UG *rḥ*. Cf. air; breath; heaven; soul; spirit
wind-and-rain storm: EG *ḏā ḥr ḥyt*; *mḥyt*. Cf. storm
windstorm: AK *imḫullu* : EG *ḏā n ṯâw*; *gzm* : SM *im-ḫul*
wisdom: AK *nēmequ*; *uznu* : EG *sârt*; *šsâ* : GK *sophia* : LT *sapientia* : SM *géštug*; *igi-gál*; *nam-kù-zu*. Cf. ear
wise: AK *li'ū* : EG *zšâ*
with: EG *ìm*; *m* : SM *zi*. Cf. and; include
without: AK *balāt*; *balu* : EG *ìtm*; *ìwtì*; *r-n* : SM *nu*
woman: AK *awīltu*; *sinništu* : AR *imra'at* : EB *dam*; *ì-ma-tum* : EG *ḥmt*; *zt* : GK *gunē* : HB *'iššā* : LT *femina* : SM *mí*; *munus*; *sal* : UG *àṯt*
wood: AK *iṣu* : AR *hatab* : EG *ḫt* : GK *xulon* : HB *'ēṣ* : LT *lignum* : SM *giš* : UG *'ṣ*
wool: AK *šipātu* : HB *'ēs* : SM *síg*; *siki* : UG *š'rt*
wool-bearing sheep: SM *udu-siki*. Cf. sheep
woolly: SM *síg*
word: AK *awātu*; *qibītu*: EG *ḫr*; *mdt*; *pr*; *ṯz* : GK *lexis*; *lógos*; *onoma*; *rhema* : HB *dāh-vāhr'* : LT *dictio*; *lexis* : SK *pada* : SM *inim*; *mu* : UG *hwt*. Cf. oath; sentence; term; utterance
words of the god: EG *mdw nṯr*. Cf. hieroglyphics
work in progress: EG *r-ā-kât*
world: AK *kiššatu* : EG *tâìw* : GK *kosmos* : HB *olam* : LT *mundus* : SK *saṃsāra* : SM *kiš*. Cf. all; universe; whole
write, to: AK *šapāru*; *šaṭāru* : AR *kataba* : EG *ān*; *zḫâ*; *zš* : GK *graphein* : HB *kātab* : LT *scribere* : SM *sar* : UG *spr*
writing: AK *šiṭru* : EG *drf*; *zḫâ* : GK *gramma* : HB *k'thāhv* : SM *mul*; *mulu*; *nam-dub*

Y - Z

year: AK *šattu* : AR *sanat* : EG *rnpt* : HB *šānā* : LT *annus* : SM *mu* : UG *šnt*
yesterday: EG *m-sf*; *sf*
young: AK *ṣeḫru* : EG *nḫ*; *rnpy*; *wâḏ* : SK *bālaka* : SM *bànda*; *sig*; *tur*. Cf. new
zenith: AK *elat šamē* : SM *an-pa*
ziggurat: AK *ziqqurratu*

VINČAN-ENGLISH (tentative)

Sources: Gimbutas, *Language*; Griffen; Haarmann; Winn.

: one (?)

: two (?)

: sun (?)

: goddess (?)

: bird (?)

; : bird goddess (?)

: bear; nurturing (?)

: bear goddess (?)

: goat; sheep (?)

: water (?)

: river (?)

: watercraft (?)

: plant (?)

: frog; to give birth (?)

; ; ; : building (?)

: temple; consecration (?)

: altar (?)

; : bird goddess (?)

Summerian and Egyptian Sign Types

sign / graphic symbol / hieroglyph
  semogram (sense sign)
    logogram (word sign):
      pictogram (thing sign)—e.g.:
        Sum. || : *a* ('water'); ◇ : *utu* ('sun'); ⊔ : *má* ('watercraft')
        Egptn. 〰〰 : *mw* ('water'); ○ : *rā* ('sun'); ⛵ : *dpwt* ('watercraft')
      ideogram (idea sign)—e.g.:
        Sum. ◇ : *ud, băr* ('day', 'shine'); ◇ : *dùg, šár* ('good', 'all')
        Egptn. ○ : *hrw* ('day', 'Ra'); ☥ : *nfr* ('good', 'perfect')
  determinative (subject-field sign, affixed, usually not read aloud):
    quantity determinative—e.g., duality:
      Sum.   II (suffixed)
      Egpt.   II (suffixed)
    genericity determinative—e.g., cattle:
      Sum.   ⇨ (prefixed)
      Egpt.   🐂 (suffixed)
    specificity determinative—e.g., sheep:
      Sum.   ⊕ (prefixed)
      Egpt.   🐑 (suffixed)
    nominal determinative—e.g., male name:
      Sum.   D (prefixed)
      Egpt., royal: ⌬ (framing); other's: 𓀛 (suffixed)
    general determinative—e.g., watercraft:
      Sum.   ⊔ (prefixed)
      Egpt.   ⛵ (suffixed)

phonogram (sound sign)

- syllabogram, Sum.—e.g.: (‘*a*’); (‘*ud*’); (‘*má*’); (‘*dùg*’)
- consonantogram, Egpt.—e.g.:
  - single-consonant phonogram: (‘*d*’); (‘*n*’); (‘p’)
  - multiconsonantal phonogram
    - biconsonantal phonogram: (‘*db*’); (‘*nb*’); (‘*pr*’)
    - triconsonantal phonogram: (‘*dšr*’); (‘*ntr*’); (‘*psḏ*’)

*

SUMERIAN-ENGLISH

This partially reconstructed *eme-gir*-English vocabulary is arranged according to syllabic values; while individual signs are attested in the logographic and protocuneiform sources used by Deimel, Gadd, and Volk, most compositions represented in this glossary are logographic reconstructions based on latin transcriptions. The alphabetical order is found in the second column and is generally based on initial signs that have the same reading; accents are generally ignored; hyphens may be doubled in the case of compound verbs; capital letters are used for sign names that are meant to be interpreted differently in composites. Accents on vowels are used to distinguish logograms assumed to be homophonous; they do not mark intonation; sources offer different transcriptions of accents; in this glossary, their equivalence is as follows: *a* = *a*; a_2 = *á*; a_3 = *à*; a_4 = *â*; a_5 = *ā*; a_6 = *ă*; a_7 = *ǎ*; a_8 = *ã*; a_9 = *ä*; a_{10} = *å*. Underlined terms may have a determinative function; when their sign is used as such, its transcription is affixed or suffixed in superscript. Parentheses refer to synonyms, homographs, or English nuances. Main sources: Deimel, *Lexikon*; Gadd, 177–194; Keiser, 78–89; Kramer and Maier, 253–258; Kutscher, 154–165; Thomsen, 112–115, 288–290; Volk, 44–99.

	*a*; *mē*: water *a*: flood *a* (*dumu*; *nunuz*): offspring *a* (*ér*): tear
	*a-a* (*ab*; *ab-ba*; *ad*; *ad-da*): father
	*a-ab-ba*: sea
	*A+ENGUR* = *íd*
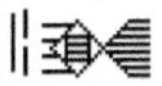	*a-gàr* (*gán*): field
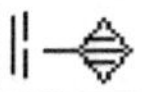	*a-na*: what?
	*a-na-aš*: why?
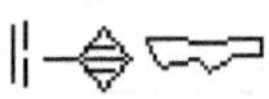	*a-na-gǐn* (*ta-gǐn*): how?
	*a-ra-ḫi*: term (of ratio)
	*a-zu* ([lú]*a-zu*): physician
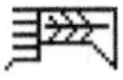	*DA+ŠE* *á* (*da*): arm *á* (*á-ud-te-gǐ*): time *á* (*nam-á-gál*; *nè*): strength *á* (*nè*): power
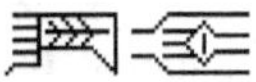	*á-ág*: cause
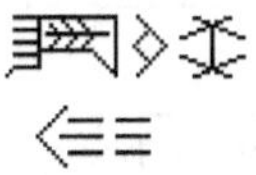	*á-ud-te-gǐ* (*á*): time
	*ab* (*ab-ba*; *ad*; *ad-da*; *a-a*): father (Also: *èš*.)
	*ab-ba* (*ad*; *ad-da*; *a-a*; *ab*): father
	$AB+SIG_4$ = *unu*
	abzu: see under *ZU*

	*áb*: cow
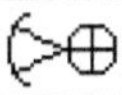	AB_2+LU = *utul*
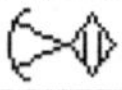	$AB_2+ŠA_3$ = *lipiš*
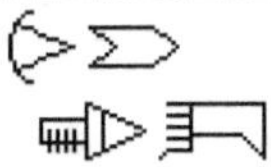	*áb amar bi-da*: cow and calf
	*ad* (*ad-da*; *a-a*; *ab*; *ab-ba*): father
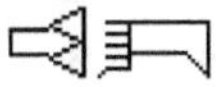	*ad-da* (*a-a*; *ab*; *ab-ba*; *ad*): father
	*NINDA2+NE* *ág*: to measure; to love
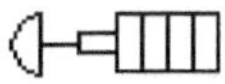	*IGI+DUB* *agrig* (*sag-èn-tar*): overseer *agrig* (*sukkal*): minister
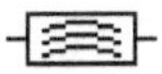	*aka* (*dûg-ga*; *me*; *mu*): command
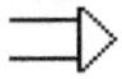	*alad*: life force
	*alam* (*kuš*; *su*): body *alam* (*é-gãr*): form *alam* (*nu*): statue
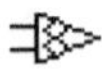	*GUD+KUR* *am*: wild bull
	*am-si*: elephant
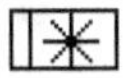	*GA2+AN* *ama* (*me*): mother (Also: *dagal*.)
	*amar*: calf
	*an*: heaven *an* (*gě*; *mé*; *mi*; *mu*): sky *an* (*mul*): star *an*: high

	*AN+AN+AN* = *<u>mul</u>*; *mulu*
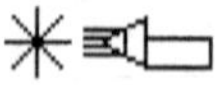	*an-dùl*: shade
	*an ki*: heaven and earth
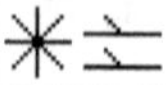	*an-pa*: zenith
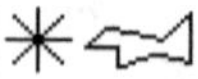	*an-úr* ('sky's foundation'): horizon
	*an-uraš*: universe
	*<u>anše</u>*: hoofed mammal *anše* (*kunga*): ass (Also: *gìri*.)
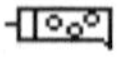	$NITA_2+KUR$ *arad*: servant
	UG_2+ZA *az*: bear
	*ba* (*mu*; *ru*; *sum*): to give
	*UD+UD* *bábbar*: bright; white
	*bal* (*kúr*): to change
	*bànda*; *tur* (*sig*): small; young *bànda* (*maḫ*; *ú*): powerful *bànda* (*kalag*; *maḫ*; *ú*): strong (Also: *dumu*.)
	*bar*: to open *bar* (*kul*; *unu*; *<u>zì</u>*): meal *bar* (*kuš*): skin *bar* (*mu*; *nam-šù*): because *bar* (*si--il*): to divide; to split

	*bar--ak*: to examine
	*bǎr* (*mul*): to shine (Also: *itud*; *par*; *û*; *ud*; *utu*.)
	*bára* (^{giš}*gu-za*): throne
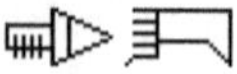	*bi-da*: and (suffix)
	*bí*: hot
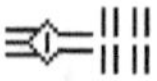	*bí-za-za*: frog
 (?)	*bulug*: boundary stone
	*bùru*: to pierce
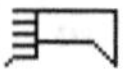	*da*: arm *da*: to be close
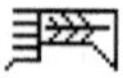	*DA+ŠE* = *á*
	*dāb*: to seize (Also: *ku*.)
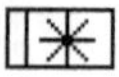	GA_2+AN *dagal*: wide (Also: *ama*.)
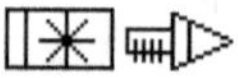	*dagal-bi*: widely
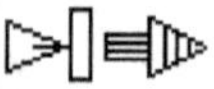	*dam-ga* (^{giš}*apin*): plough
	*dam-gàr*: merchant
	*dé*: to shape
	*dě* (*túm*): to bring (Also: *du*.)
	*di* (*dûg*; *e*): to say
	*di--dāb*: to take up a lawsuit
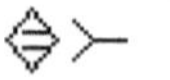	*di-kū*: judge *di--kū*: to judge
	(*<u>didli</u>* [*<u>meš</u>*]: plural) (Also: *min*.)

	*dím* (*dù*; *ku*): to build; to make *dím* (*mud*): to create
	*dingir*: deity; god
	*diš*: one; 1 (*diš*: male name)
	*du*: leg *du* (*gin*): to go *du*: to lead; to sing (Also: *dĕ*.)
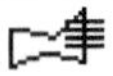	*DU+* = *suḫuš*
	*DU+DU* = *lâḫ*; *súg*
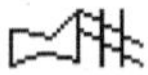	*DU+KAS* = *kâš*
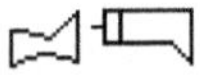	*du-ús* (*gìri*; *gìri-gen-na*; *ḫe-en-du*): path
	*dù*: to do; to make; to build
	*dŭ*: hill
	*dũ*: to spread
	*SAG+* du_{11}; *dûg* (*e*; *me*; *mu*; *pà*): to speak (Also: *gù*; *inim*; *ka*.)
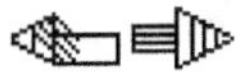	du_{11}-*ga* (*eme*; *i*; *níg-dûg-ga*): speech du_{11}-*ga* (*ka-ta-è*): utterance
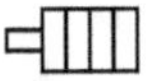	*GIŠ+* *dub*: clay tablet; document
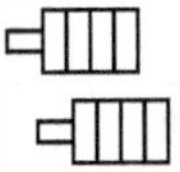	*dub-dub*: to rest
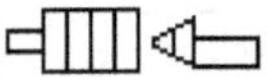	*dub-sag*: before
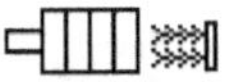	*dub-sar* (*lúdub-sar*): scribe
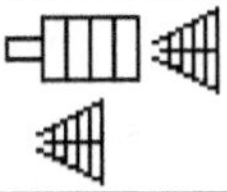	*dub-zu-zu*: teacher
	*dug*: vessel; jug
	*DUG+ḪE* = *làl*
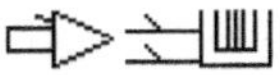	*dugšab* (*dugul*): pot
	*dugul* (*dugšab*): pot
	*dùg*: to be sweet *dùg* (*să*; *sīg*): good (Also: *šár*.)
	*SAG+* *dûg*: to utter *dûg* (*e*; *di*): to say *dûg*; du_{11} (*e*; *me*; *mu*; *pà*): to speak (Also: *gù*; *inim*; *ka*.)
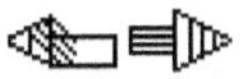	*dûg-ga* (*me*; *mu*; *aka*): command
	*dumu* (*nunuz*; *a*): offspring *dumu* (*dumu-nita*; *mu*): son (Also: *bànda*; *tur*.)
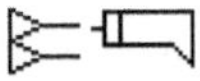	*dumu-nita* (*mu*; *dumu*): son
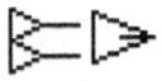	*dumu-sal*: daughter
	*+A* *e* (*di*; *dûg*): to say *e* (*me*; *mu*; *pà*; du_{11}; *dûg*): to speak
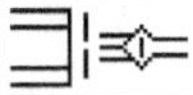	*e-ne* (*ki*): where
	*E+PAP* = *pā*
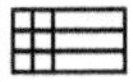	*é*: building; house; temple

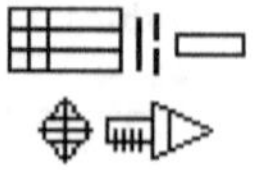	*é-a giš-ḫar-bi*: house plan
	*é-a ig-bi*: house door
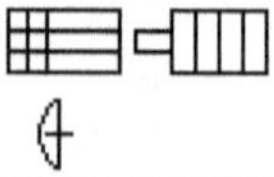	*é-dub-ba*: scribal school
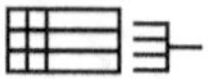	*é-gal*: palace
	*é-gãr*: shape *é-gãr* (*alam*): form
	*E_2+KAS = ká*
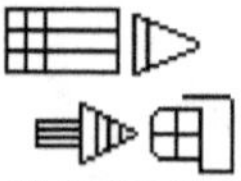	*é níg-ga-ra*: treasury building
	*E_2+NUN = kalam*; *ùg*; *un*
	*é-ri*: desert
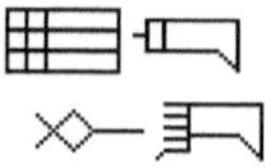	*é uš-gíd-da* (*gŭr*): granary
	*egi* (*nin*): princess (Also: *mû*.)
	*TUM+* *egir*: after; back; behind
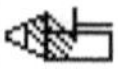	*KA+ME* *eme*: language; utensil *eme* (*gù*; *za-pa-ág*): voice *eme* (*i*; *níg-dûg-ga*; *du_{11}-ga*): speech *eme* (*me*): tongue
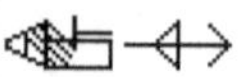	*eme-bala* ('language changer'; *lú-sag-šè-nú-a*): interpreter

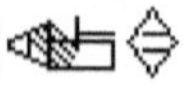	*eme-di*: forthright speech
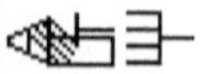	*eme-gal*: big language
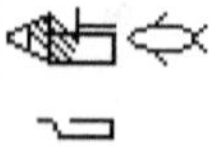	*eme-galam-ma*: soft speech
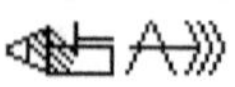	*eme-gi*: civil language
	*eme-ku*: people´s language; Sumerian (language)
	*eme-má-lâḫ-a*: language of navigation
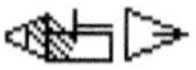	*eme-sal*: female speech; language of lamentation
	*eme-si-di*: language of rightfulness
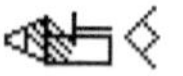	*eme-sig*: deceitful speech
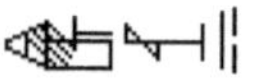	*eme-suḫ-a*: fair speech; contrived speech
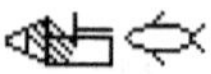	*eme-sukud*: formal speech
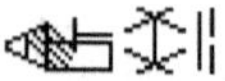	*eme-temen-a*: basic language
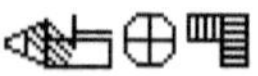	*eme-udu-la*: language of herding
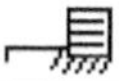	*en*: lord
	*èn--tar*: to ask
	*engar* (^{lú}*engar*): farmer
	*engur* (*sug*; *abzu*): the deep; abyss

	*enim-enim-ma*: testimony
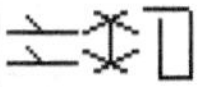	PA+TE+SI *énsi*: governor; mayor; ruler
	*ér* (*a*): tear
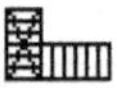	*eren*: cedar
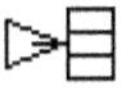	SAL+TUG2 *ereš* (*lugal-ti*): queen (Also: *nin*.)
	*eri*: slave *eri*; *uru*: town; city
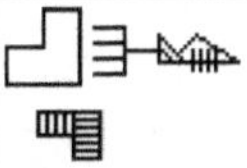	*eri lugal-la*: king's slave
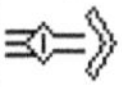	NE+RU *érim*: enemy *érim* (*sal*): vulva
	*èš*: sanctuary; shrine (Also: *ba*.)
	*eššad* (*šu-ḫa*): fisher
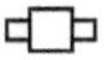	*ezen*: festival
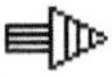	*ga*: milk
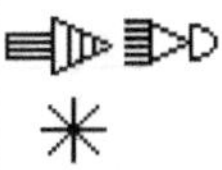	*ga-ša-an* (*nin*): lady
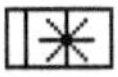	GA_2+AN = *ama*; *dagal*
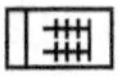	GA_2+NIR = *ùr*
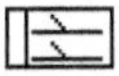	GA_2+PA = *sìla*
	*gaba*: breast; chest

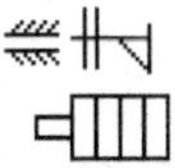	*gaba-ri dub*: tablet copy
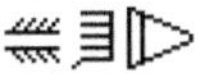	*gaba-šu-gar*: adversary
	*gada*: linen
	*gag*: bone
	*gal*: big; great
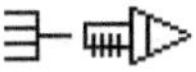	*gal-bi*: greatly
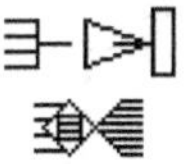	*gal-dam-gàr*: wholesaler
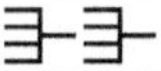	*gal-gal*: far
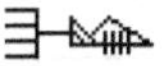	$GAL+LU_2$ = *lugal* (*un*): king; *lugal*: master
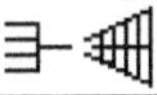	*gal-zu*: intelligent
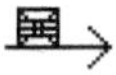	*gál*: to exist *gál* (*me*; *ti*): to be *gál* (*tuku*): to have (Also: *ig*.)
	*gán* (*a-gàr*): field
	*gán-íd*: valley
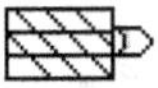	SIG2+AŠ *ganam* (*gânam*; *ũ*): ewe
	LAGAB+GUD+GUD *gânam*; *ũ* (*ganam*): ewe
	*gar*: to put (Also: *níg*.)
	*gàr*: bag
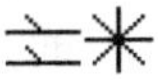	PA+AN *garza*: duty

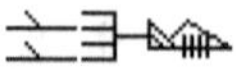	PA+LUGAL *gárza*: regulation
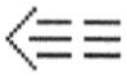	*gĕ*; *gĭ*; *gíg*: black; dark *gĕ*; *mé*; *mi* (*an*): sky
	SAL+KUR *géme*: female slave
	*géštug*: *ear* *géštug* (*igi-gál*; *nam-kù-zu*): wisdom
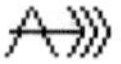	*gi*: reed
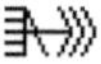	*gî*: to answer
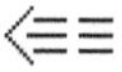	*gĭ*; *gíg*; *gĕ*: dark; black
	*gibil*: new
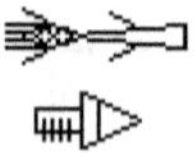	*gibil-bi*: newly
	*gidru* (^{giš}*gidru*): sceptre (Also: *kunga*; *pa*; *ugula*.)
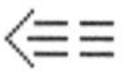	*gíg*: night *gíg*; *gĕ*; *gĭ*: black; dark
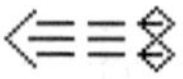	MI+NUNUZ *gig* (*tūr*): sickness
	LAGAB+TIL *gigir* (^{giš}*gigir*): chariot
	*gim* (*ur*): like
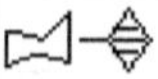	*gin* (*du*): to go
	*gín*: shekel
	*gĭn* (*giri-uš*): quality
	*gir*: race

	*gír* (*gír-tab*): scorpion *gír*: stab
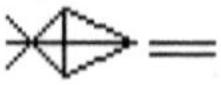	*gír-tab* (*gír*): scorpion
	*gìri* (*me-ri*): foot *gìri* (*gìri-gen-na*; *ḫe-en-du*; *du-ús*): path (Also: *anše*.)
	*gìri-gen-na* (*ḫe-en-du*; *du-ús*; *gìri*): path
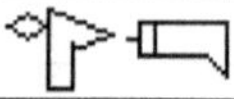	*gìri-uš* (*gĭn*): quality
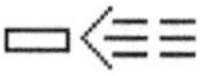	GIŠ+MI *gissu*: shadow
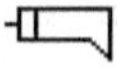	*gìš*; *uš* (*mu*): phallus
	*giš*: wood; tree
	*GIŠ+ = dub*
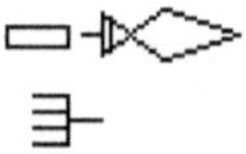	^{giš}*dim-gal*: hawser
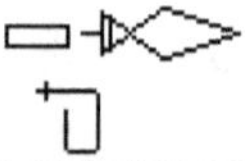	^{giš}*dim-má*: mast
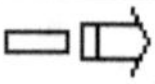	^{giš}*esi*: ebony
	^{giš}*gag-si-sá* (*ti*): arrow
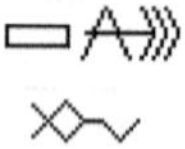	^{giš}*gi-muš*: rudderstock
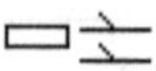	^{giš}*gidru* (*gidru*): sceptre
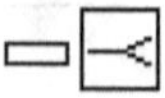	^{giš}*gigir* (*gigir*): chariot
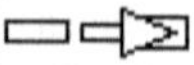	^{giš}*gisal*: oar

	^{giš}*gišimmar* (*gišimmar*): date palm
	^{giš}*gu-za*: seat ^{giš}*gu-za* (*bára*): throne
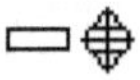	*giš-ḫar*: plan
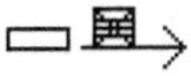	^{giš}*ig* (*ig*): door
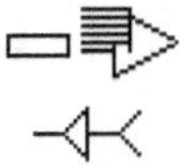	*giš-kíg-ti*: craftsman
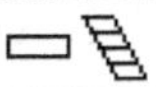	^{giš}*kūn* (*kūn*): ladder
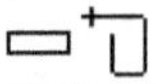	^{giš}*má* (*má*): ship
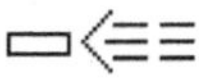	GIŠ+MI = gissu
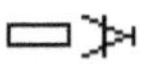	*giš-nim* (*kur-ú*; *utu-è*): East
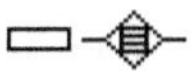	*giš-nu$_{11}$*; *giš-šir* (*ud-zal*): light
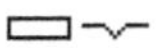	^{giš}*pan* (*mu*): bow
	*GIŠ+SAR* = *kĭri*
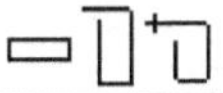	^{giš}*si-má*: sternpost
	*giš-sig* (*mar-tu*; *utu-šú*): West
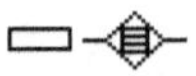	*giš-šir*; *giš-nu$_{11}$* (*ud-zal*): light
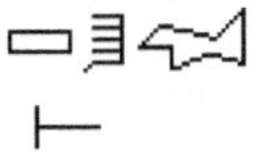	^{giš}*šu-úr-me* (*šurme*): cypress
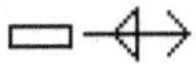	^{giš}*ti-bal*: sign
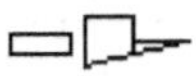	giš--tuk*: to hear*
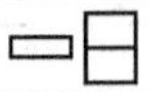	^{giš}tukul*: mace*

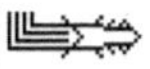	*gišimmar* (^{giš}*gišimmar*): date palm (Also: *sǎ*.)
	*NI+ḪAL* *gu* (*ki-šár*; *kìlib*): whole
	*gú*: neck; edge; shore
	*gú--gar*: to subdue
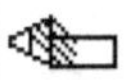	*SAG+* *gù* (*za-pa-ág*; *eme*): voice (Also: *du$_{11}$*; *dûg*; *inim*; *ka*.)
	*gù--dé*: to read (aloud)
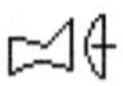	*gub*: to stand; to be present
	*gúb*: left *gúb* (*kug*; *na-ri-ga*; *sikil*): pure
	*gud*: bovine; bull; cattle; ox
	*GUD+KUR* = *am*
	*gŭr* (*é uš-gíd-da*): granary
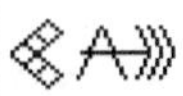	*KU3+GI* *guškin*: gold
	*ḫa* (*kŭ*): fish
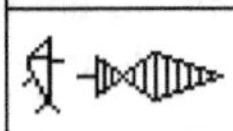	*ḫa-mun*: mutually opposing; different
	*ḫal* (*si-il*): division; split *ḫal* (*šè*): part
	*ḫar*: to outline *ḫar* (*nigin*): to surround

	*ḫar-ra-an*: road
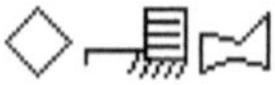	*ḫe-en-du* (*du-ús*; *gìri*;*gìri-gen-na*): path
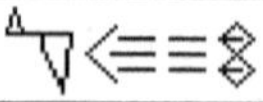	*ḫu-gig*: hate
	*ḪU+NAD$_3$ = sâ*
	*ḪU+nuz = mud*
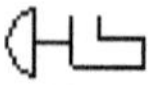	*IGI+UR* *ḫul*: bad; evil
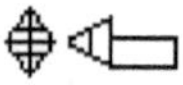	*ḫur-sag*: highlands
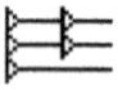	*i* (*níg-dûg-ga*; *du$_{11}$-ga*; *eme*): speech
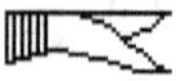	*íb* (*múru*): middle (Also *tum*.)
	*A+ENGUR* *íd*: watercourse; river
	*ig* (*^{giš}ig*): door (Also: *gál*.)
	*igi*: eye *igi*: front; previous
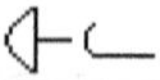	*igi--bar*: to see
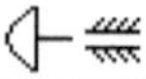	*igi--dũ*: to behold
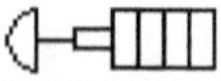	*IGI+DUB = agrig*
	*IGI+ERIM = sīg*
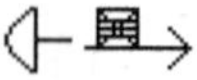	*igi-gál* (*nam-kù-zu*; *géštug*): wisdom
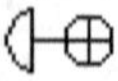	*IGI+LU = ù*
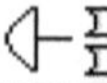	*igi-min*: two-sighted
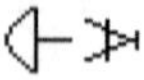	*igi-nim*: upper
	*IGI+RU = pà; pàd*

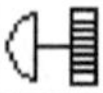	*IGI+ŠU$_3$ = libir*
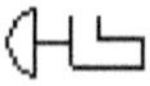	*IGI+UR = ḫul*
	*igi-zi--bar*: to legitimate
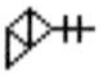	*im*; *tu$_{15}$* (*líl*): wind; storm *im*: rain; clay
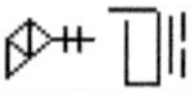	*im-dir*: cloud
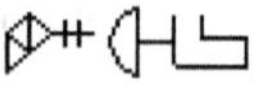	*im-ḫul*: windstorm (hurricane)
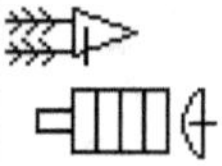	*in-dub-ba* (*ki-sur-ra*; *sur*; *zag*): boundary
	*SAG+* *inim*: word; agreement; matter (Also: *du$_{11}$*; *dûg*; *gù*; *ka*.)
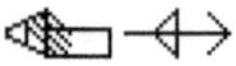	*inim-bala* ('word changer'): translator
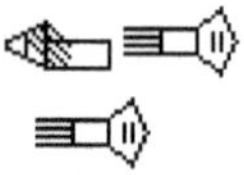	*inim-dé-dé* (*nigir*): herald
	*inim-dùg*: peace
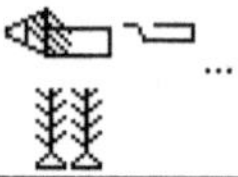	*inim-ma...sè* ('to place in a word'): to imagine
	*inim-zu*: terminologist
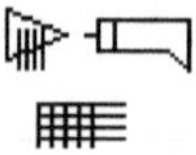	*ir-ús-sa*: absent
	*it^{mušen}*: bird of prey
	*UD+* *itu*: month

	*itud*: moon (Also: *par*; *û*; *ud*; *utu*; *băr*.)
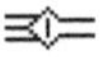	*izi* (*mu*): fire
	SAG+ *ka*: mouth; face (Also: du_{11}; *dûg*; *gù*; *inim*.)
	*KA+A* = *nag*
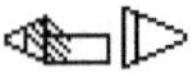	*ka-gar*: thought
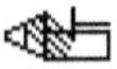	*KA+ME* = *eme*
	*KA+NUN* = *nundun*
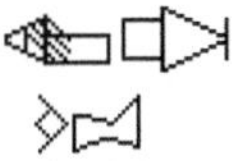	*ka-ta-è* (du_{11}*-ga*): utterance
	E2+KAS *ká*: gate
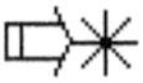	*KAL+AN* = *šedu*
	*kalag* (*maḫ*; *ú*; *bànda*): strong
	E2+NUN *kalam*: homeland (of Sumer) (Also: *ùg*.)
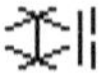	TE+A *kar*: wharf *kar*: to take away
	*kas* (*kaš*): beer
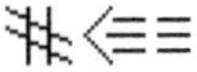	*kas gíg*: dark beer
	*kaš* (*kas*): beer
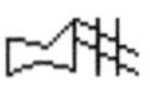	DU+KAS *kâš* ('runner'; *kin-gî-a*; ^{lú}*kâš*; ^{lú}*kin-gî-a*; *maškim-e-gi*; *rá-gaba*; *sukkal*): messenger

	*kéš*; *sìr*: to bind
	*ki*: earth/below; country; place *ki* (*e-ne*): where
	*KI,+* = *na*
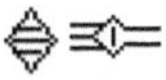	*ki izi*: fire place
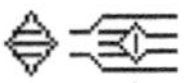	*ki-ág*: beloved *ki-ága*: love
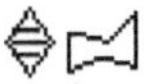	*ki-gub*: location
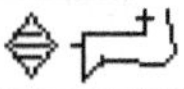	*ki-maḫ*: cemetery
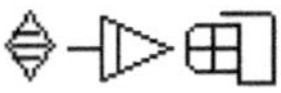	*ki-sur-ra* (*sur*; *zag*; *in-dub-ba*): boundary
	*ki-šár* (*kìlib*; *gu*): whole
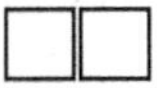	LAGAB+LAGAB *kìlib* (*gu*; *ki-šár*): whole (Also: *nigin*.)
	*kin*: to seek
	*kin-gî-a* (^{lú}*kâš*; ^{lú}*kin-gî-a*; *maškim-e-gi*; *rá-gaba*; *sukkal*; *kâš*): messenger
	GIŠ+SAR *kĭri*: orchard
	*kiš*: world
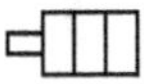	*kišib*: seal (cylinder) *kišib* (*šu*): hand
	*ku* (*dím*; *dù*): to make; to build (Also: *dāb*.)
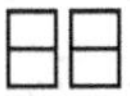	*ku-ku* (*mul-sĭg*): darkness
	*ku-li*: friend

	ku-za-zu: flying insect
	KU_3+*GI* = *guškin*
	kū: to cut
	kŭ (*ḫa*): fish
	kug (*na-ri-ga*; *sikil*; *gúb*): pure
	kug-sig$_{17}$ (*guškin*): gold
	kul (*unu*; *zì*; *bar*): meal
	kun: tail
	kūn (^{giš}*kūn*): ladder
	kunga (*anše*): ass (Also: *pa*; *ugula*; *gidru*.)
	kur: foreign land; country; netherworld *kur* (*sa-tu*): mountain
	kur-gi^{mušen}: goose
	kur-ú (*utu-è*; *giš-nim*): East
	kúr: hostile; alien; other *kúr* (*bal*): to change
	kuš: hide; corpse; leather *kuš*; *su* (*alam*): body *kuš* (*bar*): skin
	LAGAB+A = *sug*
	LAGAB+GUD+GUD = *gânam*; *ũ*

	LAGAB+LAGAB = *kìlib*; *nigin*
	LAGAB+TIL = *gigir*
	DU+DU *lâḫ*; *súg*: to act; to take along
	DUG+ḪE *làl*: honey
	li-um: tablet
	IGI+ŠU3 *libir* (*til*): old
	AB2+ŠA3 *lipiš* (*šà*): heart
	líl (*tu*$_{15}$; *im*): wind; storm
	LU+SI = *ra*
	lú: person; man; occupation
	^{lú}*a-zu* (*a-zu*): physician
	^{lú}*dub-sar* (*dub-sar*): scribe
	^{lú}*engar* (*engar*): farmer
	^{lú}*erín* (*uku-uš*): soldier
	lú-geš-éd (*ni-gab*): doorkeeper
	lú-igi-du (*nir-gál*): leader
	^{lú}*kâš* (^{lú}*kin-gî-a*; *maškim-e-gi*; *rá-gaba*; *sukkal*; *kâš*; *kin-gî-a*): messenger

	^{lú}*kin-gî-a* (*maškim-e-gi*; *rá-gaba*; *sukkal*; *kâš*; *kin-gî-a*; ^{lú}*kâš*): messenger
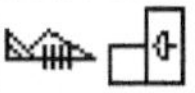	*lú-lŭ*: mankind
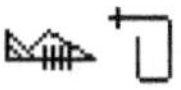	*lú-má* (*má-lâḫ*): boatman
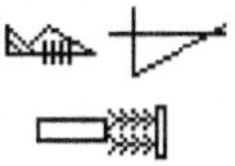	*lú-nu-kĭri* (*nu-kĭri*): orcharder
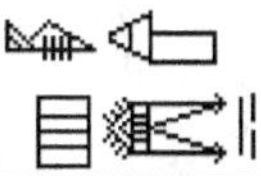	*lú-sag-šè-nú-a* (*eme-bala*): interpreter
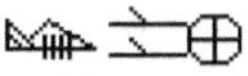	^{lú}*sipa* (*na-gada*; *sipa*): shepherd
 (?)	*lug*: position
	lugal: see under *GAL*
	*lugal-la é-a-ni*: king's house
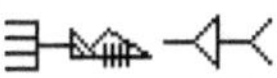	*lugal-ti* (*ereš*): queen
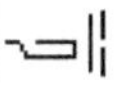	*ma-a* (*mă*; *me-a*): where?
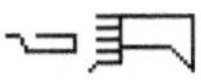	*ma-da*: land; country
	*má*: watercraft *má* (^{giš}*má*): ship
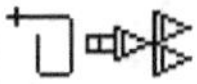	*má-gan*: boat
	*má-gũr*: cargo boat (round)
	*má-lâḫ* (*lú-má*): boatman
	*mă* (*me-a*; *ma-a*): where? (Also: *me*.)

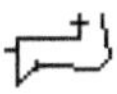	*maḫ*: exalted *maḫ* (*ú*; *bànda*): powerful *maḫ* (*ú*; *bànda*; *kalag*): strong *maḫ* (*šár-geš*): many
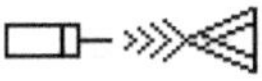	*mar-tu* (*utu-šú*; *giš-sig*): West
	*maš* (*šu-rí*): half *maš*: omen
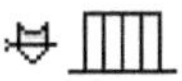	*maš-gán* (*uru*): settlement
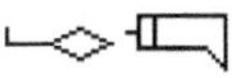	*máš-nita*: billy goat
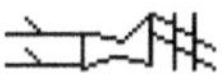	$PA+KAŠ_4$ *maškim*: superintendent
	*maškim-e-gi* (*rá-gaba*; *sukkal*; *kâš*; *kin-gî-a*; ^{lú}*kâš*; ^{lú}*kin-gî-a*): messenger
	*me*: I am; being; divine decree; divine power; essence; genus; logos; modus operandi; norm; principle; proclamation; universal *me* (*ama*): mother *me* (*eme*): tongue *me* (*mu*; *aka*; *dûg-ga*): command *me* (*mu*; *pà*; du_{11}; *dûg*; *e*): to speak *me* (*ti*; *gál*): to be (Also: *mă*.)
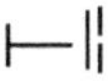	*me-a* (*ma-a*; *mă*): where?
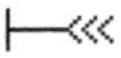	*ME+EŠ* = *meš*

	*me-na-àm* (*me-ta*): when?
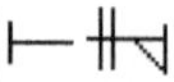	*me-ri* (*gìri*): foot
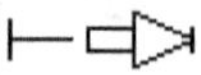	*me-ta* (*me-na-am*): when?
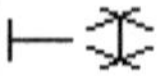	*me-te*: attribute *me-te* (*ta*): characteristic
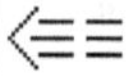	*mé*; *mi*; *gĕ* (*an*): sky
	*mē*; *a*: water
	*mĕ* (*pàd*): to call
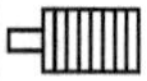	*mes* (*ur-sag*): hero
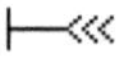	*ME+EŠ* (*meš* [*didli*]: plural)
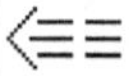	*mi*; *gĕ*; *mé* (*an*): sky
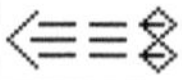	*MI+NUNUZ* = *gig*
	*mí*; *munus*; *sal*: woman (*mí*; *munus*; *sal*: female name)
	*DIŠ+DIŠ* *min*: two; 2 (*min*: dual) (Also: *didli*.)
	*min-la-ba*: double
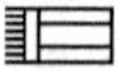	*mir* (*si-sa*): North

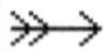	*mu*: name; word; year *mu* (*aka*; *dûg-ga*; *me*): command *mu* (*nam-šù*; *bar*): because *mu* (*dumu*; *dumu-nita*): son *mu* (*gìš*; *uš*): phallus *mu* (^{giš}*pan*): bow *mu* (*izi*): fire *mu* (*nam-ti*; *ti*; *zi*): life *mu* (*pà*; du_{11}; *dûg*; *e*; *me*): to speak *mu* (*pàd*; *sâ*): to name *mu* (*mu-šè--sâ*; *ru*; *sum*; *ba*): to give *mu* (*tukul*): weapon
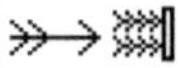	*mu-sar*: inscription
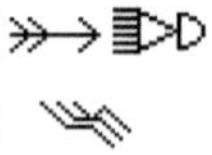	*mu-ša-lum*: mirror
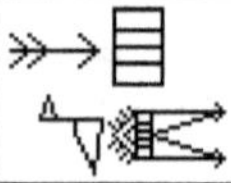	*mu-šè--sâ* (*pàd*; *sâ*; *mu*): to name
	*mû*: fabric (Also: *egi*.)
	*ḪU+nuz* *mud*: to give birth *mud* (*dím*): to create *mud* (*úš*): blood
	*AN+AN+AN* *mul*: celestial body; meteor; planet *mul* (*an*): star *mul* (*băr*): to shine *mul*; *mulu* (*nam-dub*): writing

	mul-sĭg (*ku-ku*): darkness
	mulu; *mul* (*nam-dub*): writing
	munus; *sal*; *mí*: woman (munus; *sal*; *mí*: female name)
	muru: rainstorm
	múru (*íb*): middle
	muš: serpent
	$MUŠ_3$+*A*+*DI* = *sid*
	mušen: *bird*
	KI,+ *na* (*na-rú-a*): stele
	na-ám-lú-lu: humankind
	na-gada (*sipa*; ^{lú}*sipa*): shepherd
	na-nam: therefore
	na-ri-ga (sikil; gúb; kug): *pure*
	na-rú-a (*na*): stele
	NI+UD nâ; *zá*: stone
	^{nâ}*gìn* (^{nâ}*za-gìn*; *za-gìn*): lapis lazuli
	^{nâ}*za-gìn* (*za-gìn*; ^{nâ}*gìn*): lapis lazuli
	KA+A *nag*: to drink
	nagar: chisel

	nam: province
	nam-á-gál (*nè*; *á*): strength
	nam-ad: fatherhood
	nam-dingir: divinity
	nam-dub (*mul*; *mulu*): writing
	nam-dub-sar: scribal craft
	nam-dùg (*níg-sag-ga*): goodness
	nam-en: lordship
	nam-érim: oath *nam-érim* (*níg-á-érim*): hostility
	nam-gal: greatness
	nam-kù-zu (*géštug*; *igi-gál*): wisdom
	nam--kū: to curse (Also: *nam--tar*.)
	nam-lú-lúl-lu: humanity
	nam-lugal: kingship
	nam-maḫ: might
	nam-mí: feminity
	nam-nir-gál: authority
	nam-ra-ag: prisoner of war
	nam-sig: weakness

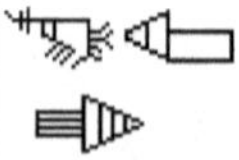	*nam-sag-ga*: graciousness
	*nam-šù* (*bar*; *mu*): because
	*nam-šub*: incantation
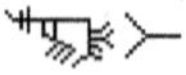	*nam-tar*: fate *nam-tar* (*úš*): death *nam--tar*: to decree (Also: *nam--kū*.)
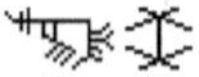	*nam-te*: fear
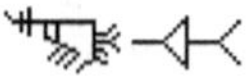	*nam-ti* (*ti*; *zi*; *mu*): life
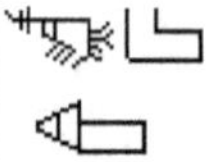	*nam-ur-sag*: heroism
	*nar*: singer
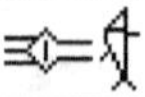	*ne-ḫa*: rest
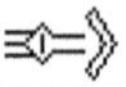	*NE+RU* = *érim*
	*nè* (*á*; *nam-á-gál*): strength *nè* (*dá*): power
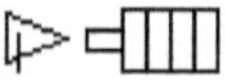	*ni-dub*: to be safe
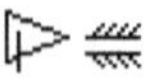	*ni-gab* (*lú-geš-éd*): doorkeeper
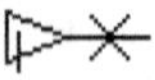	*NI+ḪAL* = *gu*
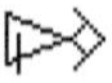	*NI+UD* = *nâ*
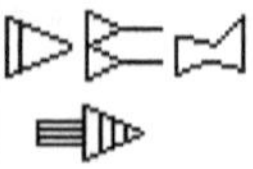	*nì-tur-du--ga*: to speak softly; to interpret
	*níg*: matter; thing (Also: *gar*.)
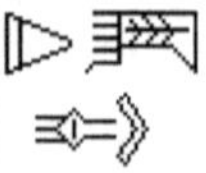	*níg-á-érim* (*nam-érim*): hostility

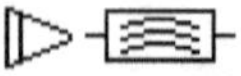	*níg-ak*: magic
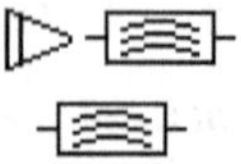	*níg-ak-ak*: activity
	*níg-al-di*: request
	*níg-ba* (*ru*): gift
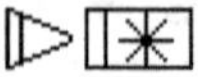	*níg-dagal*: bounty
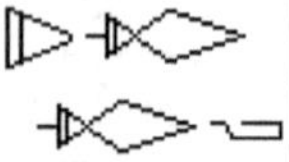	*níg-dim-dim-ma*: magical procedure
	*níg-dùg*: good thing
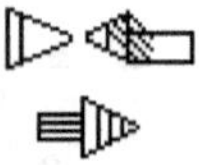	*níg-dûg-ga* (*du$_{11}$-ga*; *eme*; *i*): speech
	*níg-gar*: goods; property
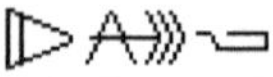	*níg-gi-ma*: justice
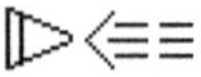	*níg-gíg*: bad thing
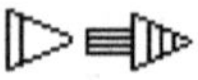	*níg-gur$_{11}$* (*níg-ú-rum*): possession
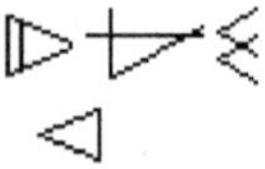	*níg-nu-kur-u*: stability
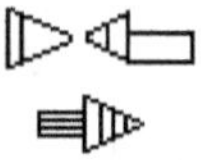	*níg-sag-ga* (*nam-dùg*): goodness
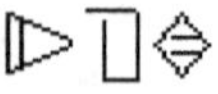	*níg-si-sá*: righteousness
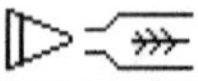	*níg-šám*: price
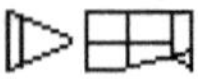	*níg-šid*: deduction
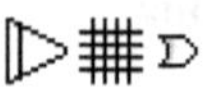	*níg-ú-rum* (*níg-gur$_{11}$*): possession

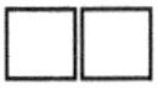	LAGAB+LAGAB *nigin* (*ḫar*): to surround (Also: *kìlib*.)
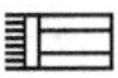	*nigir* (*inim-dé-dé*): herald
	*nim*: morning; fly
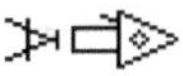	*nim-làl* ('honey fly'): honeybee
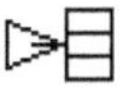	SAL+TUG2 *nin* (*ga-ša-an*): lady (Also: *ereš*.)
	*ninda*: food *nínda*: quantity
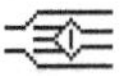	*NINDA*$_2$*+NE* = *ág*
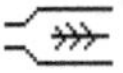	*NINDA*$_2$*+ŠE* = *šám*
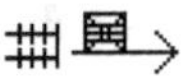	*nir-gál* (*lú-igi-du*): leader
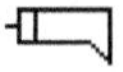	*nita*: male
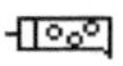	*NITA*$_2$*+KUR* = *arad*
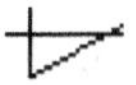	*nu*: not; without *nu* (*alam*): statue
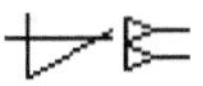	*nu-bànda*: overseer of animals
	*nu-dùg*: not good
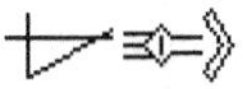	*nu-érim*: scoundrel
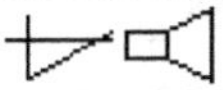	*nu-èš*: priest
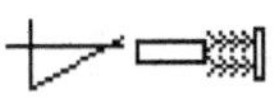	*nu-kĭri* (*lú-nu-kĭri*): orcharder
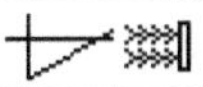	*nu-sar*: gardener
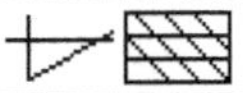	*nu-síg*: orphan
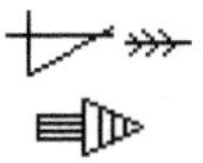	*nu-še-ga*: disobedient

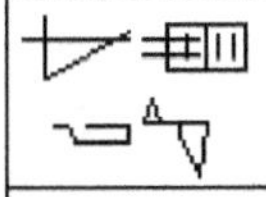	*nu-um-ma*^{mušen} (*ú-di-nu*^{mušen}): vulture
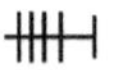	*nun*: prince (Also: *šurme*.)
	KA+NUN *nundum*: lip
	nuz+nuz *nunuz* (*a*; *dumu*): offspring
	*nuz*: egg
	*nuz+nuz* = *nunuz*
	*pa*: branch (Also: *ugula*; *gidru*; *kunga*.)
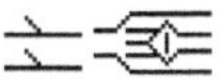	*pa-ág* (*zi*): breath
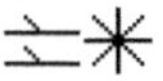	*PA+AN* = *garza*
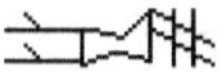	*PA+KAŠ*$_4$ = *maškim*
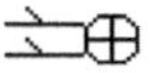	*PA+LU* = *sipa*
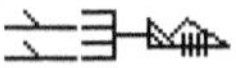	*PA+LUGAL* = *gárza*
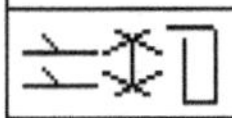	*PA+TE+SI* = *énsi*
	IGI+RU *pà*: to find; to recite *pà* (*du*$_{11}$; *dûg*; *e*; *me*; *mu*): to speak (Also: *pàd*.)
	E+PAP pā: *canal*
	IGI+RU *pàd* (*mĕ*): to call *pàd* (*sâ*; *mu*; *mu-šè--sâ*): to name (Also: *pà*.)
	*par* (*sa*; ^{sa}*šuš*): net (Also: *û*; *ud*; *utu*; *băr*; *itud*.)

	*pú*: waterwell
	*LU+SI* *ra*: inundation *ra*: to hit
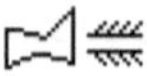	*rá-gaba* (*sukkal*; *kâš*; *kin-gî-a*; [lú]*kâš*; [lú]*kin-gî-a*; *maškim-e-gi*): messenger (mounted)
	*ru* (*níg-ba*): gift *ru* (*sum*; *ba*; *mu*): to give (Also: *šub*.)
	*sa* ([sa]*šuš*; *par*): net
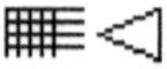	[sa]*šuš* (*par*; *sa*): net
	*sa-tu* (*kur*): mountain
	*sá*: equal *sá*: to be equal; to be the same (Also: *silim*.)
	*ḪU+NAD3* *sâ* (*mu*; *mu-šè--sâ*; *pàd*): to name
	*să*: beautiful *să* (*sīg*; *dùg*): good (Also: *gišimmar*.)
	*sag*: head
	*SAG+* = *du₁₁*; *inim*; *ka*
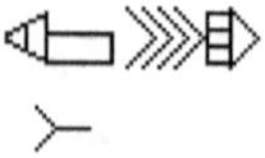	*sag-èn-tar* (*agrig*): overseer
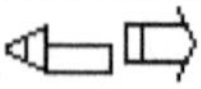	*sag-kal*: first
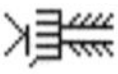	*SILA3+ŠU+GAB* *sagi*: cupbearer

	*sal*; *mí*; *munus*: woman *sal* (*érim*): vulva (*sal*; *mí*; *munus*: female name)
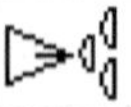	*SAL+KUR* = *géme*
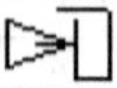	*SAL+SI* = *sikil*
	*sal-šeš*: sister
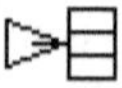	*SAL+TUG₂* = *ereš*; *nin*
	*sar*: garden *sar*: garden plant; herb *sar*: to write
	*si*: to be straight *si* (*sig*): to fill
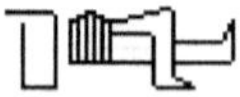	*si-il* (*ḫal*): division; split *si--il* (*bar*): to divide; to split
	*si-sa* (*mir*): North
	*si-sá*: legal; straight
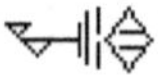	*MUŠ3+A+DI* *sid*: cold
	*sig*: narrow; weak *sig* (*si*): to fill *sig* (*tur*; *bànda*): small; young
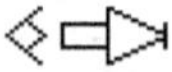	*sig-ta*: lower
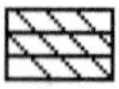	*TUG2+* *síg*: woolly *síg*; *siki*: wool
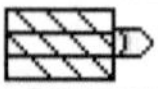	*SIG₂+AŠ* = *ganam*
	*sîg*: brick
	*IGI+ERIM* *sīg* (*dùg*; *să*): good

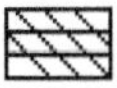	*siki*; <u>*síg*</u>: wool
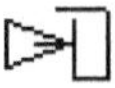	SAL+SI *sikil* (*gúb*; *kug*; *na-ri-ga*): pure
	*sil*: way (Also: *tar*.)
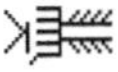	$SILA_3$+ŠU+GAB = *sagi*
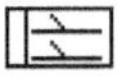	GA2+PA *sîla*: lamb
	*silim*: health (Also: *sá*.)
	*sim*^{mušen}: swallow
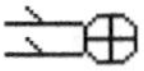	PA+LU *sipa* (^{lú}*sipa*; *na-gada*): shepherd
	*sìr*; *kéš*: to bind
	*su*; *kuš* (*alam*): body *su* (*uzu*): flesh
	*su-din*^{mušen}: bat
	LAGAB+A *sug* (*abzu*; *engur*): abyss; the deep
	DU+DU *súg*; *lâḫ*: to act; to take along
	DU+ *suḫuš*: to stand firm *suḫuš* (*temen*; *úr*; *uš*): foundation
	*sukkal*: vizier *sukkal* (*agrig*): minister *sukkal* (*kâš*; *kin-gî-a*; ^{lú}*kâš*; ^{lú}*kin-gî-a*; *maškim-e-gi*; *rá-gaba*): messenger

	*sum* (*ba*; *mu*; *ru*): to give
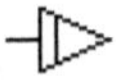	*sur* (*zag*; *in-dub-ba*; *ki-sur-ra*): boundary *sur*: to delimit
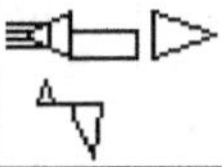	*súr-dù*^{mušen}: falcon
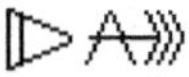	*šá-gi*: depth
	*šà* (*lipiš*): heart *šà*: mind; present in
	*šâg-dāb* ('to heart/mind-seize'): to think
	NINDA2+ŠE *šám*: to buy
	ŠU2++ *šanabi*: two thirds
	*šár*: 3,600; all (Also: *dùg*.)
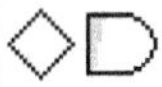	*šár-géš*: 216,000 *šár-géš* (*maḫ*): many
	<u>*še*</u>: grain *še*: barley
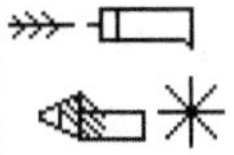	*še-èr-ka-an*: ornamental speech
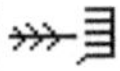	ŠE+ŠU = *tūr*
	*šè* (*ḫal*): part
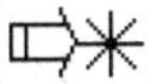	KAL+AN *šedu*: spirit
	*šeš*: brother; assistant
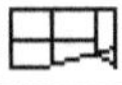	*šid*: to count
	<u>*šim*</u>: resin

	*šiti*; *úttu*: number
	*šu* (*kišib*): hand *šu*: to control
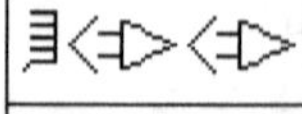	*šu--dŭ-dŭ*: to complete
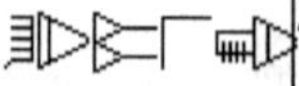	*ŠU+GAR+TUR+LAL +BI* = *tukumbi*
	*šu-ḫa* (*eššad*): fisher
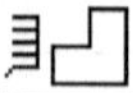	*šu-rí* (*maš*) : half
	*šu-si*: finger
	*šú*: to cover
	$ŠU_2$+ = *šušana*
	$ŠU_2$++ = *šanabi*
	*šub*: to cast (Also: *ru*.)
	*šurme* (^{giš}*šu-úr-me*): cypress (Also: *nun*.)
	*ŠU2+* *šušana*: one third
	*ta* (*me-te*): characteristic
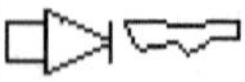	*ta-gĭn* (*a-na-gĭn*): how?
	*tar*: to tear *tar*: to determine (Also: *sil*.)
	*te*: why *temen* (*úr*; *uš*; *suḫuš*): foundation
	*TE+A* = *kar*

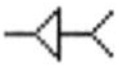	*ti*: rib *ti*: to live *ti* (*zi*; *mu*; *nam-ti*): life *ti* (*gál*; *me*): to be *ti* (^{giš}*gag-si-sá*): arrow
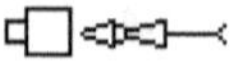	*tibira*: metalsmith
	*til* (*libir*): old (Also: *úš*.)
	*tu*: ruby (Also: *tud*.)
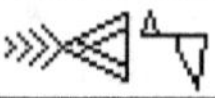	*tu*^{mušen}: dove
	*tu-gûr*: phoenix
	tu_{15}; *im* (*líl*): wind; storm
	*tud* (*mud*): to give birth (Also: *tu*.)
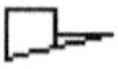	*tug*: to become (Also: *tuku*.)
	*túg*: cloth; garment
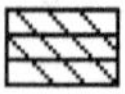	TUG_2+ = *síg*
	*tuku* (*gál*): to have (Also: *tug*.)
	*tukul* (*mu*): weapon
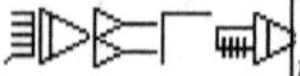	*ŠU+GAR+TUR+LAL+BI* *tukumbi* (*ud-da*): if
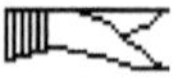	*tum*: chariot frame (Also *íb*.)
	*TUM+* = *egir*
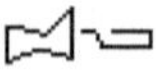	*túm* (*dě*): to bring
	*tur*; *bànda* (*sig*): small; young (Also: *dumu*.)

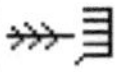	ŠE+ŠU *tūr* (*gig*): sickness
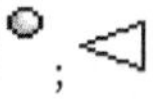	*u*: ten; 10
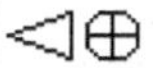	*u-lu*: South
	*ú*: plant *ú* (*bànda*; *maḫ*): powerful *ú* (*bànda*; *kalag*; *maḫ*): strong
	*ú-di-nu*^{mušen} (*nu-um-ma*^{mušen}): vulture
	*ú-ri-in*^{mušen}: eagle
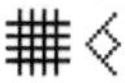	*ú-sig*: cotton plant
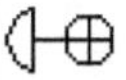	IGI+LU *ù*: or
	*û*: day (Also: *ud*; *utu*; *băr*; *itud*; *par*.)
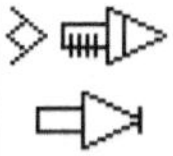	*û-bi-ta*: past
	LAGAB+GUD+GUD *ũ*; *gânam* (*ganam*): ewe
	*ud*: day *ud*: when (Also: *utu*; *băr*; *itud*; *par*; *û*.)
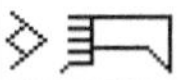	*ud-da* (*tukumbi*): if
	*ud-è*: sunrise
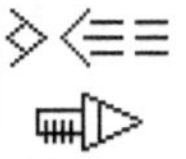	*ud gíg bi*: day and night

	*UD+KA+BAR* = *zabar*
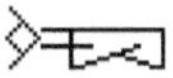	*UD+KUŠU*$_2$ = *úḫu*
	*ud-šú*: sunset
	*UD+UD* = *bábbar*
	*ud-zal* (*giš-nu*$_{11}$; *giš-šir*): light
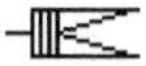	*ūd*: goat
	*udu*: sheep
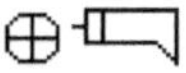	*udu-nita*: ram
	*udu-siki*: wool-bearing sheep
	*UG*$_2$*+ZA* = *az*
	E2+NUN *ùg* (*uku*): people (Also: *kalam*; *un*.)
	*ugula*: secretary (Also: *gidru*; *kunga*; *pa*.)
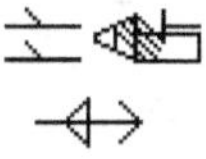	*ugula-eme-bala*: translation reviser
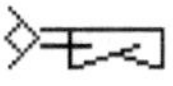	UD+KUŠU2 *úḫu*: crocodile
	*uku* (*ùg*): people
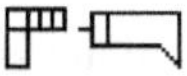	*uku-uš* (^{lú}*erín*): soldier
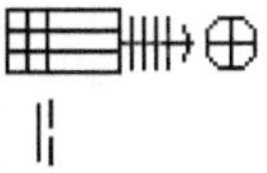	*ùku-lu-a*: multitudes
	ŠU2+GUD *ul*: that
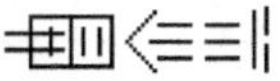	*um-mì-a*: expert

	E2+NUN *un* (*lugal*): king (Also: *kalam*; *ùg*.)
	URU+BAR *unken*: assembly
	AB+SIG4 *unu* (*zì*; *bar*; *kul*): meal
	*ur*: dog *ur* (*gim*): like
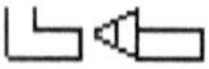	*ur-sag* (*mes*): hero
	*úr*: lap *úr* (*uš*; *suḫuš*; *temen*): foundation
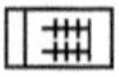	GA2+NIR *ùr*: roof
	*ūr*: lung
	*uru* (*maš-gán*): settlement *uru*; *eri*: city; town
	*URU+BAR* = *unken*
	*urudu*: metal *urudu*: copper
	*usan*: evening
	*ussu*: eight; 8
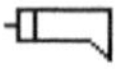	*uš*; *gìš* (*mu*): phallus *uš* (*suḫuš*; *temen*; *úr*): foundation
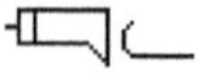	*uš-bar*: weaver
	*úš* (*mud*): blood *úš* (*nam-tar*): death (Also: *til*.)
	*úttu*; *šiti*: number

	*utu*: sun (Also: *băr*; *itud*; *par*; *û*; *ud*.)
	*utu-è* (*giš-nim*; *kur-ú*): East
	*utu-šú* (*giš-sig*; *mar-tu*): West
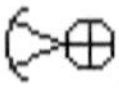	AB2+LU *utul*: herder
	*uzu*: body part *uzu* (*su*): flesh
	*za-gìn* (*nâgìn*; *nâza-gìn*): lapis lazuli
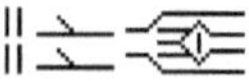	*za-pa-ág* (*eme*; *gù*): voice *za-pa-ág* (*zi*): throat
	*zá*; *nâ*: stone
	UD+KA+BAR *zabar*: bronze
	*zal*: to pass
	*zag* (*in-dub-ba*; *ki-sur-ra*; *sur*): boundary
	*zi*: firm *zi*: with *zi* (*mu*; *nam-ti*; *ti*): life *zi* (*pa-ág*): breath *zi* (*za-pa-ág*): throat (Also: *zid*.)
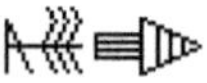	*zi-ga*: expanse
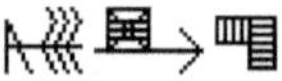	*zi-gál-la*: living being
 (?)	*zì* (*bar*; *kul*; *unu*): meal
	*zid*: true (Also: *zi*.)
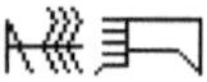	*zid-da*: right

	*zu*: to know; to learn
	*ZU+AB* = *abzu*: underground waters *abzu* (*engur*; *sug*): abyss; the deep

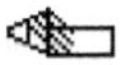	*zú*: tooth; ivory
	*zú-lum-ma*: date

EGYPTIAN-ENGLISH

The transcribing system of this glossary borrows from different sources and is based on uniliteral hieroglyphs. It avoids underlines and follows the English alphabetical order. Two tables show, on the one hand, (1.) the unilateral phonograms that actually formed an alphabet, and, on the other hand, (2.) how words could be written with different scripts, depending on the purpose, and not necessarily using the hieroglyphic script. In the third part, the transcribed alphabetical order of the glossary is found in the second column with its English meaning. Captioned glyphs offer two sets of entries separated by a triple line; the first set is reserved for entries beginning with the same uniliteral glyph as that of the caption, and the second, for entries beginning with a corresponding multiliteral glyph; both sets include a few common abbreviations. Parentheses indicate synonyms, literal translations, or nuances. Main sources: Allen; Budge; Champollion; Englund; Mercer; Sadek; Vycichl; Westendorf.

1. BASIC EGYPTIAN PHONOGRAMS				
Governing and Mortuary: hieroglyphic script 3100 BCE–394 CE	Managing and Liturgic: hieratic script 3000 BCE – 250 CE	Socioeconomic and Legal: demotic script 700 BCE – 452 CE	General: Coptic script 250 BCE–1000 CE	IPA form *Transliteration*
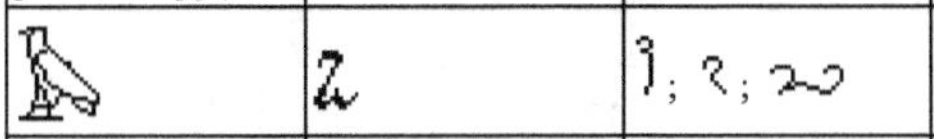			ⲁ	[ʔ]–[a] *3 / â*
			ⲉ; ⲁ	[j]–[ɛ];[e]; [a] *i; j / ì*
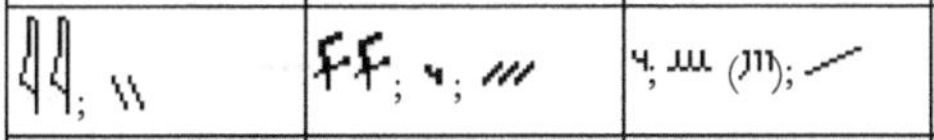			ⲉⲓ; ⲓ	[y]–[ɪ]; [j] *jj / y*
			ⲁ ; ⲏ	[ʕ]–[a]; [i:] *ᶜ / ā*
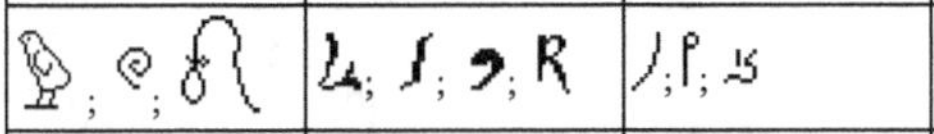			ⲟⲩ ; ⲱ ; ⲟ	[w];[u]-[u];[o:] *w*
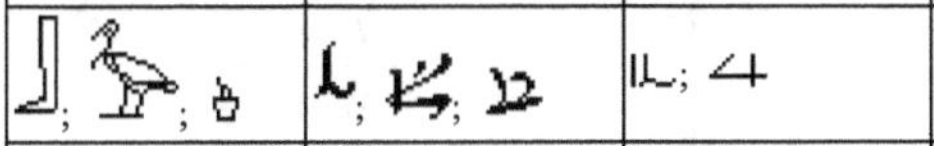			ⲃ ; ⲡ	[b]–[b]; [v] *b*
			ⲡ ; ⲫ	[p]-[b];[p];[f] *p*
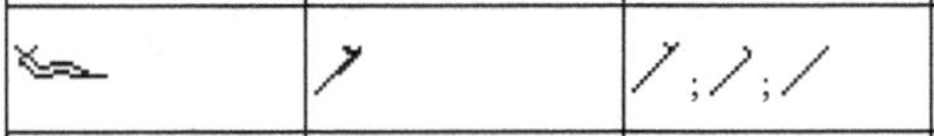			ϥ	[f] *f*
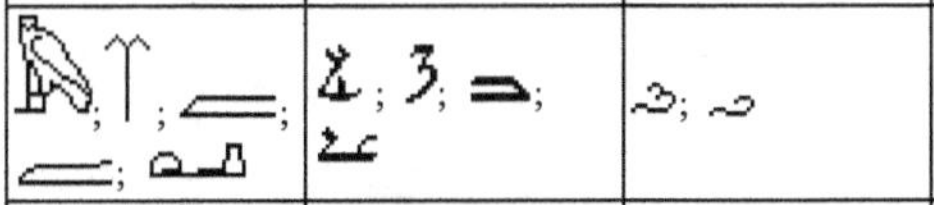			ⲙ	[m] *m*
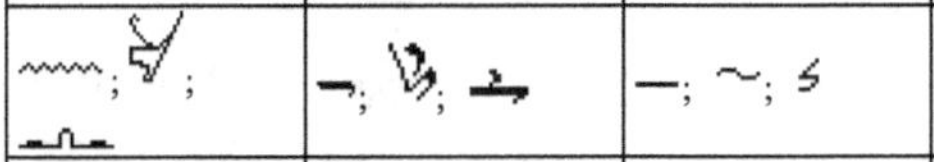			ⲛ	[n] *n*
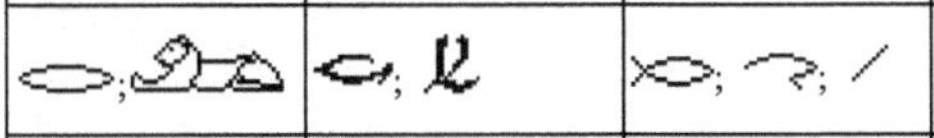			ⲣ	[ʁ]; [r]–[r] *r*
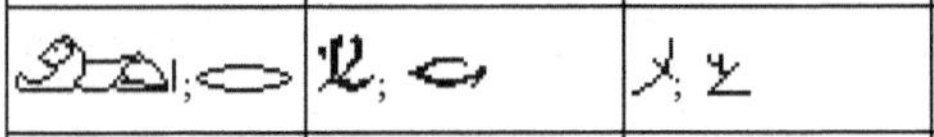			ⲗ	[l] *l*
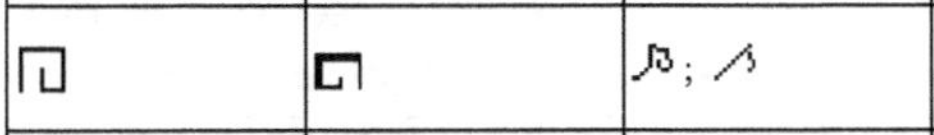			ϩ	[h] *h*
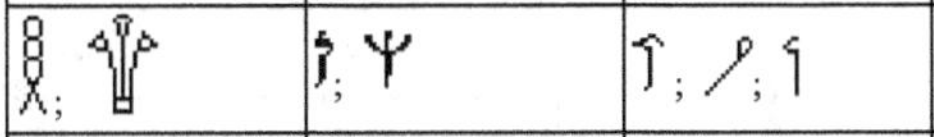			ϩ	[ħ]–[h] *ḥ*
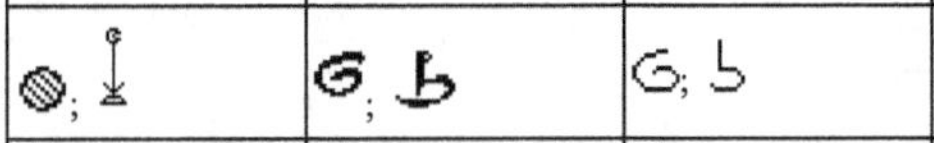			ϩ ; ϧ ; ϣ	[x]–[h];[x];[ʃ] *kh / ḫ*
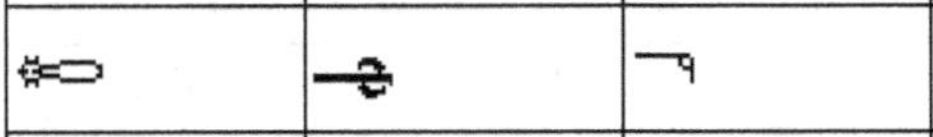			ϩ	[ç]–[h] *h̲ / ch ; ẖ*
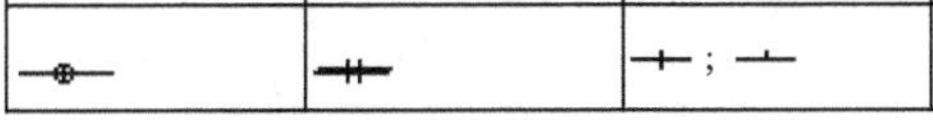			ⲥ ; ϣ	[z]–[s]; [ʃ] *z; s*

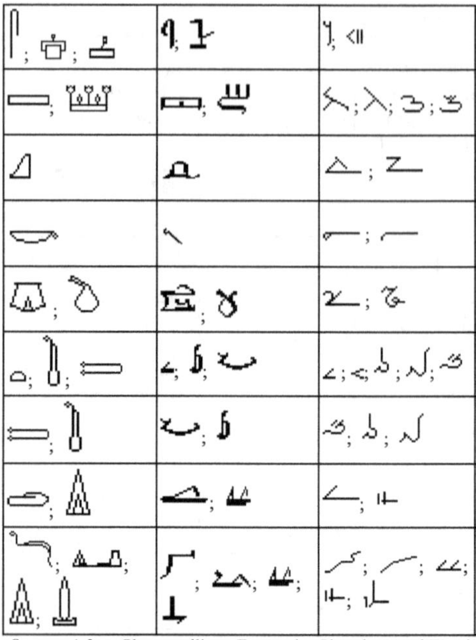

ⲥ	[s] *s*
ϣ	[ʃ] *sh* ; *š*
ⲕ	[q]–[k] *ḳ / q*
ϭ; ⲕ	[k]–[ʧ]; [k] *ḱ*
ϭ; ϫ	[g]–[g]; [ʧ] *g*
ϯ	[t] *t*
ⲧ	[ʧ]–[t] *ṯ / tj* ; *ŧ*
ⲧ	[d] *d*
ϫ	[ʤ] *ḏ / dj* ; *đ*

Sources: After Champollion, Brugsch, Chardon and Denisse, Bresciani, Černý, and Dodson.

2. EGYPTIAN SCRIPTS FOR SPECIAL PURPOSES

Hieroglyphic | Hieratic ← | Demotic ←

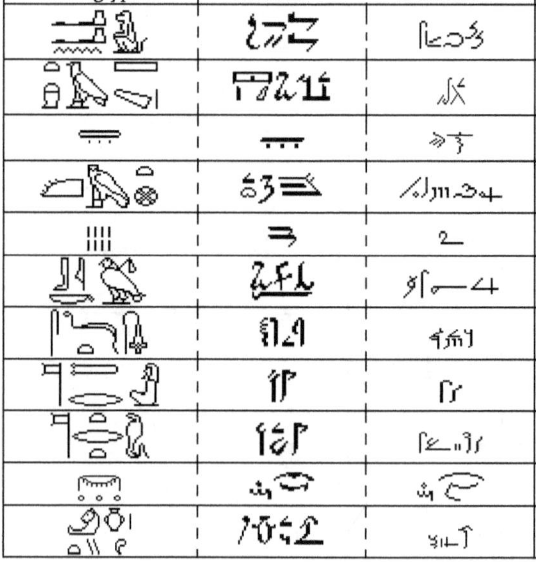

Coptic	
ⲁⲛ	baboon
ⲧⲟϣ	boundary
ⲧⲟ	earth, land
ⲭⲏⲙⲓ	Egypt
ⲏ̄	8
ⲃⲏϭ	falcon
ⲥⲁⲧⲉ	fire; flame
ⲛⲟⲩⲧⲉ	god
ⲛⲧⲱⲣⲉ	goddess
ⲛⲟⲩⲃ	gold
ϩⲏⲧ	heart

			ϩⲱⲣ	Horus
			ϩⲓⲃⲱⲓ	ibis
			ⲙⲏⲓ	Maat
			ⲙⲉ	*mâāt*
			ⲣⲱⲙⲉ	man
			ⲓⲟϩ	moon
			ⲣⲟ	mouth
			ⲣⲁⲛ	name
			ⲁ̅	1
	*		ϫⲟⲟⲩϥ	papyrus
			ⲥⲁϧ	scribe
			ⲛⲟⲩϩⲓ	sycamore
			ⲑⲱⲧ	Thoth
	*		ⲗⲁⲥ	tongue
			ⲙⲱⲟⲩ	water
	*		ⲧⲏⲩ	wind
			ϩⲓⲙⲉ	woman
	*		ⲙⲟⲩⲧⲉ	word

Note: Asterisks indicate reconstruction.

 : *â*

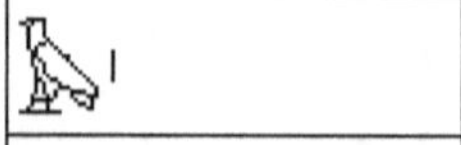	*â* (*nrt*): vulture
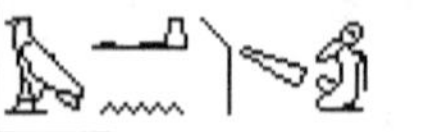	*âān* (*āw*): interpreter
	*âdìw* (*ḥbs*): garment
	*âhd* (*ħzì*; *nw*): weak
	*âhd*: weakness
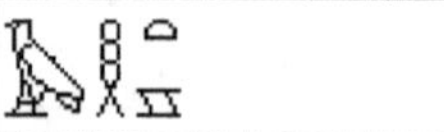	*âḥt* (*sẖt*; *šâ*): field
	*âẖw* (*nfr*): sunshine
	*âpd*: bird
	*âqbt* (*rmn*; *ā*): arm
	*ât*: moment
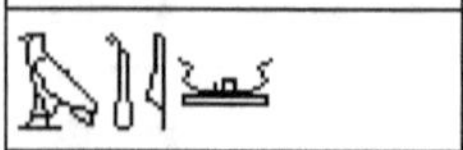	*âtì* (*ìâ*; *ìm*; *māk*): boat
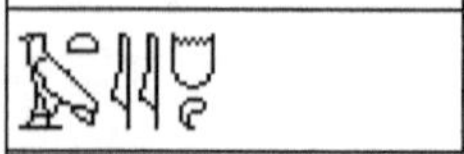	*âtyt* (*ìdt*): vulva
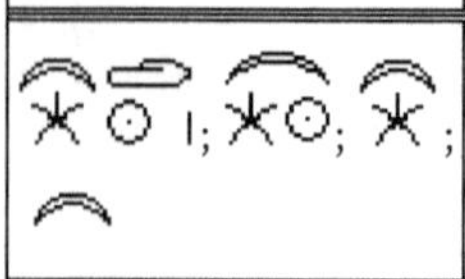	*âbd*: month
	*âbw*: elephant
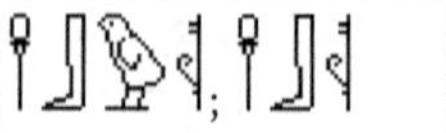	*âbw*: ivory
	*âẖ* (*ìrr*; *pāpā*; *psđ*; *tḥn*; *ŧḥn*): to shine
	*âẖ*: crested ibis
	*âẖ*: spiritual force
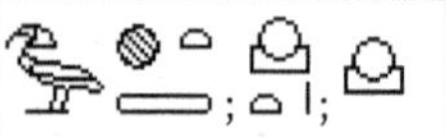	*âẖt*: horizon
	*âẖw* (*bâw*; *nŧr*; *wâs*): power
	*âpd*: bird

 : *ā*

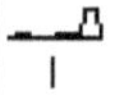	*ā*: action *ā* (*āḥāw*; *ẖrt*): condition; state *ā* (*âqbt*; *rmn*): arm *ā* (*dt*; *đrt*): hand
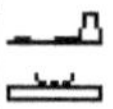	*ā* (*ānẖ*; *šāt*; *znn*): document
	*āān*: baboon

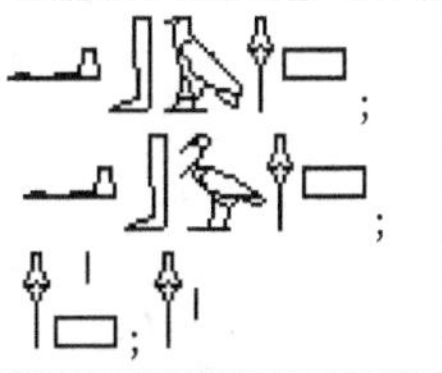	*ābâ* (*āḥāw*; *wḏ*): stele
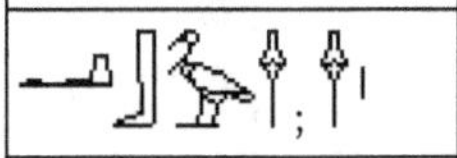	*ābâ* (*ḥqât*): sceptre
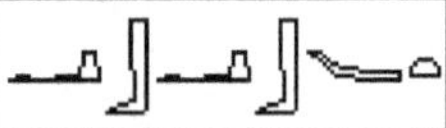	*ābābt* (*bāā*): contradiction
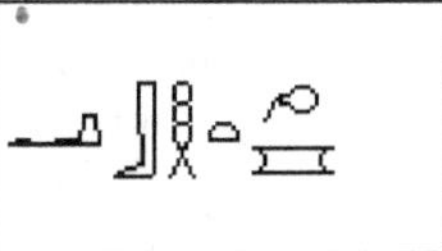	*ābḥt* (*ptḥ*; *qmâì*; *s-ḫpr*): to create
	*ābḫn* (*kâr*; *qârr*): frog
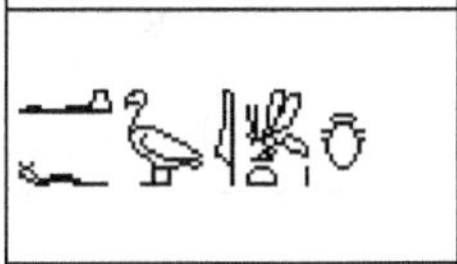	*āf-ìbìt* ('honey fly'; *āfy*): honeybee
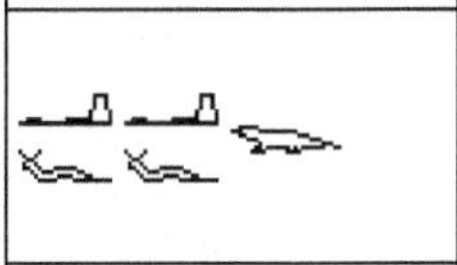	*āfāf* (*dpy*; *ḫnty*; *kâpw*; *msḥ*; *mzḥ*): crocodile
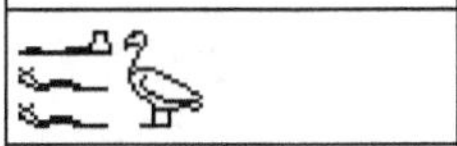	*āff*: fly
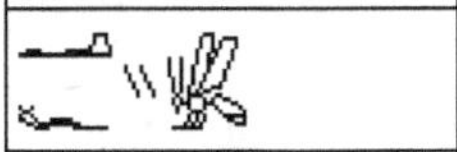	*āfy* (*āf-ìbìt*): honeybee
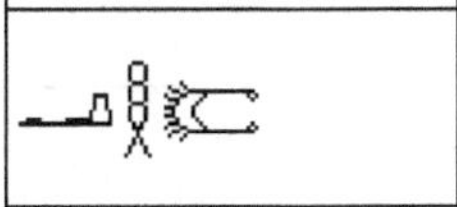	*āḥ* (*ḥb*; *ìâdt*; *ìbt*; *ìḥ*; *šnw*): net
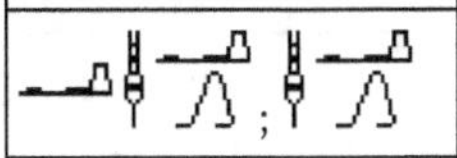	*āḥā*: to stand
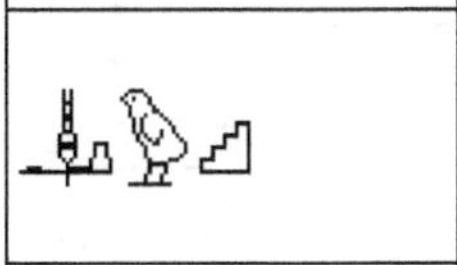	*āḥāw* (*ḫrt*; *r-ā*): condition; state
	*āḫm*: eagle

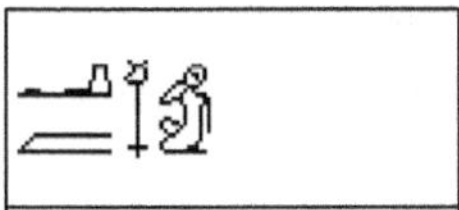	*āmì* (*rḫ*; *swn*; *zâ*): to know
	*ān* (*zḫâ*; *zš*): to write
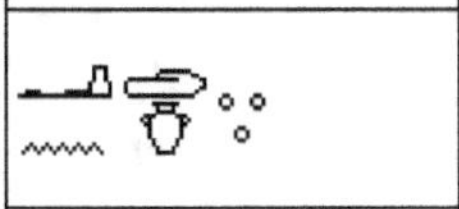	*ānd* (*ānḫ*; *wrḥ*): unguent
	*ānw* (*nḥâ*): contrary (on the)
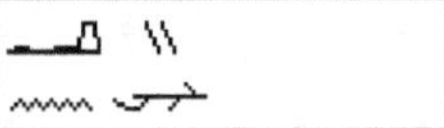	*āny*: tablet
	*āqâ* (*mââṭ*): straight
	*ār*: billy goat
	*ārf*: bag
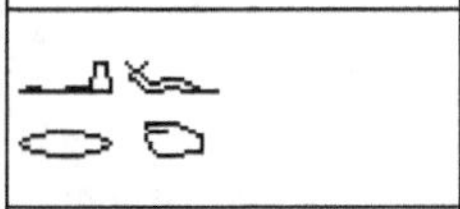	*ārf*: to contain; to include
	*ārq* (*ānḫ*): oath
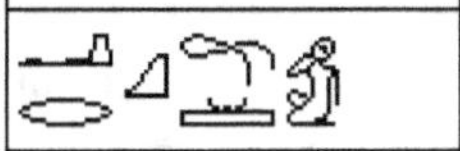	*ārq* (*ānḫ*): to swear
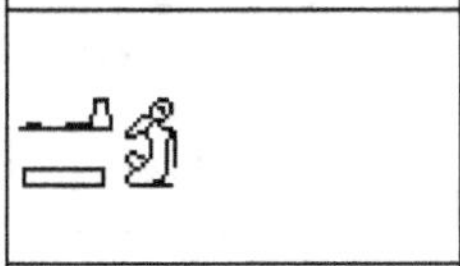	*āš* (*ìâš*): to call *āš* (*šdì*): to read
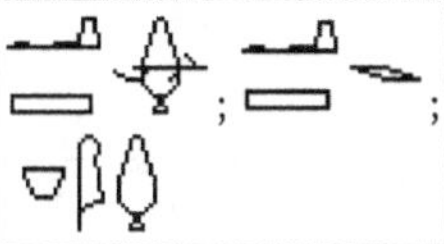	*āš* (*sb*): cedar
	*āt sbâ*: school
	*āw* (*âān*): interpreter

	*āâ*: doorleaf
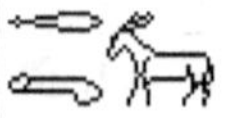	*āâ*: donkey
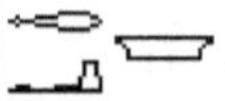	*āâ* (*r*; *r-āwy*; *sbâ*): door
	*āâ* (*wr*): great; big
	*āâgt* (*ìhmt*; *mnnw*; *sfy*): resin
	*āât* (*wr*): greatness
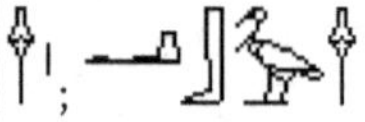	*ābâ* (*ḥqât*): sceptre
	*ābâ* (*āḥāw*; *wđ*): stele
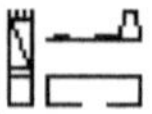	*āḥ* (*pr-āâ*; *stp-zâ*): palace
	*āḥā*: present
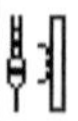	*āḥā* (*bḫt*; *tnwt*; *ŧnwt*): quantity *āḥā* (*rḫt*; *tnw*; *ŧnw*): number
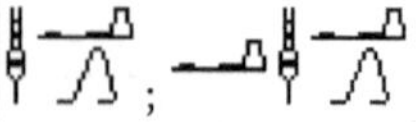	*āḥā*: to stand
	*āḥāw* (*wđ*; *ābâ*): stele

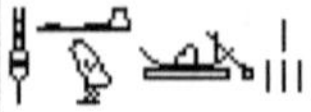	*āḥāw*: cargo boat
	*ānḫ* (*zâ*): amulet
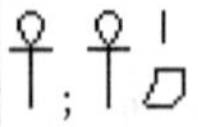	*ānḫ* (*mâw-ḥr*; *wn-ḥr*): mirror
	*ānḫ* (*sbâ*): star
	*ānḫ* (*šāt*; *znn*; *ā*): document
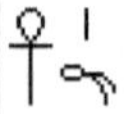	*ānḫ* (*wâḥw*): garland
	*ānḫ*: flower bunch
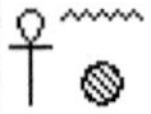	*ānḫ*: life
	*ānḫ* (*ḥrrt*; *wnb*): flower
	*ānḫ* (*wrḥ*; *ānd*): unguent
	*ānḫ*: person (living)
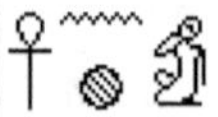	*ānḫ* (*ārq*): to swear
	*ānḫ* (*ārq*): oath
	*ānḫ* (*ħnw*): residence
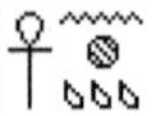	*ānḫ* (*bâbât*; *nfr*): grain
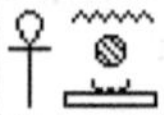	*ānḫ*: to live

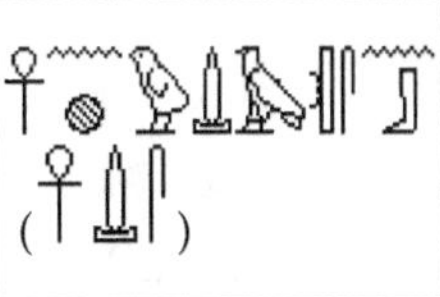	*ānḫ-wđâ-snb*: life-prosperity-health (LPH)
	*ānḫt* (*wāty*): goat
	*ānḫt* (*nfrw*): grain
	*ānw* (*zš*): scribe
	*āš* (*sb*): cedar
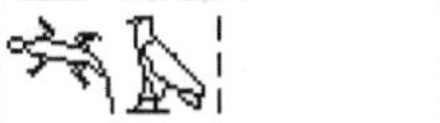	*āšâ*: many
	*āšât* (*wpwt*): multitude
	*āt*: limb
	*āt*: room
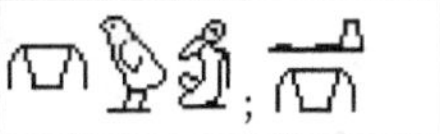	*āw* (*âān*): interpreter

 : *b*

	*bâḥ* (*ḥnn*; *nfr*): phallus
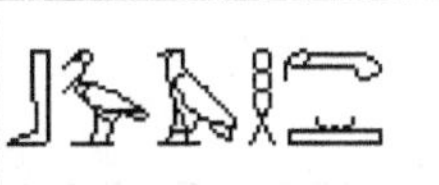	*bâḥ* (*ḫft-ḥr*; *mtr*): presence
	*bâìw* (*ìbḥ*): wet

	*bâk*: city
	*bāā* (*ābābt*): contradiction
	*bābā* (*swrì*): to drink
	*bāḥw* (*ḥây*; *ḥāpy*; *wđnw*): inundation
	*bḥḥ* (*ḥn*; *sm*; *wânb*): plant
	*bḫt* (*tnwt*; *ŧnwt*; *āḥā*): quantity
	*bìâ*: metal
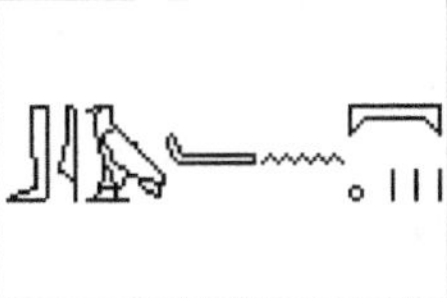	*bìâ n pt* ('metal from heaven'): iron
	*bìk*: falcon (hawk)
	*bìn* (*đw*): bad
	*bìnt* (*đwt*): evil (noun)
	*bìt*: bee
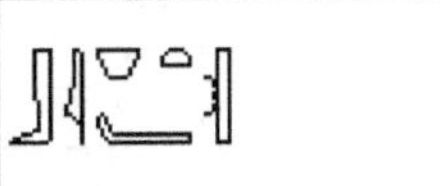	*bìt* (*qnì*; *bât*): quality
	*bnr*: date palm

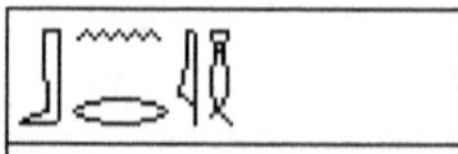	*bnrì*: date
	*bnw*: phoenix
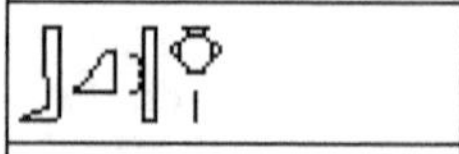	*bq-ḥâty*: flattering
	*bqâ* (*rā-ḫā*): sunrise
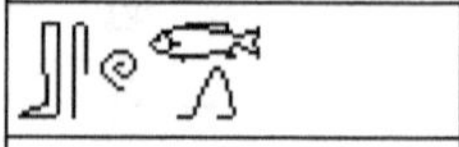	*bsw*: effect
	*btâ* (*ìyt*; *ìzft*): injustice
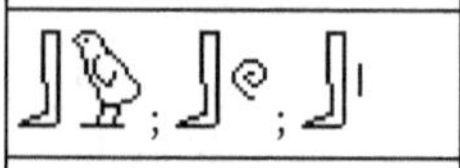	*bw* (*st*): place
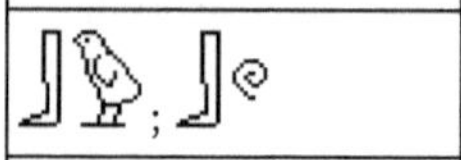	*bw* (*ḥnw*; *ḫt*; *sšr*): thing
	*bw-bìn* (*bw-đw*): badness
	*bw-đw* (*bw-bìn*): badness
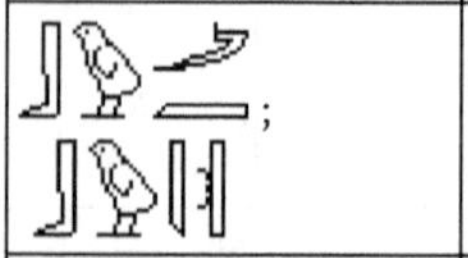	*bw-mââ* (*mâāt*): truth
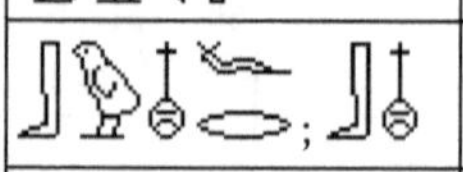	*bw-nfr* (*nfr*): goodness
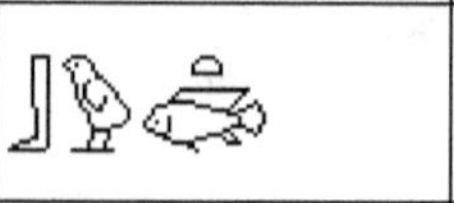	*bwt* (*msdì*; *msđì*): to hate
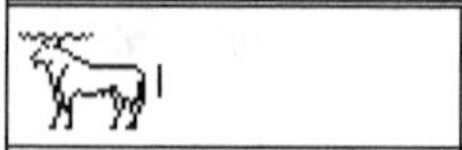	*bâ*: sacred ram
	*bâ*: soul (soul at birth; soul at death)
	*bâbât* (*nfr*; *ānḫ*): grain
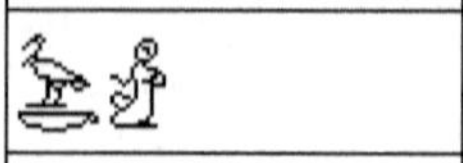	*bâk* (*ḥmw*): servant
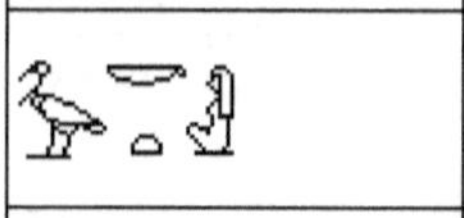	*bâkt* (*ḥmt*): female servant
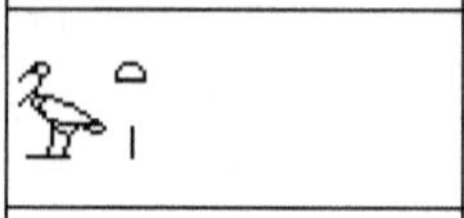	*bât* (*bìt*; *qnì*): quality
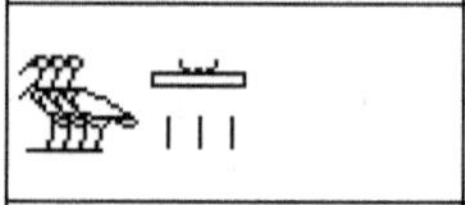	*bâw* (*nŧr*; *wâs*; *âḫw*): power
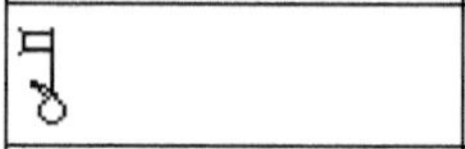	*bd* (*snŧr*): incense
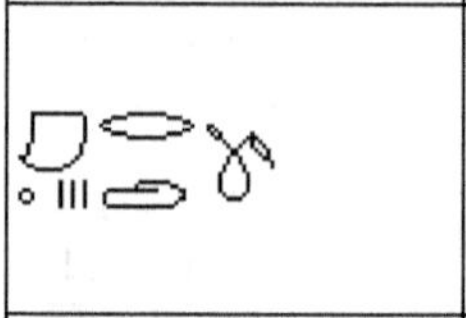	*bìâ rwđ* ('solid metal'; *ḥsmn*): bronze
	*bìt*: bee
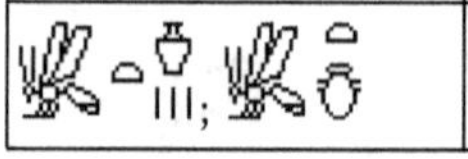	*bìt* (*ìbyt*): honey

 : *d*

	*dḫrt* (*ḫār*): leather
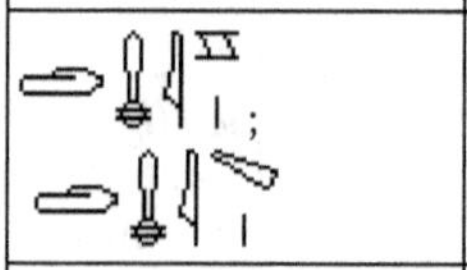	*dmì*: town
	*dmw* (*nḫb*; *rn*): to name

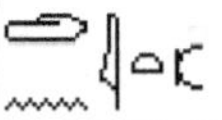	*dnìt* (*pšt*; *r*): part
	*dpwt*: watercraft
	*dpy*: boatman
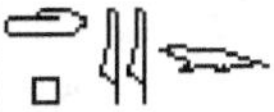	*dpy* (*ḫnty*; *kâpw*; *msḥ*; *mzḥ*; *āfāf*): crocodile
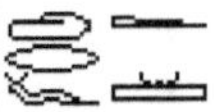	*drf* (*zḫâ*): writing
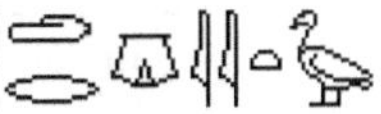	*drgyt*: bat
	*dšr*: red
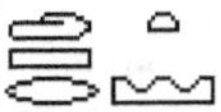	*dšrt*: desert
	*dšrw* (*znf*): blood
	*dt* (*đrt*; *ā*): hand
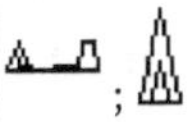	*dì* (*rdì*): to give
	*dì m ìb* (*šâ*): to determine
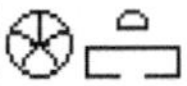	*dwât*: netherworl d
	*dwâw*: morning; tomorrow

 : *đ*

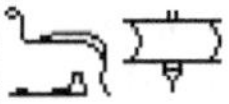	*đā* (*nšny*): storm
	*đā ḥr ḥyt* (*mḥyt*): wind-and-rain storm
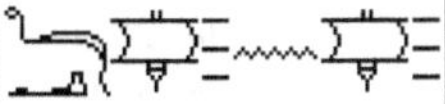	*đā n ŧâw* (*gzm*): windstorm (hurricane)
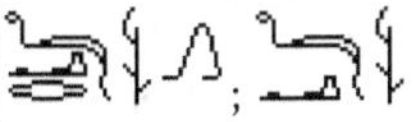	*đār* (*ḥìḥì*): to seek
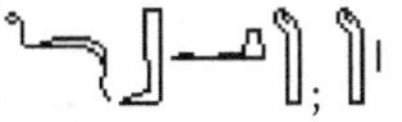	*đbā*: finger
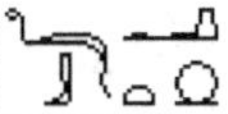	*đbāt* (*ḫtm*; *sđâyt*): seal
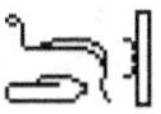	*đd* (*ptrì*): to say
	*đdft* (*ḥrrt*; *sâ-tâ*): snake
	*đdt*: language
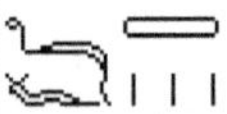	*đfâw* (*wnmw*): food
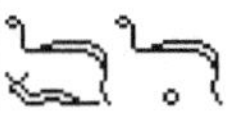	*đfđ* (*ḥwnt ìmt ìrt*): pupil (of an eye)
	*đt*: body; mortal body
	*đt* (*nḥḥ*): eternity
	*đzì* (*pzš*; *št*; *wpì*): to divide

	*đâđâ* (*tp*): head
	*đâđâw* (*hnw*): pot
	*đâđâ pr* ('head of building'; *hât*; *wrmwt*): roof
	*đâđât*: assembly
	*đârt* (*zrq*): scorpion
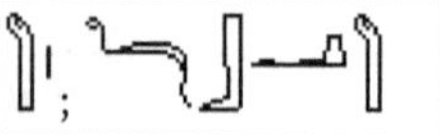	*đbā*: finger
	*đbt*: brick
	*đdì*: stable
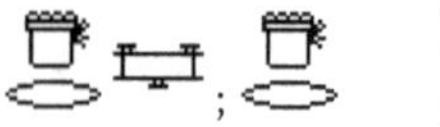	*đr* (*ìđr*; *nđ*; *tâš*; *wb*): limit *đr* (*tâš*; *wb*): border
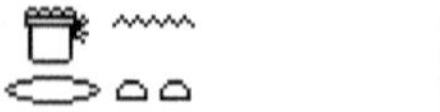	*đr-ntt* (*ẖft-ntt*; *mā-ntt*): because
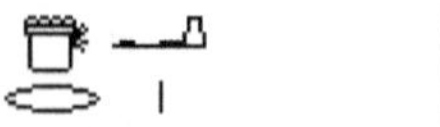	*đrā* (*grḥ*; *r-ā*): end
	*đrt* (*ā*; *dt*): hand
	*đrt* (*ḥmswt*): attributes; qualities

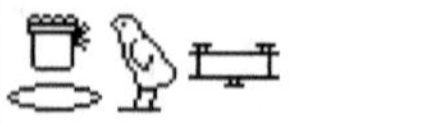	*đrw*: boundless; unlimited
	*đw*: mountain
	*đw* (*bìn*): bad
	*đwt* (*bìnt*): evil (noun)

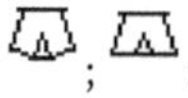 : *g*

	(See under *nst*.)
	*gâw*: absence
	*gìf* (*htw*): monkey
	*gmt*: black ibis
	*grḥ*: night
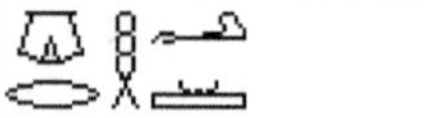	*grḥ* (*r-ā*; *đrā*): end
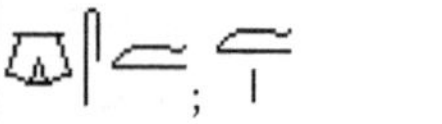	*gs*: half
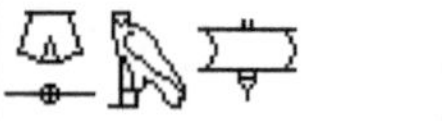	*gzm* (*đā n tâw*): windstorm
	*gbb* (*tâ*): earth
	*gmì*: to find

	*gmt*: black ibis
	*gnwty*: sculptor
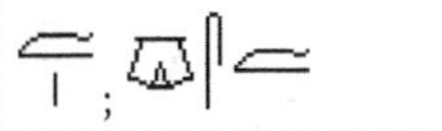	*gs*: half
	*gzw* (*kâ*; *pâwt*): substance *gzw* (*pâwt*): elements

 : *h*

	*hâbw* (*tẖn*; *tẖy*; *hâby*): ibis
	*hâby* (*hâbw*; *tẖn*; *tẖy*): ibis
	*hât* (*wrmwt*; *đâđâ pr*): roof
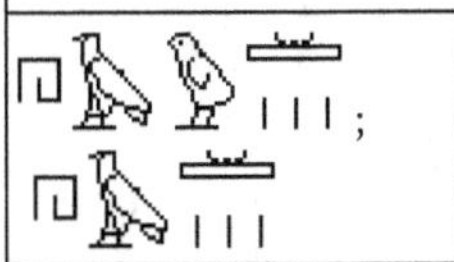	*hâw* (*nnwyt*; *nw*; *rk*): time
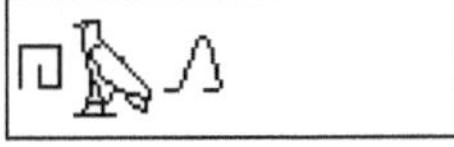	*hây*: to descend

	*hb*: plough
	*hbw* (*wpwty*): messenger
	*hnw*: vessel *hnw* (*đâđâw*): pot
	*hp* (*nt-ā*): custom
	*hp* (*mâāt*): law
	*hp nfr* (*mâāt*): justice
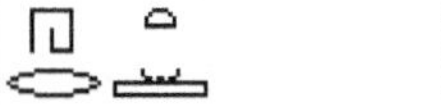	*hrt* (*ḥtp*; *ḥtpw*): peace
	*hrt-đd*: soft speech
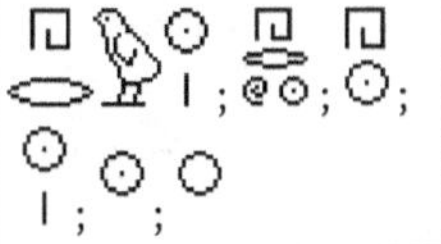	*hrw*: day
	*hrw ms*: birthday
	*htw* (*gìf*): monkey
	*hwt* (*nrw*): fear
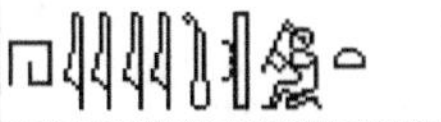	*hyt*: proof
	*hytì*: to prove
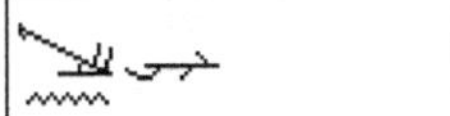	*hbny*: ebony

	hrw: day

𓎛 : *ḥ*

	ḥâb: festival
	ḥâty (*ìb*): heart
	ḥā: body; physical body
	ḥā: ship
	ḥāpy (*wđnw*; *bāḥw*; *ḥây*): inundation
	ḥb (*ìâdt*; *ìbt*; *ìḥ*; *šnw*; *āh*): net
	ḥbs (*âdìw*): garment
	ḥbsw (*mn*; *sìât*): cloth
	ḥđ: mace
	ḥfâw (*nāw*; *rkrk*): serpent

	(See under *nḥḥ*, .)
	ḥìḥì (*đār*): to seek
	ḥìpt (*māwḥ*; *wsr*): oar
	ḥkâ: magic
	ḥkâw: magical procedure
	ḥn (*sm*; *wânb*; *bḥḥ*): plant
	ḥnā (*ḥrā*): and
	ḥnb: to delimit
	ḥnmmt (*wnđwt*): humanity
	ḥnn (*nfr*; *bâh*): phallus
	ḥnn: hoe
	ḥnnwy (*ḥnwty*): farmer
	ḥnqt: beer

	*ḥnw* (*ḫt*; *ìḫt*; *ìšt*): property
	*ḥnw* (*ḫt*; *sšr*; *bw*): thing
	*ḥnwt* (*nsyt*): queen
	*ḥp ìtn* (*rā-ḥtp*): sunset
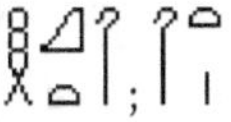	*ḥqât* (*ābâ*): sceptre
	*ḥrā* (*ḥnā*): and
	*ḥrrt* (*wnb*; *ānḫ*): flower
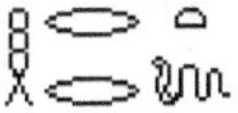	*ḥrrt* (*sâ-tâ*; *đdft*): snake
	*ḥsb* (*ìp*): to count
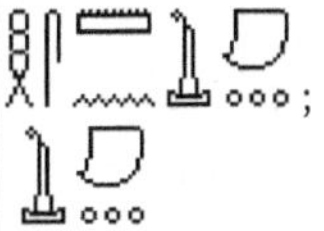	*ḥsmn* (*bìâ rwđ*): bronze
	*ḥtr* (*mr*; *qâs*; *ŧâz*; *wāf*): to bind
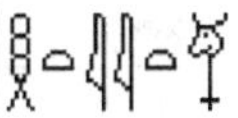	*ḥtyt* (*ḫḫ*; *šâšâyt*): throat
	*ḥwḥw* (*pâwt*): primeval matter

	*ḥwnt ìmt ìrt* ('maiden in the eye'; *đfđ*): pupil (of an eye)
	*ḥyt*: rain
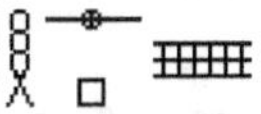	*ḥzp* (*kânw*): garden
	*ḥâ* (*ḥr-sâ*; *m-ḫt*; *m-sâ*): behind
	*ḥâb*: festival
	*ḥât*: front; beginning
	*ḥâty* (*ìb*): heart
	*ḥâty ḥnā zmâ*: heart and lungs
	*ḥây* (*ḥāpy*; *wđnw*; *bāḥw*): inundation
	*ḥâyt* (*mâwt*; *wyn*): light
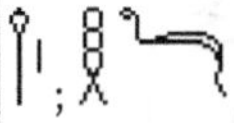	*ḥđ*: mace
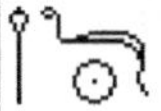	*ḥđ*: white
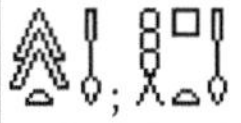	*ḥìpt* (*māwḥ*; *wsr*): oar

	*ḥm*: incarnation
	*ḥm-kâ*: mortuary priest
	ḥm-nṯr: see under *nṯr* \ *ḥm-*, 
	*ḥmswt* (*đrt*): qualities; attributes
	*ḥmt*: copper
	*ḥmt* (*mâd*): mineral (precious)
	*ḥmt*: female *ḥmt* (*zt*): woman
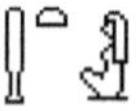	*ḥmt* (*bâkt*): female servant
	*ḥmw* (*bâkt*): servant
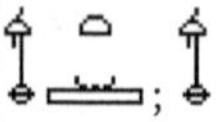	*ḥmwt*: craft
	*ḥmwty*: craftsman
	*ḥmz* (*st*): seat
	*ḥnn* (*nfr*; *bâh*): phallus
	*ḥnqt*: beer
	*ḥnwty* (*ḥnnwy*): farmer
	*ḥqâ*: ruler
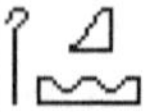	*ḥqâ*: governor
	*ḥqâ* (*tp-rd*): regulation
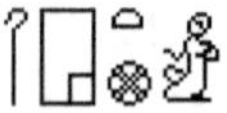	*ḥqâ-ḥwt*: mayor
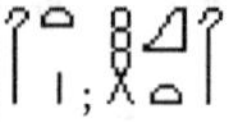	*ḥqât* (*ābâ*): sceptre
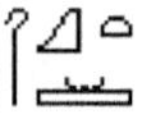	*ḥqât* (*st-r*): authority
	*ḥr*: face
	*ḥr*: far above
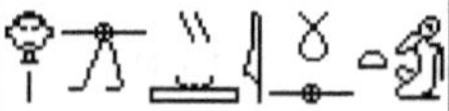	*ḥr zy ìšzt* (*ḥr-mā*): why?
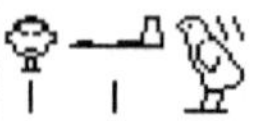	*ḥr-āwy* (*r-nnwyt*): immediately
	*ḥr-ḫw*: exclusively (except)
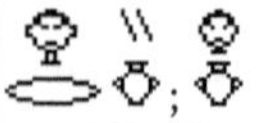	*ḥr-íb* (*qâb*): middle
	*ḥr-mā* (*ḥr zy ìšzt*): why?

	*ḥr-sâ*: subsequently *ḥr-sâ* (*m-ḫt*; *m-sâ*; *ḥâ*): behind
	*ḥrrt* (*wnb*; *ānḫ*): flower
	*ḥrt* (*pt*): heaven
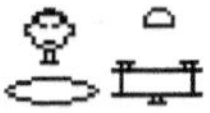	*ḥrt* (*wât*): road
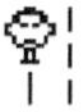	*ḥrw* (*rḫyt*; *rmŧ*; *wnny*): people
	*ḥry*: upper
	*ḥsb* (*ìp*): to count
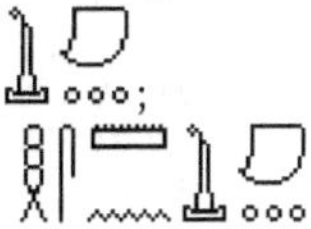	*ḥsmn* (*bìâ rwđ*): bronze
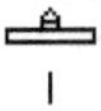	*ḥtp*: altar
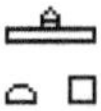	*ḥtp* (*ḥtpw*; *hrt*): peace
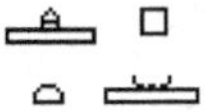	*ḥtp* (*wrd*): to rest
	ḥtp-dì-nswt: see under *nswt* \ *ḥtp-dì-*
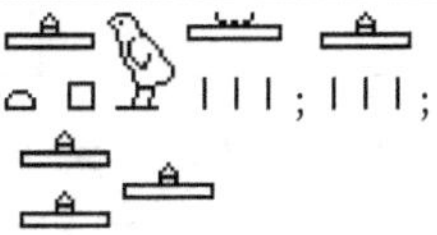	*ḥtpw* (*hrt*; *ḥtp*): peace

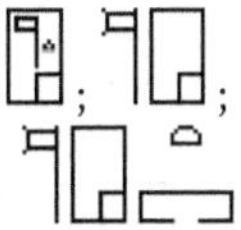	*ḥwt-nŧr* (*r-pr*): temple

 : *ḫ*

	*ḫâyt* (*ìnd*; *šnw*; *tḥnw*; *wìât*): sickness
	*ḫbt* (*pzšt*): division
	*ḫdì* (*mḥt*): North
	*ḫft*: in front of *ḫft* (*r-āqâ*; *r-ḫft*; *wbì*): opposite
	*ḫft-ḥr* (*mtr*; *bâḥ*): presence
	*ḫft-ntt* (*mā-ntt*; *đr-ntt*): because
	*ḫfty*: adversary
	*ḫfty* (*ḫrwy*): enemy
	*ḫḫ* (*šâšâyt*; *ḥtyt*): throat
	*ḫm* (*rkḥ*; *tâ*): hot
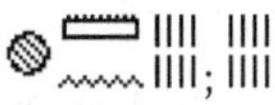	*ḫmnw*: eight; 8

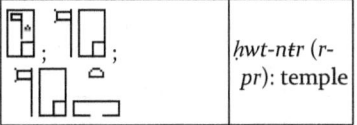

	*ḫmt* (*mâwŧ*; *nkâ*; *wââ*): to think
	*ḫn* (*tp-r*): utterance
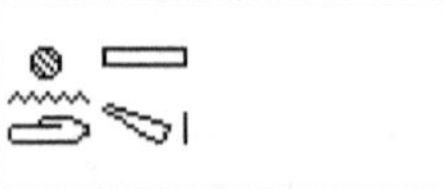	*ḫndš* (*šnwyt*): orchard
	*ḫnms*: flying insect
	*ḫnms* (*smr*): friend
	*ḫpr*: to become
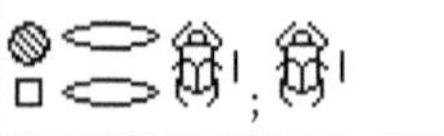	*ḫprr*: scarab
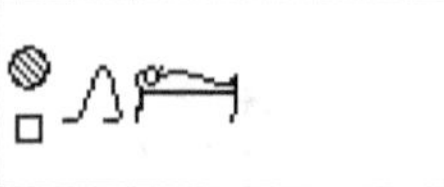	*ḫpt* (*mt*; *rā n mwt*): death
	*ḫrp*: to lead
	*ḫrt* (*r-ā*; *āḥāw*): state; condition
	*ḫrw*: voice
	*ḫrwy* (*ḫfty*): enemy
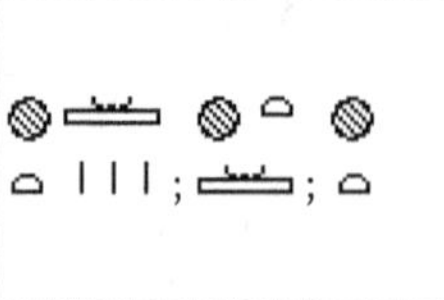	*ḫt* (*ìḫt*; *ìšt*; *ḥnw*): property *ḫt* (*sšr*; *bw*; *ḥnw*): thing

	*ḫt* (*nfr*; *rāy*; *sđt*; *wât*): fire
	*ḫtm* (*sđâyt*; *đbāt*): seal
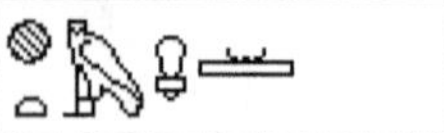	*ḫtm*: contract
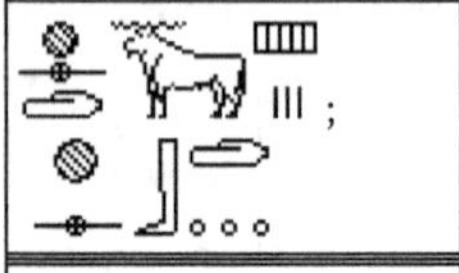	*ḫzbâd*: lapis lazuli

	*ḫâst*: hills
	*ḫâst*: country; foreign land
	*ḫâì*: to measure
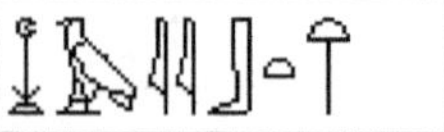	*ḫâybt* (*šwt*): shadow
	*ḫâyt* (*ìnd*; *šnw*; *tḥnw*; *wìât*): sickness
	*ḫār*: hide *ḫār* (*dḥrt*): leather
	*ḫnty* (*kâpw*; *msḥ*; *mzḥ*; *āfāf*; *dpy*): crocodile
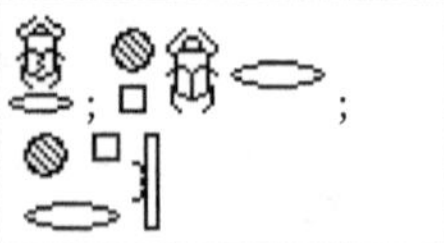	*ḫpr*: to become
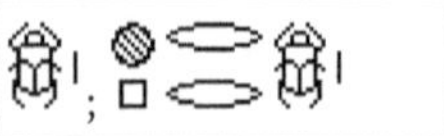	*ḫprr*: scarab

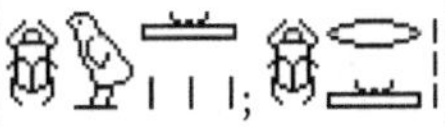	*ḫprw* (*ìrw*; *qì*; *tìt*): form
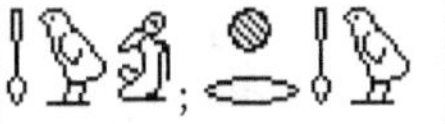	*ḫrw*: voice
	*ḫrwy* (*ḫfty*): enemy
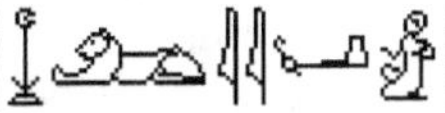	*ḫry*: weaver
	*ḫt*: wood *ḫt* (*ìmâ*; *šâ*; *šn*): tree
	*ḫt*: to inquire
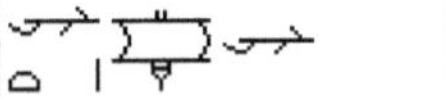	*ḫt-ŧâw*: mast
	*ḫmnw*: 8; eight
	*ḫmnw*: ogdoadic divine company

 : *ħ*

	*ħât*: corpse
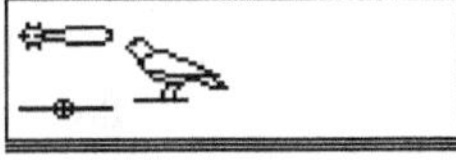	*ħzì* (*nw*; *âhd*): weak
	*ħât*: corpse
	*ħnmt* (*šdt*): waterwell (in desert)
	*ħnt* (*ìnm*; *mskâ*): skin
	*ħnty* (*twt*): statue
	*ħnw* (*ānḫ*): residence
	*ħry*: lower
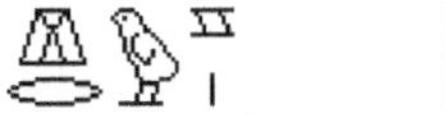	*ħrw* (*sntt*; *zntt*): foundation

 : *ì*

	*ì*: reed
	*ìâ* (*ìm*; *māk*; *âtì*): boat
	*ìâât* (*smḥ*): branch
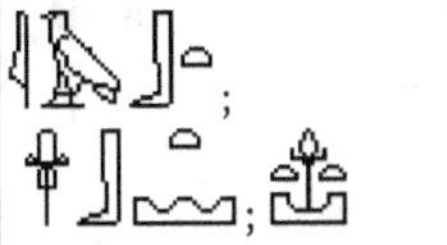	*ìâbt*: East
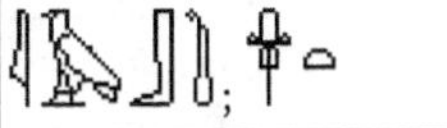	*ìâbt*: left (cf. right)
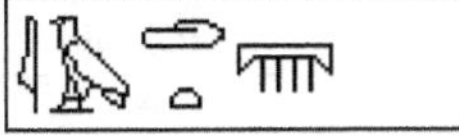	*ìâdt*: dew

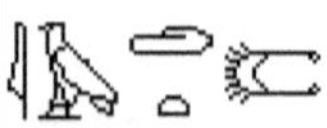	*ìâdt* (*ìbt*; *ìḥ*; *šnw*; *āḥ*; *ḥb*): net
	*ìâm*: proposition
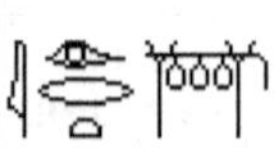	*ìârrt*: garden plant (vine)
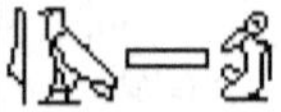	*ìâš* (*āš*): to call
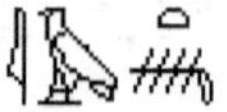	*ìât* (*pzd*; *sâ*): back
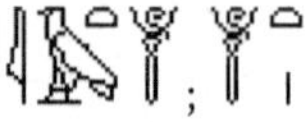	*ìât* (*st-dr*): rank
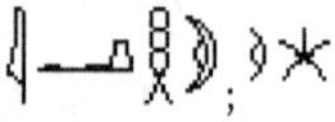	*ìāḥ*: moon
	*ìān*: sacred baboon
	*ìāt* (*mŧn*; *r-wât*): path
	*ìb* (*ḥâty*): heart
	*ìb*: to suppose
	*ìbḥ* (*bâìw*): wet
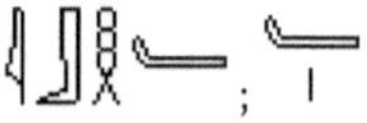	*ìbḥ*: tooth
	*ìbḫ* (*mâŧ*): to proclaim
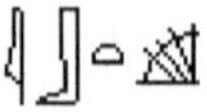	*ìbt* (*ìḥ*; *šnw*; *āḥ*; *ḥb*; *ìâdt*): net

	*ìbyt* (*bìt*): honey
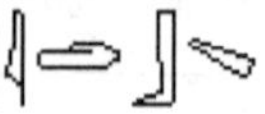	*ìdb*: Nile bank
	*ìdt* (*âtyt*): vulva
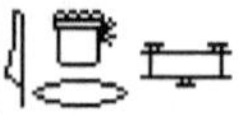	*ìđr* (*nđ*; *tâš*): boundary *ìđr* (*nđ*; *tâš*; *wb*; *đr*): limit
	*ìgâp* (*znmw*): rainstorm
	*ìgbw* (*ìsnn*; *ìtm*; *mâ*; *nfw*; *nnây*; *šw*; *ŧâw*): air *ìgbw* (*ìs*; *ìsnn*; *ìtm*; *mâ*; *nft*; *nfw*; *nnây*; *ŧâw*): wind
	*ìhmt* (*mnnw*; *sfy*; *āâgt*): resin
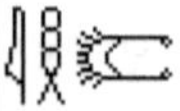	*ìḥ* (*šnw*; *āḥ*; *ḥb*; *ìâdt*; *ìbt*): net
	*ìḥ*: ox
	*ìḥw* (*kâ*; *mnmnt*): cattle

	*ìḫ* (*rf*): therefore
	*ìẖt* (*ìšt*; *ḥnw*; *ẖt*): property
	*ìm* (*m*): with
	*ìm* (*sìn*): clay
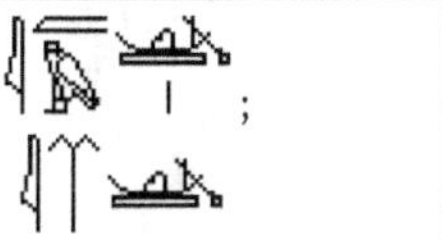	*ìm* (*māk*; *âtì*; *ìâ*): boat
	*ìmâ* (*šâ*; *šn*; *ẖt*): tree
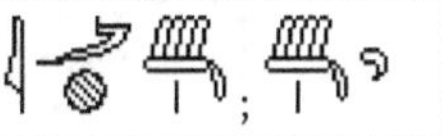	*ìmâẖ*: spine
	*ìmâẖ*: honour
	*ìmn*: to hide
	*ìmn*: right (cf. left)
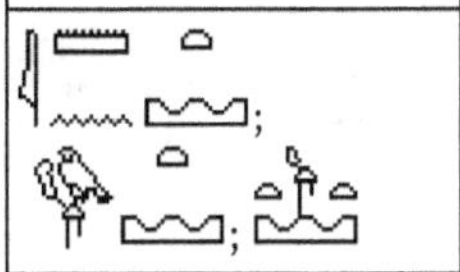	*ìmnt*: West
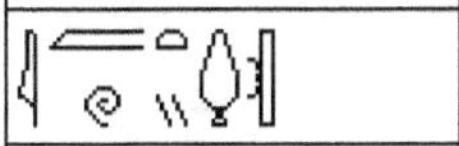	*ìmwty*: graciousness
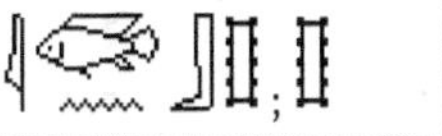	*ìnb*: wall
	*ìnd* (*šnw*; *tḥnw*; *wìât*; *ẖâyt*): sickness
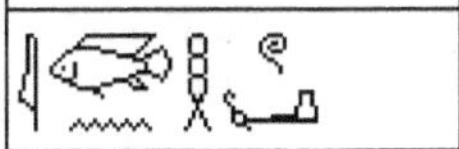	*ìnḥ* (*šnì*): to surround

	*ìnm* (*ħnt*; *mskâ*): skin
	*ìnr*: stone
	*ìnt*: valley
	*ìp* (*ḥsb*): to count
	*ìqr*: excellent
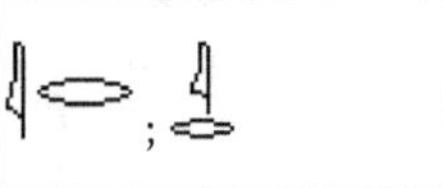	*ìr* (*mì*): if *ìr* (*r*): concerning
	*ìrì*: to do; to make; to act
	*ìrr* (*pāpā*; *psđ*; *tḥn*; *tḥn*; *âẖ*): to shine
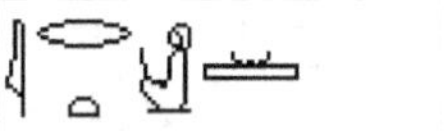	*ìrt* (*nt-ā*): duty
	*ìrw* (*qì*; *tìt*; *ẖprw*): form
	*ìry*: related to *ìry* (*n*; *ny*): belonging to
	*ìry*: appointee
	*ìry-āâ*: doorkeeper

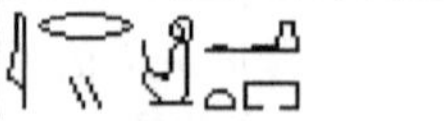	*ìry-āt*: roomkeeper
	*ìry-ḥât* (*sḫry*; *sšmw*): pilot
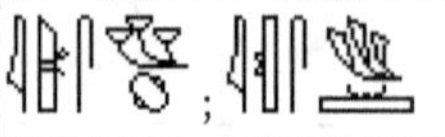	*ìs*: old
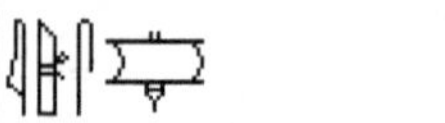	*ìs* (*ìsnn*; *ìtm*; *mâ*; *nft*; *nfw*; *nnây*; *ŧâw*; *ìgbw*): wind *ìs* (*mâ*; *nft*; *nfw*; *nnây*; *nyfât*; *ŧâw*): breath
	*ìsft* (*shâ*): disorder
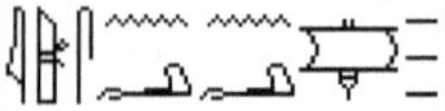	*ìsnn* (*ìtm*; *mâ*; *nft*; *nfw*; *nnây*; *ŧâw*; *ìgbw*; *ìs*): wind *ìsnn* (*ìtm*; *mâ*; *nfw*; *nnây*; *šw*; *ŧâw*; *ìgbw*): air
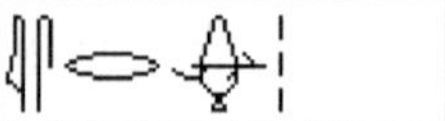	*ìsr*: foliage
	*ìsw* (*ptrì*): to behold
	*ìšst* (*mā*; *ptr*; *pty*): what?
	*ìšš*: to splutter out

	*ìšt* (*ḥnw*; *ḫt*; *ìḫt*): property
	*ìt*: father
	*ìtì*: barley
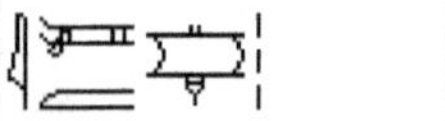	*ìtm* (*mâ*; *nft*; *nfw*; *nnây*; *ŧâw*; *ìgbw*; *ìs*; *ìsnn*): wind *ìtm* (*mâ*; *nfw*; *nnây*; *šw*; *ŧâw*; *ìgbw*; *ìsnn*): air
	*ìtm* (*ìwtì*; *r-n*): without
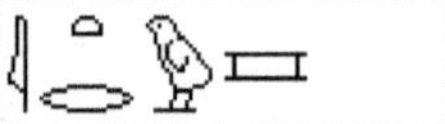	*ìtrw*: river
	*ìtrw-mr* (*nḫry*; *wât-mw*): watercourse
	*ìty*: sovereign
	*ìwâ*: cow
	*ìwf*: flesh
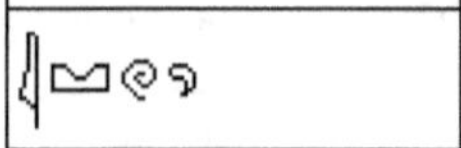	*ìwf* (*msdt*): body part
	*ìwn* (*qd*): characteristic

	*ìwt*: sheep and goats
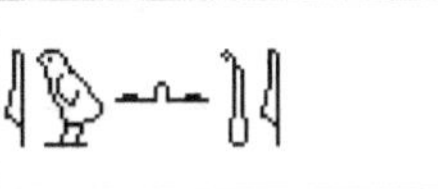	*ìwtì* (*r-n*; *ìtm*): without
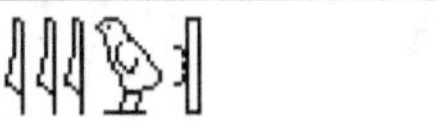	*ìyw*: change
	*ìzft* (*btâ*; *ìyt*): injustice
	*ìzt*: boundary stone
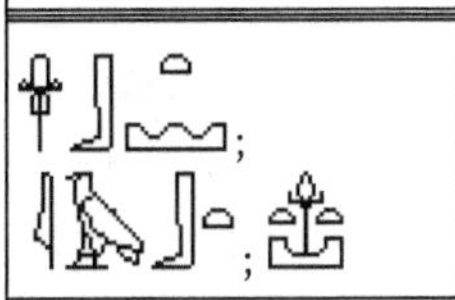	*ìâbt*: East
	*ìâbt*: left (cf. right)
	*ìât* (*st-dr*): rank
	*ìāḥ*: moon
	*ìb*: mind; energy of the soul
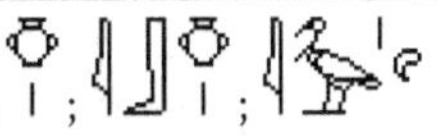	*ìb* (*ḥâty*): heart
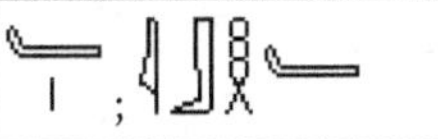	*ìbḥ*: tooth
	*ìḥw* (*kâ*; *mnmnt*): cattle
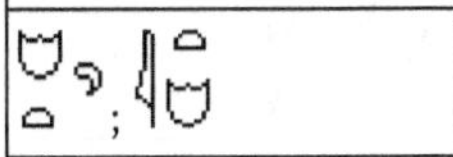	*ìdt* (*âtyt*): vulva
	*ìmâḫ*: spine

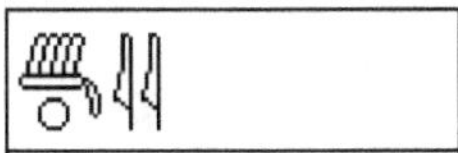	*ìmâḫy*: honoured
	*ìmnt*: West
	*ìmy-r*: overseer
	*ìmy-r mšā n pr nswt*: Commander King's House Guard
	*ìnb*: wall
	*ìnì*: to bring
	*ìrì*: to act; to do; to make
	*ìrt*: eye
	*ìry-āâ*: doorkeeper
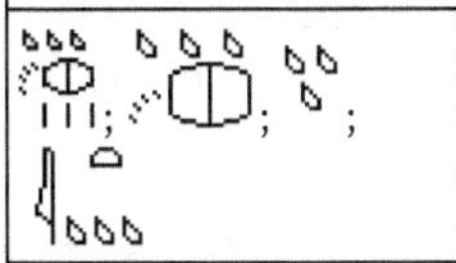	*ìtì*: barley
	*ìtì*: barley (northern)
	*ìty*: sovereign

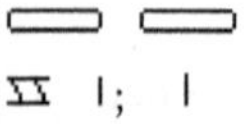	*ìw*: island
	*ìwì* (*mđḥ*; *wđā*): to cut
	*ìwn*: pillar
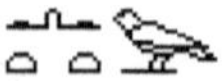	*ìwtt*: that which is not
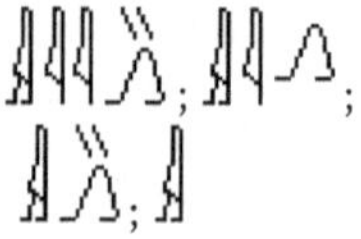	*ìy*: to come
	*ìyt* (*ìzft*; *btâ*): injustice

 : *k*

	*kâ* (*pâwt*; *gzw*): substance
	*kâ*: narrow
	*kâ*: to think creatively
	*kâì*: to sing
	*kâpw* (*msḥ*; *mzḥ*; *āfāf*; *dpy*; *ḫnty*): crocodile
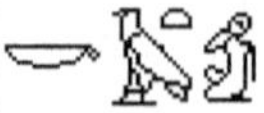	*kât* (*sḫr*; *sntt*; *snṯ*; *zntt*): plan
	*kbs*: cypress

	*kkw* (*knḥw*; *knmt*; *nfy*; *wšâw*): darkness
	*knḥw* (*knmt*; *nfy*; *wšâw*; *kkw*): darkness
	*knmt* (*nfy*; *wšâw*; *kkw*; *knḥw*): darkness
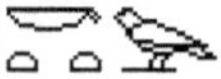	*ktt* (*nđs*; *šrì*): small
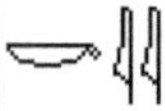	*ky*: other
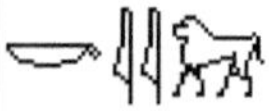	*ky*: ape
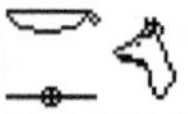	*kz*: posture

	*kâ* (*mnmnt*; *ìḥw*): cattle
	*kâ*: double; life force; spirit
	*kâ*: bull
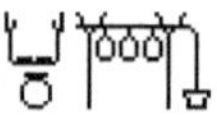	*kânw* (*ḥzp*): garden
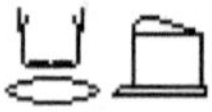	*kâr*: shrine
	*kâr* (*qârr*; *ābḥn*): frog
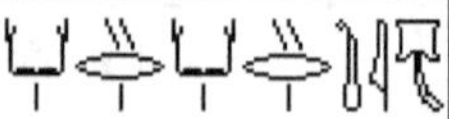	*kârkârtì*: lamb
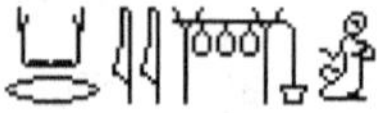	*kâry*: gardener

	*km*: black
	*km*: to complete

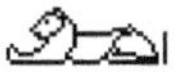 : *l*

	*lwsâ*: tongue (see under *rwsâ*)

 : *m*

	*m* (*ìm*): with
	*m-dwâ*: tomorrow (adv.)
	*m-ẖt* (*m-sâ*; *ḥâ*; *ḥr-sâ*): behind *m-ẖt* (*r*): future *m-ẖt* (*r-sâ*): after
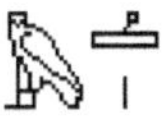	*m-sâ* (*ḥâ*; *ḥr-sâ*; *m-ẖt*;): behind
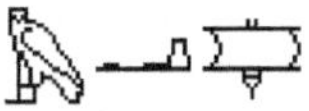	*mâ* (*nft*; *nfw*; *nnây*; *ŧâw*; *ìgbw*; *ìs*; *ìsnn*; *ìtm*): wind *mâ* (*nfw*; *nnây*; *šw*; *ŧâw*; *ìgbw*; *ìsnn*; *ìtm*): air

	*mâty* (*mšā*; *qn*; *wāw*): soldier
	*mā* (*ptr*; *pty*; *ìšst*): what?
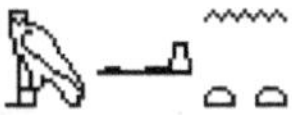	*mā-ntt* (*đr-ntt*; *ẖft-ntt*): because
	*mābâ* (*wā*): harpoon
	*māwḥ* (*wsr*; *ḥìpt*): oar
	*mdw r n Kmt* (*r n Kmt*): Egyptian language; Egyptian
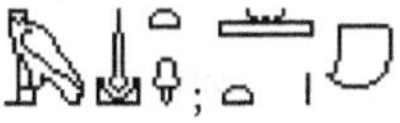	*mđât* (*mnẖ*): chisel
	*mìkârbwtì*: chariot
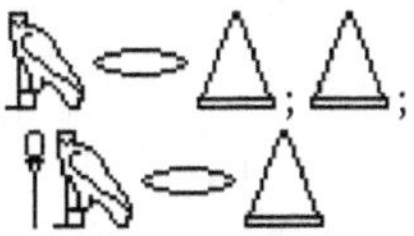	*mr*: pyramid
	(See under *ìmy-r*.)
	(See under *ìmy-r mšā n pr nswt*.)

	*msḥ* (*mzḥ*; *āfāf*; *dpy*; *ḫnty*; *kâpw*): crocodile
	*mšā*: army
	*mšā* (*qn*; *wāw*; *mâty*): soldier
	*mšrw* (*rwhâ*): evening
	*mt* (*rā n mwt*; *ḫpt*): death
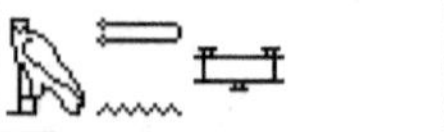	*mṯn* (*r-wât*; *ìāt*): path
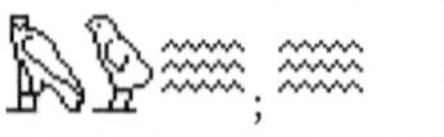	*mw* (*nw*): water
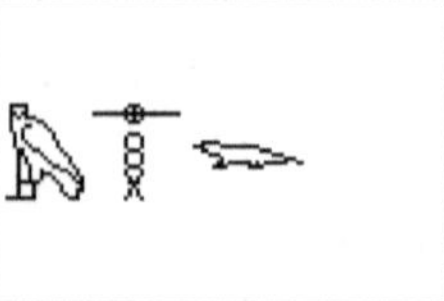	*mzḥ* (*āfāf*; *dpy*; *ḫnty*; *kâpw*; *msḥ*): crocodile
	*mâ* (*mâwy*): new
	*mââ* (*nwâ*; *znw*): to see
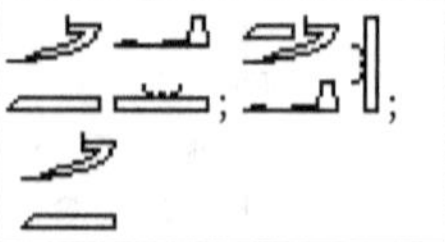	*mââ*: correct; true

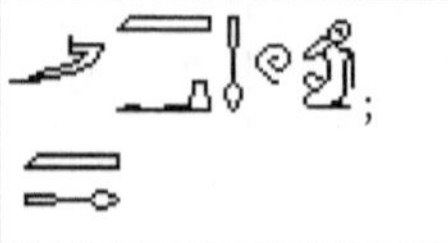	*mââ-ḫrw*: justification; justified (vindicated)
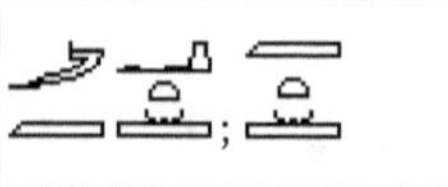	*mâât* (*bw-mââ*): truth
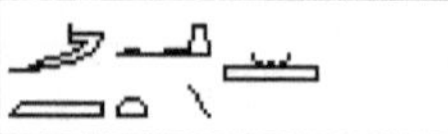	*mâât* (*ntā*): canon
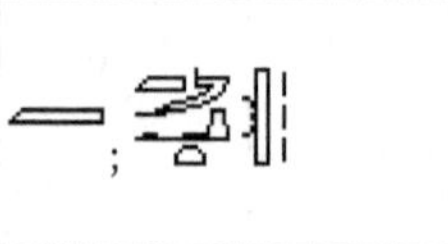	*mâât*: cosmic order; harmony
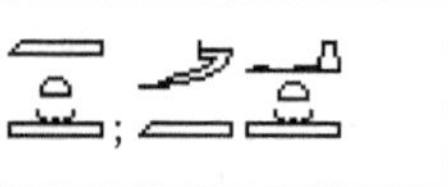	*mâât* (*bw-mââ*): truth
	*mâât* (*āqâ*): straight
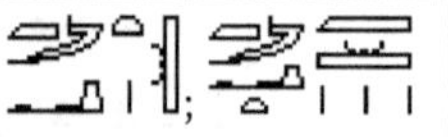	*mâât* (*hp*): law
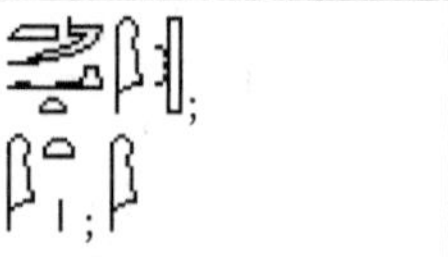	*mâât* (*hp nfr*): justice
	*mââty*: just
	*mâd* (*ḥmt*): mineral
	*mâqt*: ladder
	*mâst*: lap
	*mât* (*mâṯ*): granite
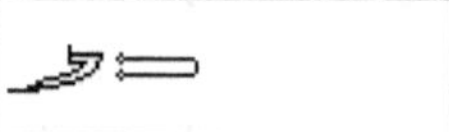	*mâṯ*: to conceive

	*mât* (*ìbẖ*): to proclaim
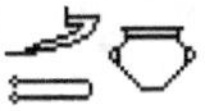	*mâṯ* (*mât*): granite
	*mâṯ rwt*: granite gate
	*mâw-ḥr* (*wn-wḥr*; *ānẖ*): mirror
	*mâwt* (*wyn*; *ḥâyt*): light
	*mâwṯ* (*nkâ*; *wââ*; *ẖmt*): to think
	*mâwy* (*mâ*): new
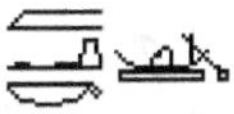	*māk* (*âtì*; *ìâ*; *ìm*): boat
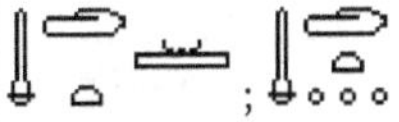	*mdt* (*zp*): matter (case)
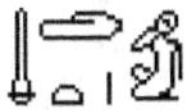	*mdt* (*pr*; *ṯz*): word
	*mdt hâpt*: deceitful speech
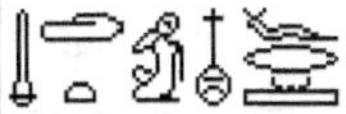	*mdt nfr*: fair speech
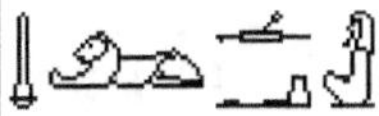	*mdt-nb-wā*: monarchy
	*mdw* (*wâḥt*): staff

	*mdw* (*pr*; *r*; *tp-r*): speech
	*mdw nt mâât*: language of law
	mdw nṯr: see under *nṯr* \ *mdw*, 
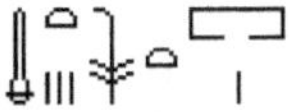	*mdw pr nswt*: language of palace
	*mdw pt* ('words of heaven'): thunder
	*mdwì*: to speak
	*mđât* (*mnẖ*): chisel
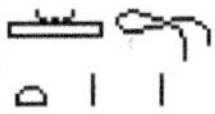	*mđât* (*sẖrt*): book (scroll)
	*mđdìwnt*: mid-month festival
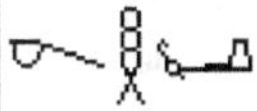	*mđḥ* (*ìwì*; *wđā*): to cut
	*mđw*: ten; 10
	*mḥ*: to fill

	*mḥt* (*ḫdì*): North
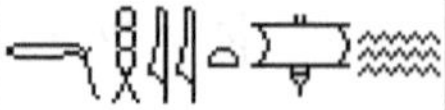	*mḥyt* (*đā ḥr ḥyt*): wind-and-rain storm
	*mì* (*ìr*): if
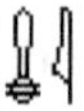	*mì* (*mìty*): like
	*mì mā* (*wy*): how?
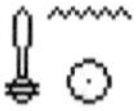	*mìn*: today
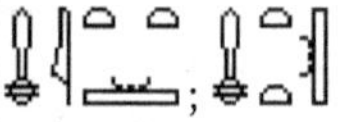	*mìtt* (*snn*; *znt*; *znty*): likeness
	*mìty* (*mì*): like
	*mìtw*: similar
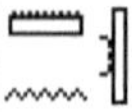	*mn*: to remain
	*mn* (*šn*): to be sick
	*mn*: forearm
	*mn* (*ḥbsw*; *sìât*): cloth
	*mnḥ* (*ŧwfy*; *wâđ*): papyrus (plant)

	*mnḫ* (*mđât*): chisel *mnḫ* (*msì*; *ptḥ*): to sculpt
	*mnìw*: herder
	*mnmn*: to move about
	*mnmnt* (*ìḥw*; *kâ*): cattle
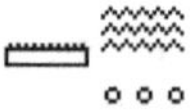	*mnnw* (*sfy*; *āâgt*; *ìhmt*): resin
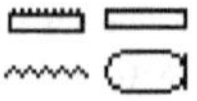	*mnš* (*šnw*): cartouche (after 1350 BCE)
	*mnt*: swallow
	*mr* (*nḫtw*; *pry*): hero
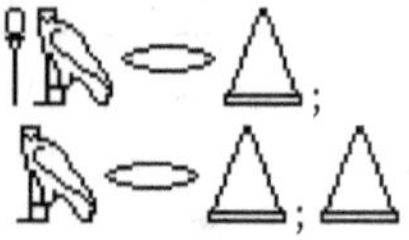	*mr*: pyramid
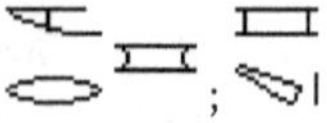	*mr*: canal
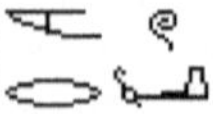	*mr* (*qâs*; *ŧâz*; *wāf*; *ḥtr*): to bind

	*mrì* (*mrwt*): love
	*mrì*: to love
	*mrw*: riverbank
	*mrwt* (*mrì*): love
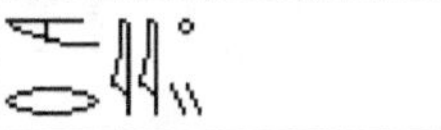	*mry*: beloved
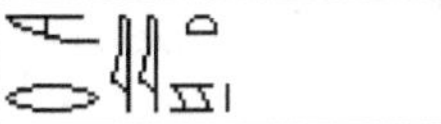	*mryt*: quay
	*msdì* (*msđì*; *bwt*): to hate
	*msdmt*: paint
	*msdt* (*ìwf*): body part *msdt* (*qâbt*): chest
	*msđì* (*bwt*; *msdì*): to hate
	*msđr*: ear
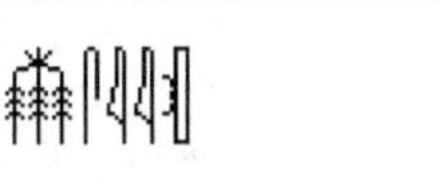	*msì* (*ptḥ*; *mnḫ*): to sculpt
	*msì*: to give birth
	*msì*: to be born
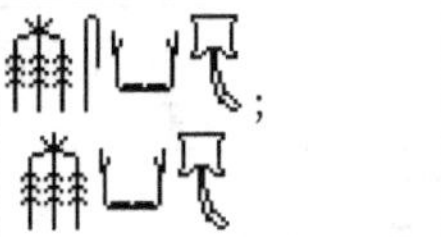	*mskâ* (*ħnt*; *ìnm*): skin

	*mšā*: army
	*mt* (*ŧâw*; *ŧây*): male
	*mt*: blood vessel; vessel
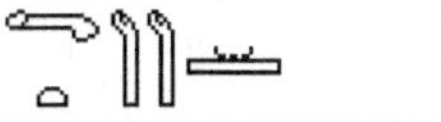	*mtì* (*mtr*): to testify
	*mtr* (*mtì*): to testify
	*mtr* (*bâḥ*; *ḫft-ḥr*): presence
	*mtr*: to be present
	*mtt*: testimony
	*mw* (*nw*): water
	*mwt*: mother

 : *n*

	n (*ny*; *ìry*): belonging to
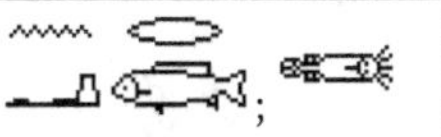	*nār*: catfish
	*nāw* (*rkrk*; *ḥfâw*): serpent
	*nb*: lord

	*nbâ* (*tìsw*): stick
	*nđs* (*šrì*; *ktt*): small
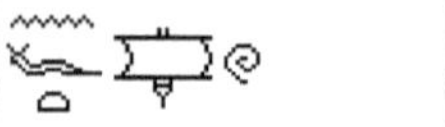	*nft* (*nfw*; *nnây*; *nyfât*; *ŧâw*; *ìs*; *mâ*): breath *nft* (*nfw*; *nnây*; *ŧâw*; *ìgbw*; *ìs*; *ìsnn*; *ìtm*; *mâ*): wind
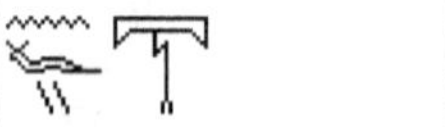	*nfy* (*wšâw*; *kkw*; *knḥw*; *knmt*): darkness
	*nhp* (*rmì*): to weep
	*nhyt*: sycamore
	*nḥâ* (*ānw*): contrary
	*nḥḥ* (*đt*): eternity
	*nḥm*: to take away
	*nḫ* (*rnpy*; *wâđ*): young
	*nḫb* (*rn*; *dmw*): to name

	*nḫry* (*wât-mw*; *ìtrw-mr*) water-course
	*nḫt* (*wsr*): strong
	*nḫtt* (*wsrt*): strength
	*nḫtw* (*pry*; *mr*): hero
	*nìâw*: ibex
	*nkâ* (*wââ*; *ḫmt*; *mâwŧ*): to think
	*nmḥw* (*tfn*): orphan
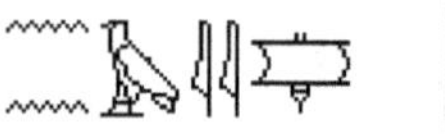	*nnây* (*nyfât*; *ŧâw*; *ìs*; *mâ*; *nft*; *nfw*): breath *nnây* (*ŧâw*; *ìgbw*; *ìs*; *ìsnn*; *ìtm*; *mâ*; *nft*; *nfw*): wind *nnây* (*šw*; *ŧâw*; *ìgbw*; *ìsnn*; *ìtm*; *mâ*; *nfw*): air
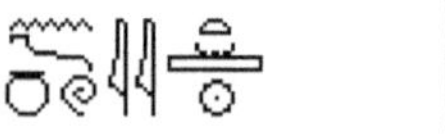	*nnwyt* (*nw*; *rk*; *hâw*): time
	*nrì*: term (of time)
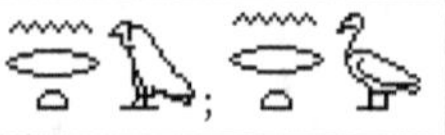	*nrt* (*â*): vulture

	*nrw* (*hwt*): fear
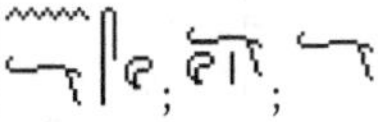	*ns* (*rwsâ*; *šzr*; *lwsâ*): tongue
	*nst* (*srḫ*): throne
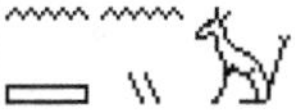	*nšny* (*đā*): storm
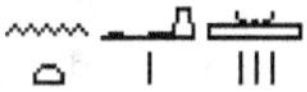	*nt-ā* (*hp*): custom *nt-ā* (*ìrt*): duty
	*nt-ḥtrì*: chariotry
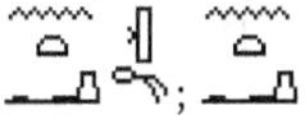	*ntā* (*mâāt*): canon *ntā* (*ŧz*): formula
	*ntt* (*wnntt*): that which is
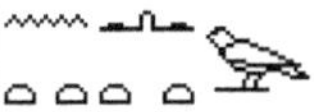	*ntt ìwtt* (*r-đr*): all
	*nw* (*rk*; *hâw*; *nnwyt*): time
	*nw* (*mw*): water
	*nw* (*âhd*; *ħzì*): weak
	*nwâ* (*znw*; *mââ*): to see
	*nwy*: flood

	*ny* (*ìry*; *n*): belonging to
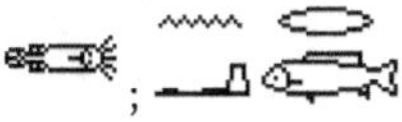	*nār*: catfish
	*nb*: lord *nb* (*tp-ḥr*): master
	*nbt*: lady
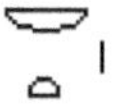	*nbt*: lordship
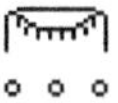	*nbw* (*sâw*): gold
	*nđ* (*tâš*; *ìđr*): boundary *nđ* (*tâš*; *wb*; *đr*; *ìđr*): limit
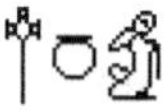	*nđ*: to ask
	*nfr*: heart and trachea *nfr*: well (adv.)
	*nfr* (*nfrw*): beauty
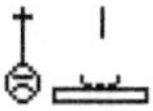	*nfr* (*bw-nfr*): goodness
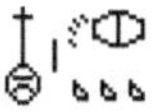	*nfr* (*ānḫ*; *bâbât*): grain
	*nfr* (*âḫw*): sunshine

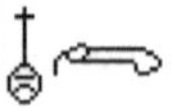	*nfr* (*bâḥ*; *ḥnn*): phallus
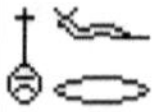	*nfr*: good; to be good *nfr* (*twt*): beautiful
	*nfr* (*rāy*; *sđt*; *wât*; *ḫt*): fire
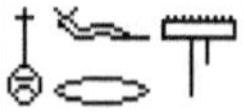	*nfr*: divine cloth
	*nfrt*: good thing
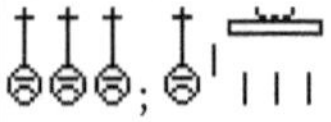	*nfrw* (*nfr*): beauty
	*nfrw* (*ānḫt*): grain
	*nfw* (*nnây*; *nyfât*; *ŧâw*; *ìs*; *mâ*; *nft*): breath *nfw* (*nnây*; *ŧâw*; *ìgbw*; *ìs*; *ìsnn*; *ìtm*; *mâ*; *nft*): wind *nfw* (*nnây*; *šw*; *ŧâw*; *ìgbw*; *ìsnn*; *ìtm*; *mâ*): air
	*nḥḥ* (*đt*): eternity
	*nì*: not

	*nìwt*: settlement
	*nmā* (*šnì*; *wšđ*): to question
	*nn*: inertia
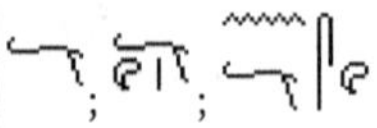	*ns* (*rwsâ*; *šzr*; *lwsâ*): tongue
	(See under *ìmy-r*.)
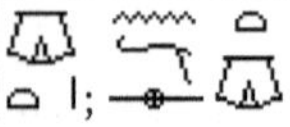	*nst* (*srḫ*): throne
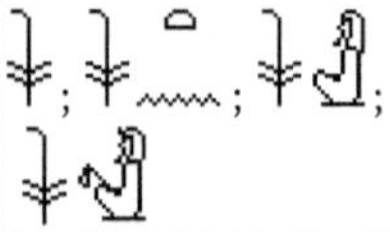	*nswt*: king
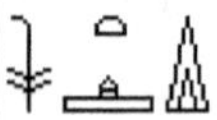	*nswt \ ḥtp-dì-*: royal offering
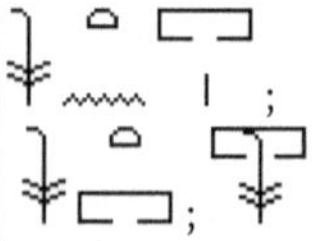	*nswt \ pr*: king's house
	*nswt \ zš*: king's scribe
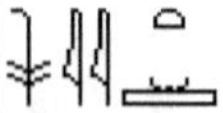	*nswyt*: kingship
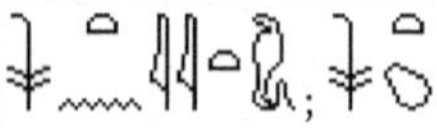	*nsyt* (*ḥnwt*): queen
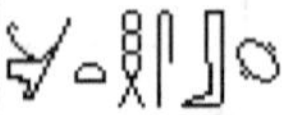	*nt-ḥsb*: accounting

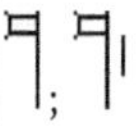	*nŧr*: essence of Nature; principle *nŧr* (*wâs*; *âḫw*; *bâw*): power
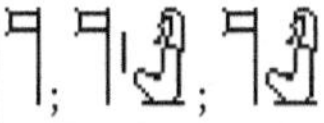	*nŧr*: deity; divinity
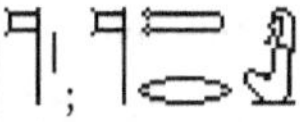	*nŧr*: god
	*nŧr* \ *ḥm-*: priest; prophet
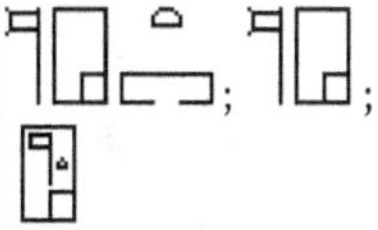	*nŧr* \ *ḥwt-* (*r-pr*): temple
	*nŧr* \ *mdw* ('words of the god'): hieroglyphics
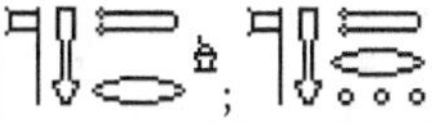	*nŧr* \ *s* (*bd*): incense
	*nŧrt*: goddess
	(See under *ḫmnw*, .)
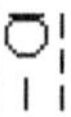	*nt*: rules
	*nwn*: cosmic ocean
	*nwt*: sky

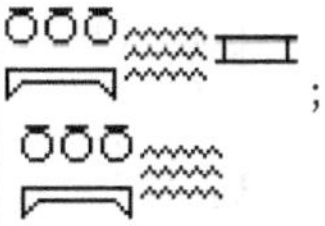	*nww*: primeval water
	*nyfât* (*ŧâw*; *ìs*; *mâ*; *nft*; *nfw*; *nnây*): breath

 : *o*

(See under ;  [*w*].)

 : *p*

	*pâ* (*wnn*): to exist; to be
	*pât*: primeval time; beginning
	*pâwt* (*ḥwḥw*) : primeval matter
	*pâwt*: dough cake
	*pâwt n nŧrw*: company of gods
	*pādt*: dove

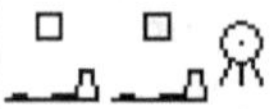	*pāpā* (*psđ*; *tḥn*; *ŧḥn*; *ŧḥn*; *âḫ*; *ìrr*): to shine
	*pāt* (*tmw*): humankind
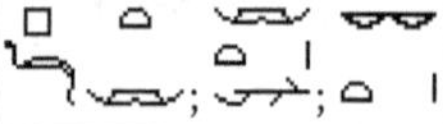	*pđt*: bow
	*pḫâ*: to split
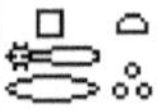	*pħrt*: drug
	*psđ* (*tḥn*; *ŧḥn*; *âḫ*; *ìrr*; *pāpā*): to shine
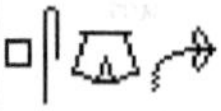	*psg* (*pzg*; *tfn*): to spit
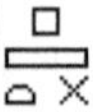	*pšt* (*r*; *dnìt*): part
	*pt* (*ḥrt*): heaven
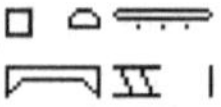	*pt tâ*: heaven and earth
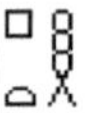	*ptḥ*: to shape *ptḥ* (*qmâì*; *s-ḫpr*; *ābḫt*): to create
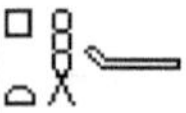	*ptḥ* (*mnḫ*; *msì*): to sculpt
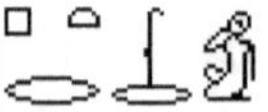	*ptr* (*pty*; *ìšst*; *mā*): what?

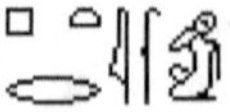	*ptrì* (*đd*): to say
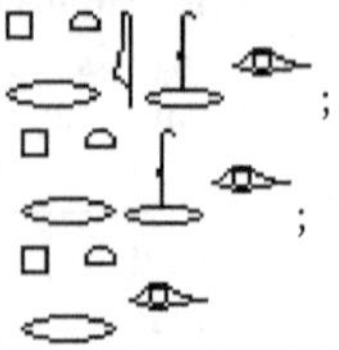	*ptrì* (*ìsw*): to behold
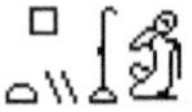	*pty* (*ìšst*; *mā*; *ptr*): what?
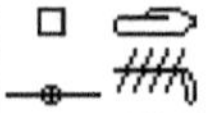	*pzd* (*sâ*; *ìât*): back
	*pzg* (*tfn*; *psg*): to spit
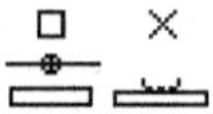	*pzš* (*št*; *wpì*; *đzì*): to divide
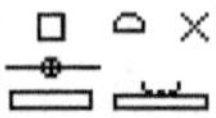	*pzšt* (*ḫbt*): division
	*pât*: primeval time; beginning
	*pâwt*: dough cake
	*pâwt* (*gzw*): elements *pâwt* (*gzw*; *kâ*): substance
	*pâwt*: matter; stuff

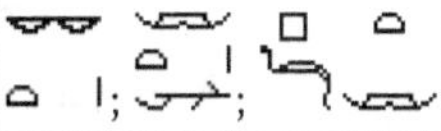	*pḏt*: bow
	*pḥww*: outer limits (Far North)
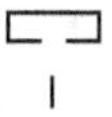	*pr*: building; house
	*pr* (*ṯz*; *mdt*) : word *pr* (*r*; *tp-r*; *mdw*): speech
	pr nswt: see under *nswt* \ *pr*, 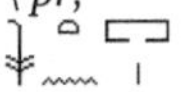
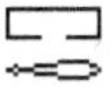	*pr-āâ*: pharaoh
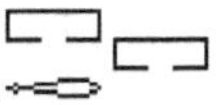	*pr-āâ* (*stp-zâ*; *āḥ*): palace
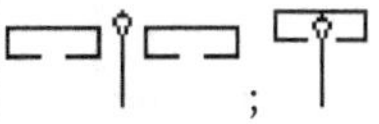	*pr-ḥḏ*: treasury building
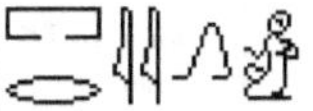	*pry* (*mr*; *nḫtw*): hero
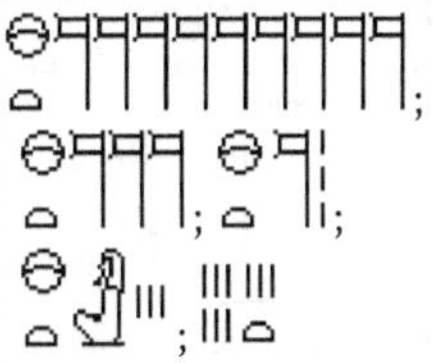	*psḏt*: enneadic divine company

 : *q*

	*qâ-sâ* ('high of back'): presumptuous
	*qââ*: hill
	*qâb* (*ḥr-íb*): middle
	*qâbt* (*msdt*): chest
	*qâì*: high
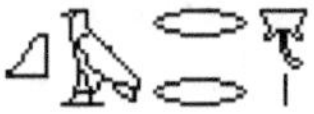	*qârr* (*ābḥn*; *kâr*): frog
	*qâs* (*ṯâz*; *wāf*; *ḥtr*; *mr*): to bind
	*qbb*: cold
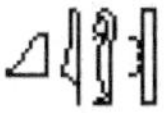	*qì* (*tìt*: *ḫprw*; *ìrw*): form
	*qmâì* (*s-ḫpr*; *ābḥt*; *ptḥ*): to create
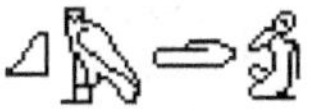	*qmd*: to imagine
	*qn* (*wāw*; *mâty*; *mšā*): soldier
	*qnbt*: council
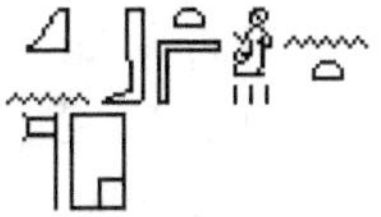	*qnbt nt ḥwt nṯr*: temple council
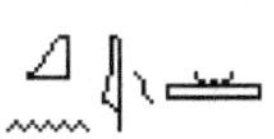	*qnì* (*bât*; *bìt*): quality

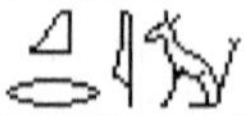	*qrì*: cloud
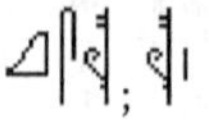	*qs*: bone
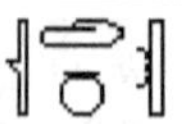	*qd* (*ìwn*): characteristic
	*qn* (*wāw*; *mâty*; *mšā*): soldier
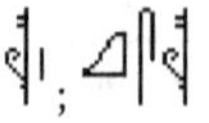	*qs*: bone

 : *r*

	*r* (*ìr*): concerning
	*r* (*dnìt*; *pšt*): part *r* (*m-ḫt*): future *r* (*tp-r*; *mdw*; *pr*): speech *r* (*r-āwy*; *sbâ*; *āâ*): door
	*r*: mouth
	*r n Kmt* (*mdw r n Kmt*): Egyptian; Egyptian language
	*r-â*: one third

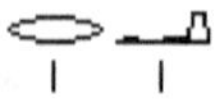	*r-ā* (*āḥāw*; *ḫrt*): state; condition *r-ā* (*đrā*; *grḥ*): end
	*r-ā-ḫt*: fighting
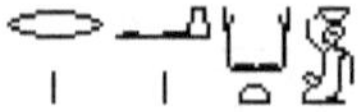	*r-ā-kât*: work in progress
	*r-āqâ* (*r-ḫft*; *wbì*; *ḫft*): opposite
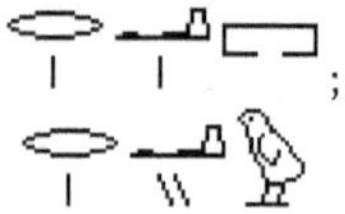	*r-āwy* (*sbâ*; *āâ*; *r*): door
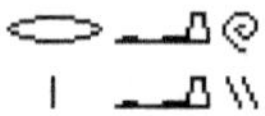	*r-āwy* (*rāw*; *st-ā*): activity
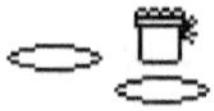	*r-đr* (*ntt ìwtt*): all; universe; whole
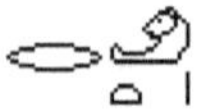	*r-ḥāt* (*tp-ā*): before
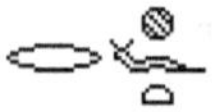	*r-ḫft* (*wbì*; *ḫft*; *r-āqâ*): opposite
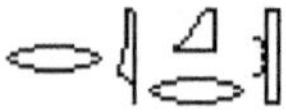	*r-ìqr*: exceedingly
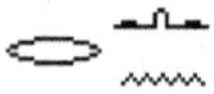	*r-n* (*ìtm*; *ìwtì*): without
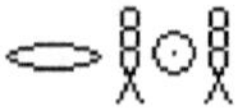	*r-nḥḥ*: eternally
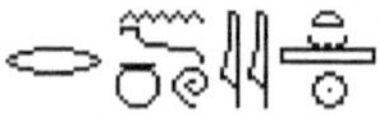	*r-nnwyt* (*ḥr-āwy*): immediately

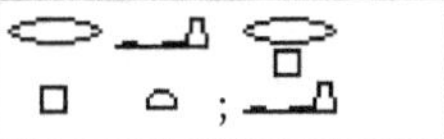	*r-pāt* (*sry*; *sìr*): prince
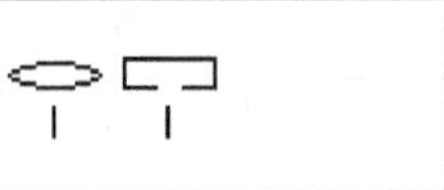	*r-pr* (*ḥwt-nṯr*): temple
	*r-pw*: or
	*r-sâ* (*m-ḫt*): after
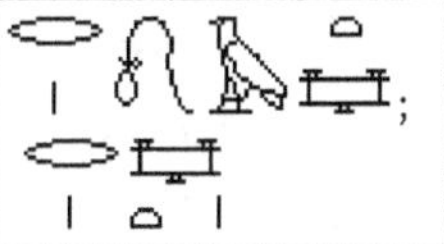	*r-wât* (*ìāt*; *mṯn*): path
	*rā*: sun
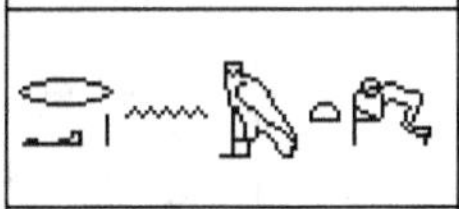	*rā n mwt* (*ḫpt*; *mt*): death
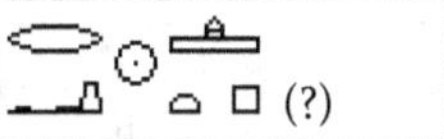	*rā-ḥtp* (*ḥp ìtn*): sunset
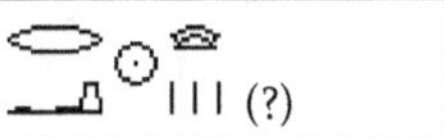	*rā-ḫā* (*bqâ*): sunrise
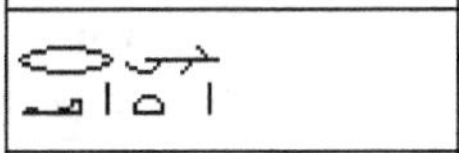	*rā-ḫt*: weapon
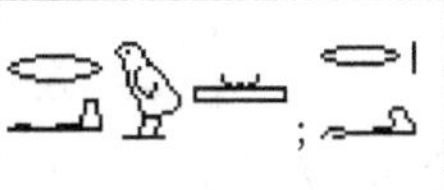	*rāw* (*st-ā*; *r-āwy*): activity
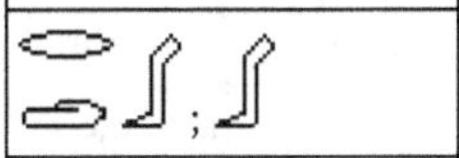	*rd*: foot
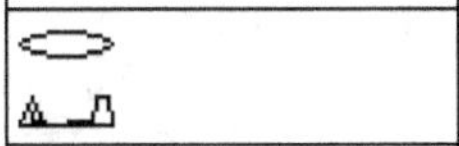	*rdì*: to let
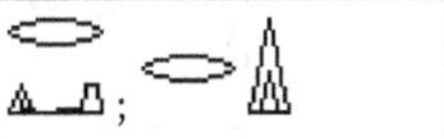	*rdì* (*dì*): to give
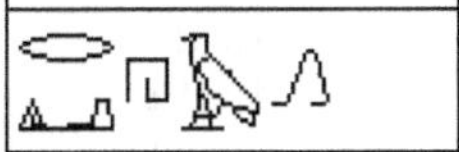	*rdì-hây*: to hurl down
	*rf* (*ìḫ*): therefore

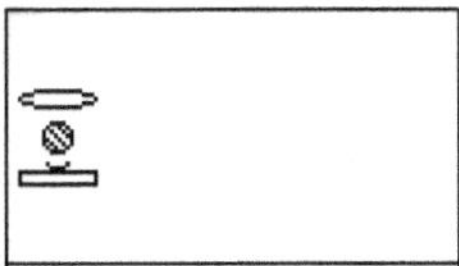	*rḫ*: to learn *rḫ* (*swn*; *zâ*; *āmì*): to know
	*rḫt* (*sât*; *wpwt*): knowledge *rḫt* (*tnw*; *ṯnw*; *āḥā*): number
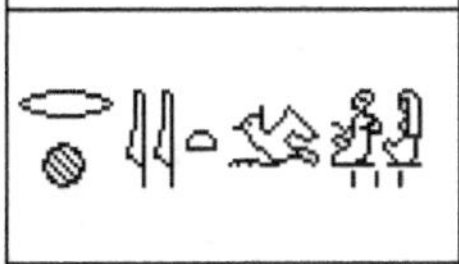	*rḫyt* (*rmṯ*; *wnny*; *ḥrw*): people
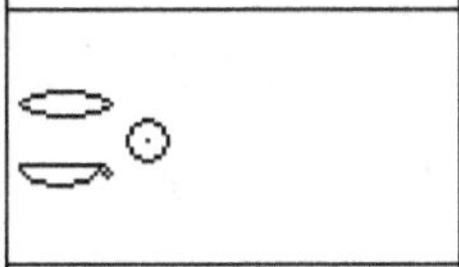	*rk* (*hâw*; *nnwyt*; *nw*): time (era)
	*rkḥ* (*tâ*; *ḫm*): hot
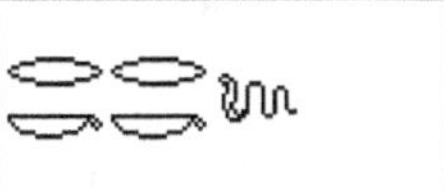	*rkrk* (*ḥfâw*; *nāw*): serpent
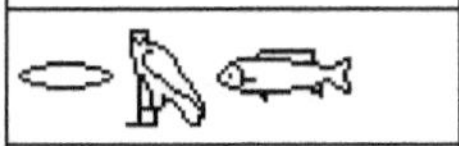	*rm*: fish
	*rmì* (*nhp*): to weep
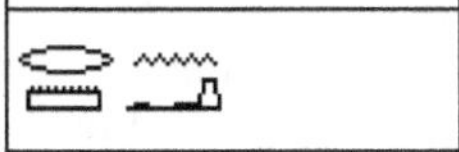	*rmn* (*ā*; *âqbt*): arm
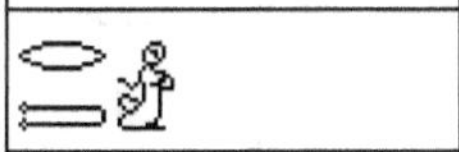	*rmṯ* (*z*): man
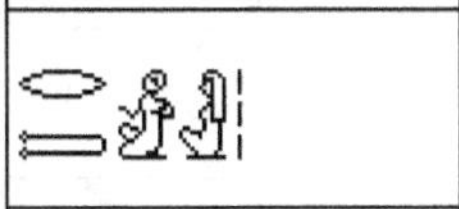	*rmṯ* (*wnny*; *rḫyt*; *ḥrw*): people
	*rmyt*: tear (*rmwt*: tears)

	*rn*: name; identity
	*rn*: royal name; name (divine name)
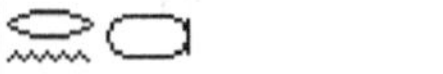	*rn* (*dmw*; *nḫb*): to name
	*rnpy* (*wâđ*; *nḫ*): young
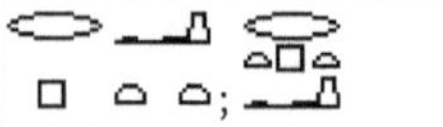	*rt- pāt*: princess
	*rwhâ* (*mšrw*): evening
	*rwt*: gate
	*rwy*: two thirds
	*rā*: sun
	*rāy* (*sđt*; *wât*; *ḫt*; *nfr*): fire
	*rd*: foot
	*rnpt*: year
	*rsw*: South
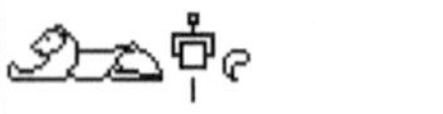	*rwsâ* (*šzr*; *lwsâ*; *ns*): tongue

 : *s*

(‘*ś*’ in the Old Kingdom)

	*s-ḥâb*: to feast
	*s-ḫpr* (*ābḥt*; *ptḥ*; *qmâì*): to create
	*s-ìp*: to revise
	*s-mtr*: to examine
	*s-rḫ*: that which makes known
	*s-wsḫ*: to widen
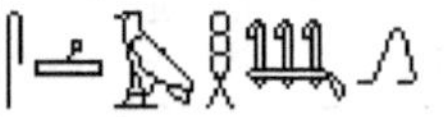	*sâḥ*: to touch
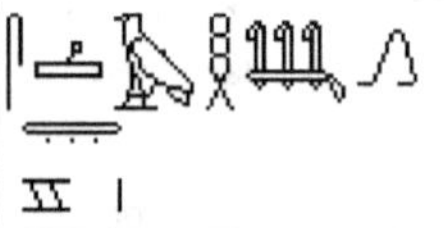	*sâḥ-tâ* (‘to touch land’): to be buried
	*sâḥt*: possession
	*sârt* (*šsâ*): wisdom
	*sât* (*wpwt*; *rḫt*): knowledge
	*sb* (*āš*): cedar
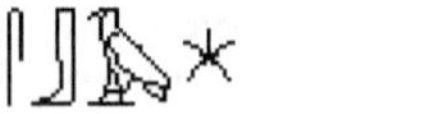	*sbâ*: celestial body

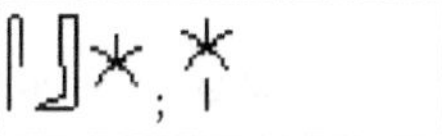	*sbâ* (*ānḫ*): star
	*sbâ*: to teach
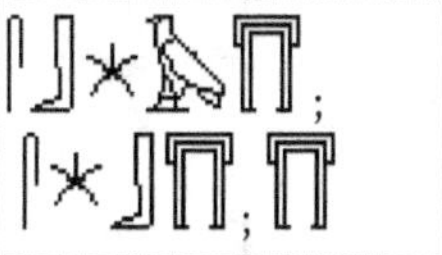	*sbâ*: doorway
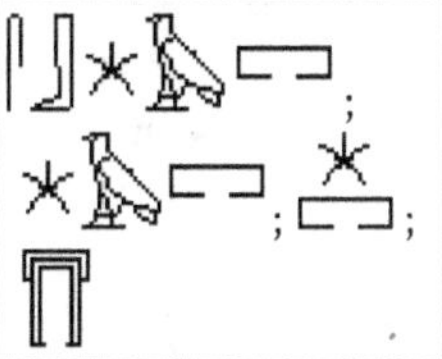	*sbâ* (*āâ*; *r*; *r-āwy*): door
	*sbâ n pr*: house door
	*sd*: tail
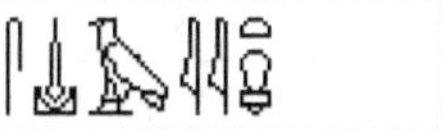	*sđâyt* (*đbāt*; *ḫtm*): seal
	*sđm*: to hear
	*sđt* (*wât*; *ḫt*; *nfr*; *rāy*): fire
	*sf*: yesterday
	*sfât* (*msđyt*): hate
	*sfy* (*āâgt*; *ìhmt*; *mnnw*): resin
	*sgr*: silence

	*shâ* (*ìsft*): disorder
	*sḥk* (*šâbw*): meal
	*sẖâ*: to record
	*sḫm* (*wsr*): powerful
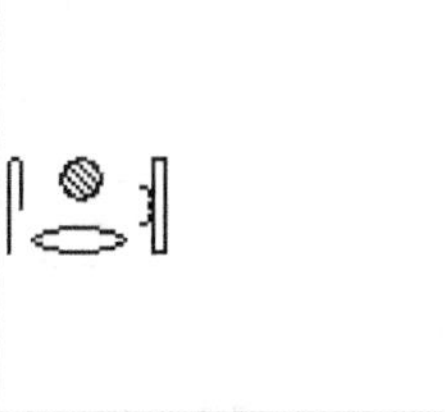	*sẖr*: idea; thought; position; species *sẖr* (*sntt*; *snŧ*; *zntt*; *kât*): plan
	*sẖrt* (*mđât*): book (scroll)
	*sẖry* (*sšmw*; *ìry-ḥât*): pilot
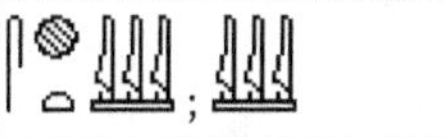	*sḫt*: countryside
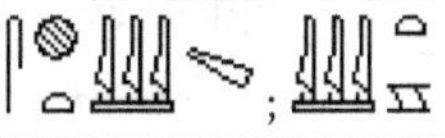	*sḫt* (*šâ*; *âḥt*): field
	*sḫtḫt* (*šnw*): inquiry
	*sìâ*: perception
	*sìât* (*ḥbsw*; *mn*): cloth
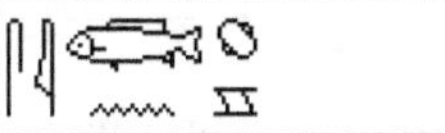	*sìn* (*ìm*): clay
	*sìr* (*r-pāt*; *sry*): prince
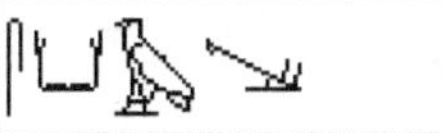	*skâ* (*hb*): plough

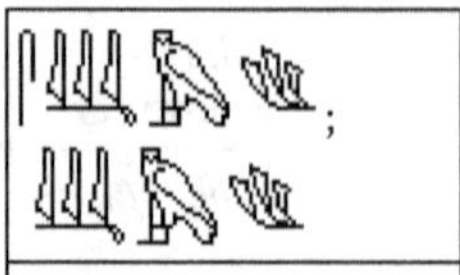	*sm* (*wânb*; *bḥḥ*; *ḥn*): plant
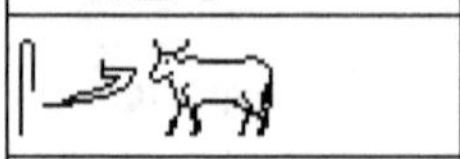	*smâ*: wild bull
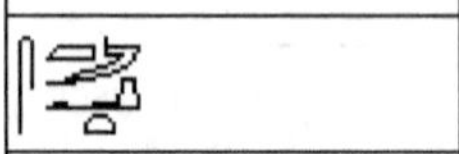	*smât*: order
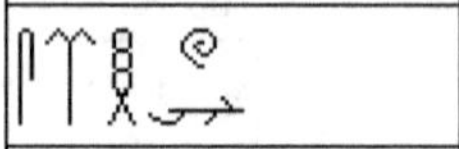	*smḥ* (*ìâât*): branch
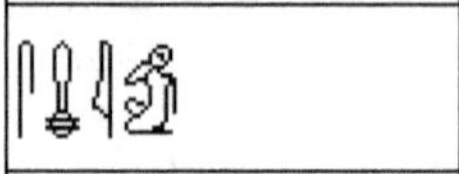	*smì*: to tell
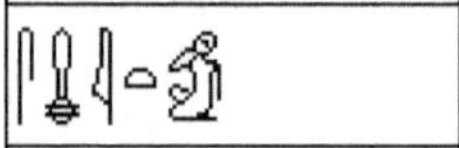	*smìt* (*tìms*): charge
	*smn*: goose
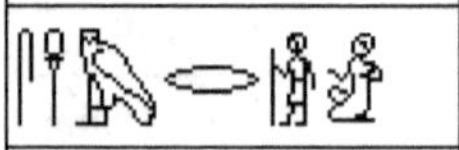	*smr* (*ẖnms*): friend
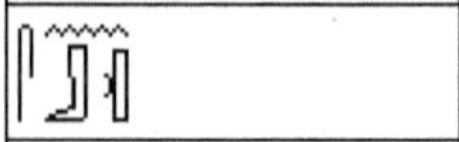	*snb*: health
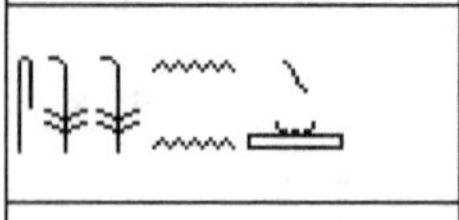	*snn* (*znt*; *znty*; *mìtt*): likeness
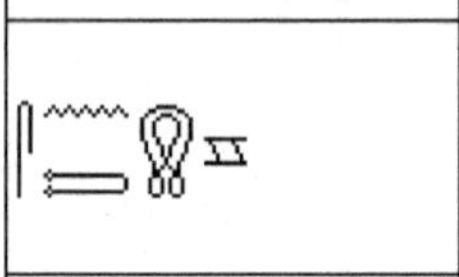	*snŧ* (*zntt*; *kât*; *sẖr*; *sntt*): plan (ground-)
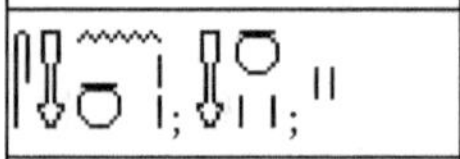	*snw*: two; 2
	*sny* (*wy*; *y*: dual)
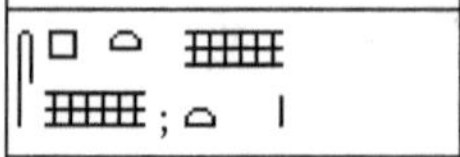	*spât*: province
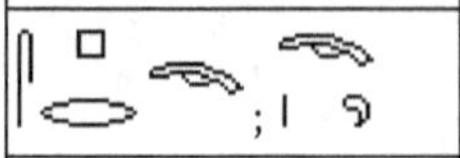	*spr*: rib
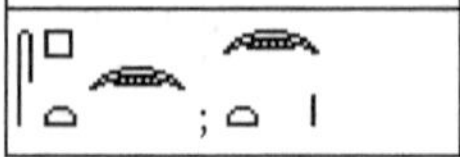	*spt*: lip

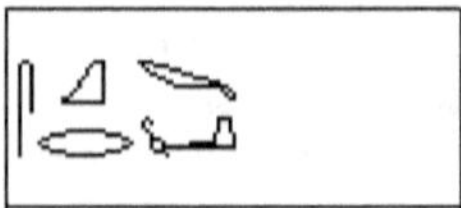	*sqr*: to strike down
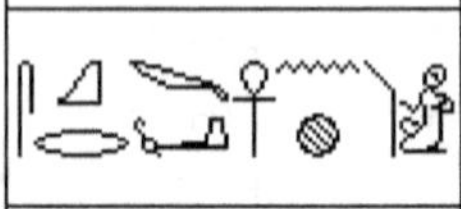	*sqr-ānẖ*: prisoner of war
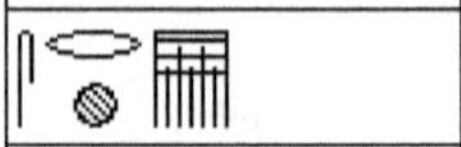	*srẖ*: serekh
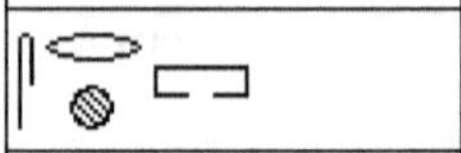	*srẖ* (*nst*): throne
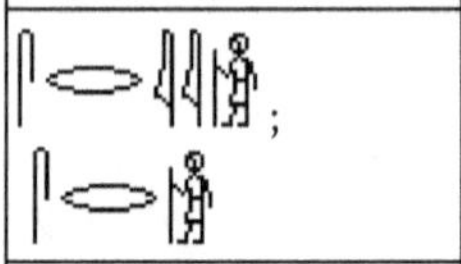	*sry* (*sìr*; *r-pāt*): prince
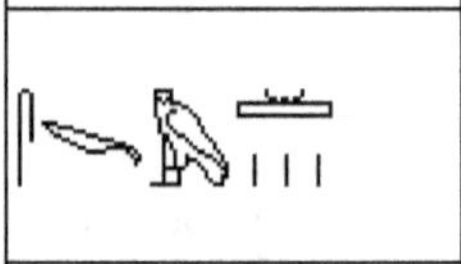	*sšmw* (*āḥāw*): state (situation)
	*sšmw* (*ìry-ḥât*; *sẖry*): pilot
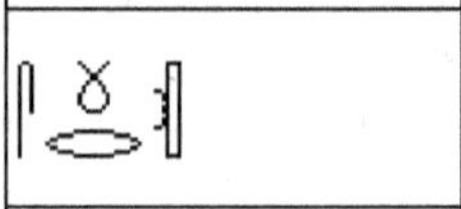	*sšr* (*bw*; *ḥnw*; *ẖt*): thing
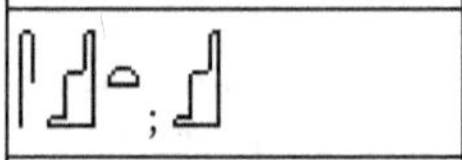	*st* (*ḥmz*): seat
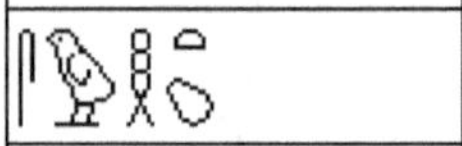	*swḥt*: egg
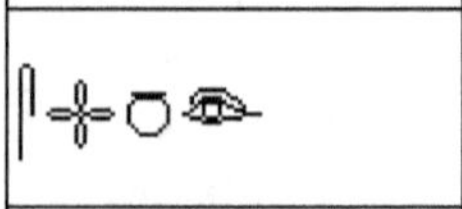	*swn* (*zâ*; *āmì*; *rẖ*): to know
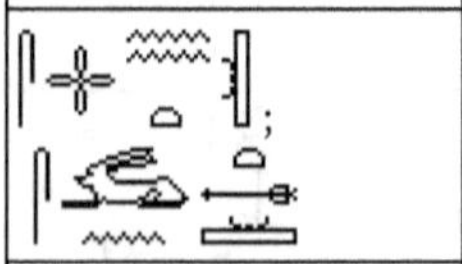	*swnt*: price
	*swrì* (*bābā*): to drink

	*sâ* (*ìât*; *pzd*): back
	*sâ*: son
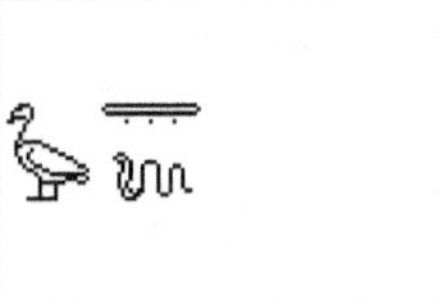	*sâ-tâ* ('son of the earth'; *đdft*; *ḥrrt*): snake
	*sâb* (*wpp*): judge
	*sât*: daughter
	*sâw* (*nbw*): gold (2/3 pure)
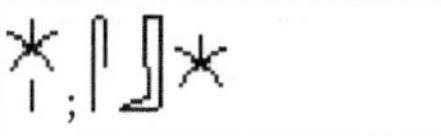	*sbâ* (*ānḫ*): star
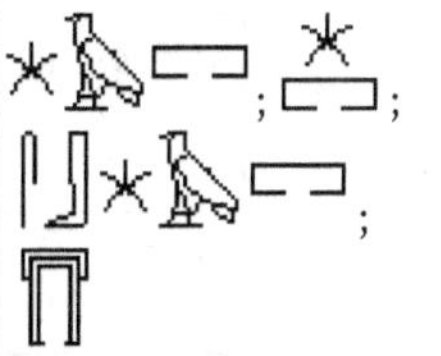	*sbâ* (*āâ*; *r*; *r-āwy*): door
	*sbâ*: doorway
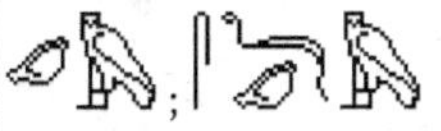	*sđm*: to hear
	*sḫt*: countryside
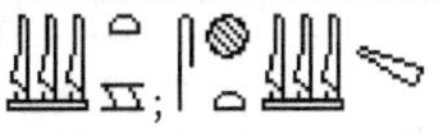	*sḫt* (*šâ*; *âḫt*): field
	*sḫty*: peasant
	*sìâ*: to perceive

	*sìât* (*ḥbsw*; *mnḫt*): cloth
	*sm* (*wânb*; *bḥḥ*; *ḥn*): plant
	*sn*: brother
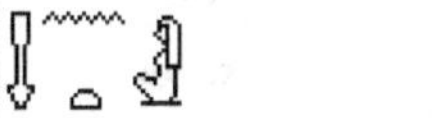	*snt*: sister
	*sntt* (*snŧ*; *zntt*; *kât*; *sḫr*): plan *sntt* (*zntt*; *ħrw*): foundation
	snŧr: see under *nŧr* \ *s*, 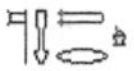
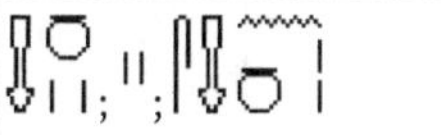	*snw*: two; 2
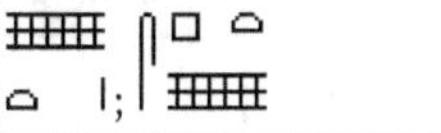	*spât*: province
	*spr*: rib
	*spt*: lip
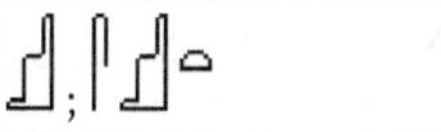	*st* (*ḥmz*): seat
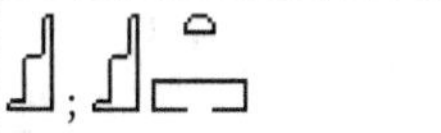	*st* (*bw*): place
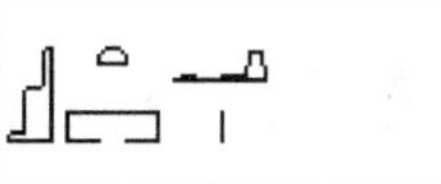	*st-ā* (*r-āwy*; *rāw*): activity
	*st-ìb*: affection (cf. love)

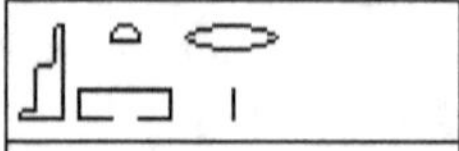	*st-r* (*ḥqât*): authority
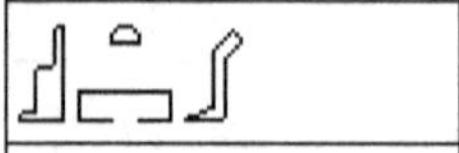	*st-rd* (*ìât*): rank
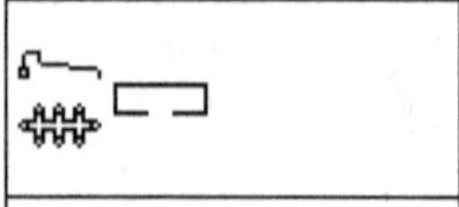	*stp-zâ* (*āḥ*; *pr-āâ*): palace
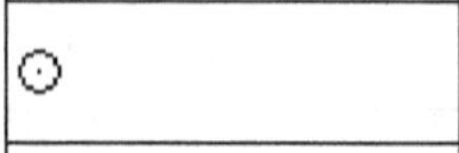	*sw*: day (date)
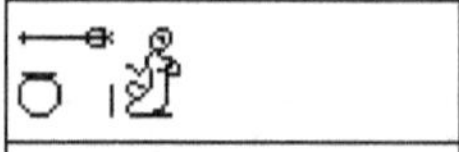	*swnw*: physician
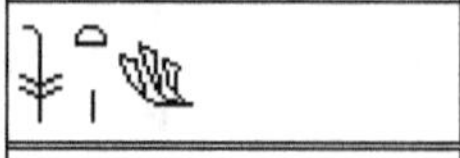	*swt* (*šmā*; *âḫ*): sedge
	*snw*: 2; two

 : *š*

	*šāt* (*znn*; *ā*; *ānḫ*): document
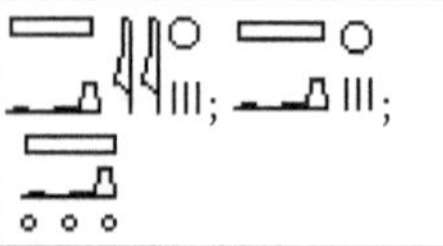	*šāy*: sand
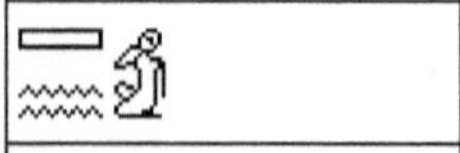	*šn* (*mn*): to be sick
	*šnbt*: breast
	*šrì* (*ktt*; *nđs*): small
	*šsâ* (*sârt*): wisdom
	*šš*: to build

	*št* (*wpì*; *đzì*; *pzš*): to divide
	*šwt*: shade
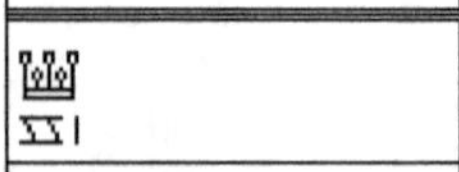	*šâ* (*âḥt*; *sḫt*): field
	*šâ* (*šn*; *ḫt*; *ìmâ*): tree
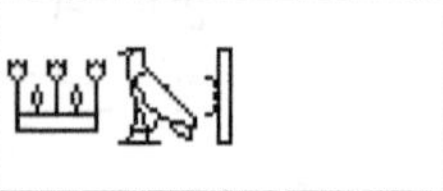	*šâ* (*dì m ìb*): to determine
	*šâbw* (*sḫk*): meal
	*šâšâyt* (*ḥtyt*; *ḫḫ*): throat
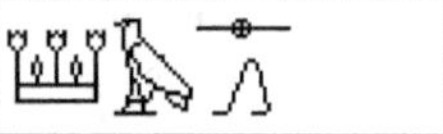	*šâz* (*šmy*): to go
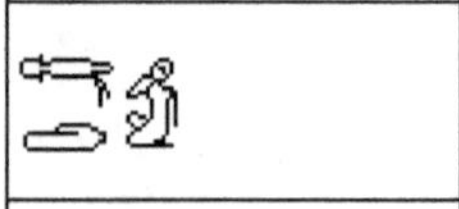	*šdì* (*āš*): to read (aloud)
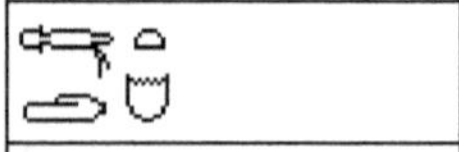	*šdt* (*hnmt*): waterwell
	*šmāy*: male singer *šmāyt*: female singer
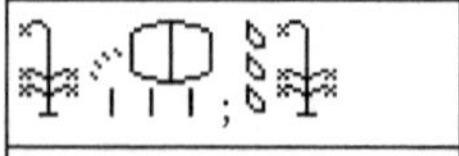	*šmāì*: barley (southern)
	*šmy* (*šâz*): to go
	*šmy ìy*: to come and go
	*šn* (*ḫt*; *ìmâ*; *šâ*): tree

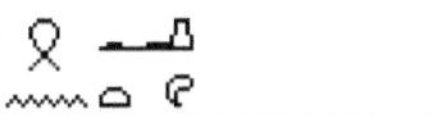	*šnāt*: elbow
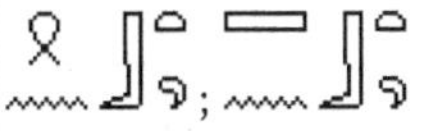	*šnbt*: breast
	*šnì* (*wšd*; *nmā*): to question
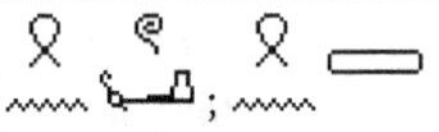	*šnì* (*ìnḥ*): to surround
	*šnty*: heron
	*šnw* ('that which encircles'; *mnš*): cartouche (up to ca. 1350 BCE)
	*šnw* (*āḥ*; *ḥb*; *ìâdt*; *ìbt*; *ìḥ*): net
	*šnw* (*sḫtḫt*): inquiry
	*šnw* (*tḥnw*; *wìât*; *ḫâyt*; *ìnd*): sickness
	*šnwt*: granary
	*šnwyt* (*ḫndš*): orchard
	*šs*: linen
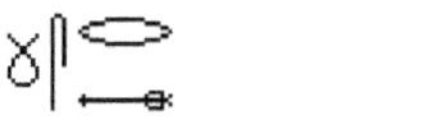	*šsr* (*zwnt*): arrow
	*šsr*: to utter
	*šw*: dry
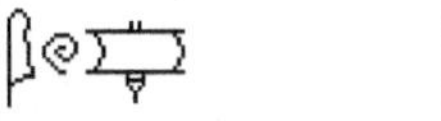	*šw* (*ŧâw*; *ìgbw*; *ìsnn*; *ìtm*; *mâ*; *nfw*; *nnây*): air
	*šwt* (*ḫâybt*): shadow
	*šwt*: shade
	*šzr* (*lwsâ*; *ns*; *rwsâ*): tongue

 : *t*

	*tâ* (*ḫm*; *rkḥ*): hot
	*tâš* (*ìđr*; *nđ*): boundary *tâš* (*wb*; *đr*): border *tâš* (*wb*; *đr*; *ìđr*; *nđ*): limit
	*tf*: that
	*tfn* (*psg*; *pzg*): to spit
	*tfn* (*nmḥw*): orphan

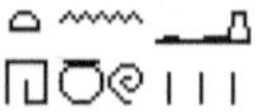	*tḥnw* (*wìât*; *ḫâyt*; *ìnd*; *šnw*): sickness
	*tḫn*: obelisk
	*tḫn* (*tḫy*; *hâbw*; *hâby*): ibis
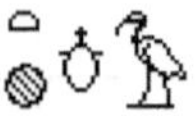	*tḫy* (*hâbw*; *hâby*; *tḫn*): ibis
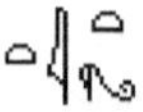	*tìt*: sign; shape; form; hieroglyph
	*tm*: to be complete
	*tmw* (*pāt*): humankind
	*tn* (*tny*; *ŧn*; *ŧni*): where?
	*tnw* (*ŧnw*; *āḥā*; *rḫt*): number
	*tnwt* (*ŧnwt*; *āḥā*; *bḫt*): quantity
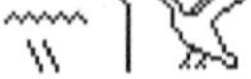	*tny* (*ŧn*; *ŧni*; *tn*): where?
	*twt* (*ħnty*): statue
	*twt* (*nfr*): beautiful

	*ty* (*wy*; *y*; *sny*: dual [fem.])
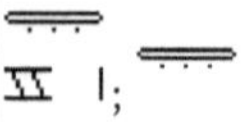	*tâ*: land *tâ* (*gbb*): earth
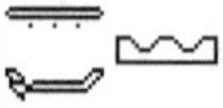	*tâ-đsr*: cemetery
	*tḫn* (*ŧḥn*; *âḫ*; *ìrr*; *pāpā*; *psđ*): to shine
	*tḫn*: obelisk
	*tìms* (*smìt*): charge
	*tìsw* (*nbâ*): stick
	*tp* (*đâđâ*): head
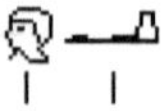	*tp-ā* (*r-ḥāt*): before
	*tp-ḥr* (*nb*): master
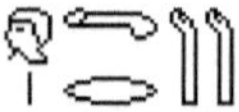	*tp-mtr*: precision
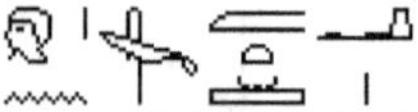	*tp-n-sšmt-ā*: specification
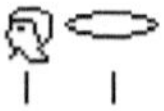	*tp-r* (*ḫn*): utterance
	*tp-r* (*mdw*; *pr*; *r*): speech
	*tp-rd* (*ḥqâ*): regulation

	*tp-rd-hpw*: legal process
	*tpy*: first

: *ŧ*

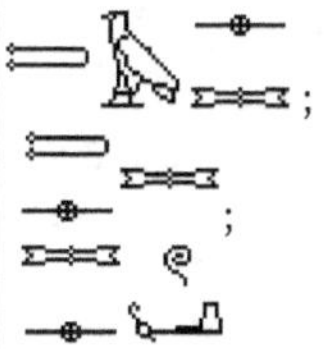	*ŧâz* (*wāf*; *ḥtr*; *mr*; *qâs*): to bind
	*ŧbw* (a measure)
	*ŧḥn* (*âḫ*; *ìrr*; *pāpā*; *psđ*; *tḥn*): to shine
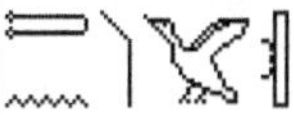	*ŧn* (*ŧni*; *tn*; *tny*): where?
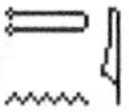	*ŧnì* (*tn*; *tny*; *ŧn*): where?
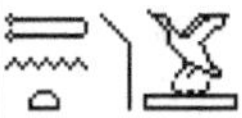	*ŧnt*: difference
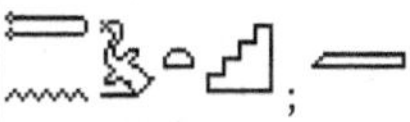	*ŧnŧât*: platform
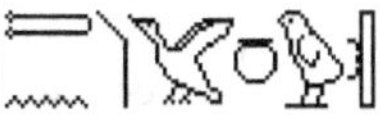	*ŧnw* (*āḥā*; *rḫt*; *tnw*): number
	*ŧnwt* (*āḥā*; *bḫt*; *tnwt*): quantity
	*ŧwfy* (*wâđ*; *mnḥ*): papyrus

	*ŧâty*: vizier
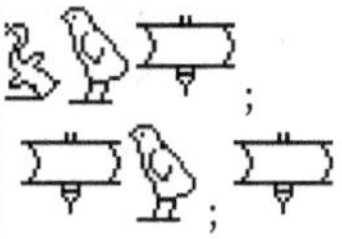	*ŧâw* (*ìgbw*; *ìs*; *ìsnn*; *ìtm*; *mâ*; *nft*; *nfw*; *nnây*): wind *ŧâw* (*ìgbw*; *ìsnn*; *ìtm*; *mâ*; *nfw*; *nnây*; *šw*): air *ŧâw* (*ìs*; *mâ*; *nft*; *nfw*; *nnây*; *nyfât*): breath
	*ŧâw* (*ŧây*; *mt*): male
	*ŧây* (*mt*; *ŧâw*): male
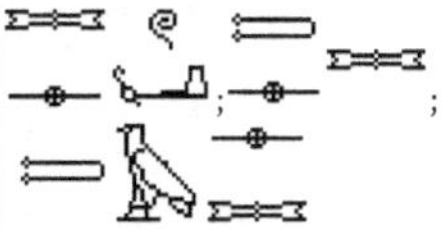	*ŧâz* (*wāf*; *ḥtr*; *mr*; *qâs*): to bind
	*ŧnŧât*: platform
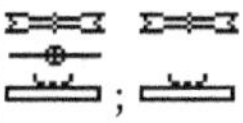	*ŧz*: affirmation; sentence; statement *ŧz* (*ntā*): formula
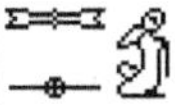	*ŧz* (*mdt*; *pr*): word
	*ŧzw*: disposer

 ;  (and ): *w*

	*w* (plural)
	*w* (*wārt*): district
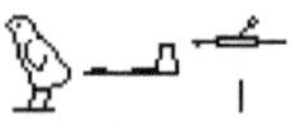	*wā* (*mābâ*): harpoon
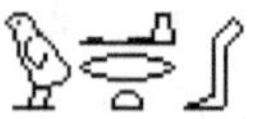	*wārt*: leg
	*wārt* (*w*): district
	*wāw* (*mâty*; *mšā*; *qn*): soldier
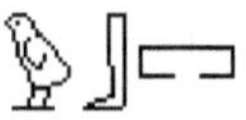	*wb* (*đr*; *tâš*): border *wb* (*đr*; *ìđr*; *nđ*; *tâš*): limit
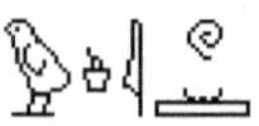	*wbì* (*ḫft*; *r-āqâ*; *r-ḫft*): opposite
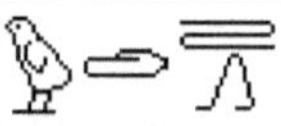	*wdb*: to change
	*wđā* (*ìwì*; *mđḥ*): to cut
	*wđā mdw* (*wpì*): to judge

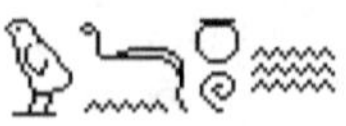	*wđnw* (*bāḥw*; *ḥây*; *ḥāpy*): inundation
	*wfâ* (*zmâ*): lung
	*wḥwt*: tribe
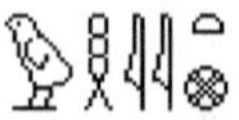	*wḥyt*: village
	*wìât* (*ḫâyt*; *ìnd*; *šnw*; *tḥnw*): sickness
	*wsḫ*: wide
	*wsḫt*: barge
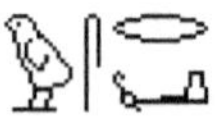	*wsr* (*nḫt*): strong *wsr* (*sḫm*): powerful
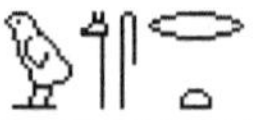	*wsrt* (*nḫtt*): strength
	*wšâw* (*kkw*; *knḥw*; *knmt*; *nfy*): darkness
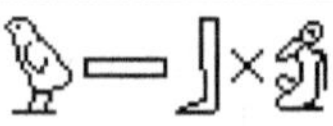	*wšb*: to answer
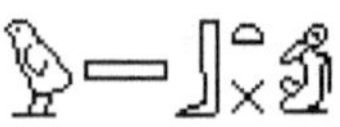	*wšbt*: speech in defence
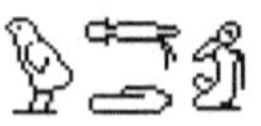	*wšd* (*nmā*; *šnì*): to question

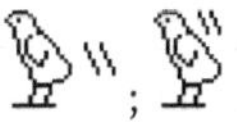	*wy* (*mì mā*): how *wy* (*y*; *sny*; *ty*: dual [masc.])
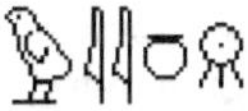	*wyn* (*ḥâyt*; *mâwt*): light
	*wâ*: far
	*wââ* (*ḫmt*; *mâwt*; *nkâ*): to think
	*wâđ* (*mnḥ*; *ŧwfy*): papyrus
	*wânb* (*bḥḥ*; *ḥn*; *sm*): plant
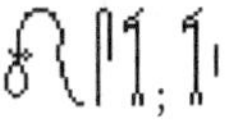	*wâs*: staff (or 'was' sceptre)
	*wâs*: ruin
	*wâš*: exalted
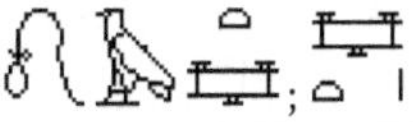	*wât* (*ḥrt*): road
	*wât* (*ḫt*; *nfr*; *rāy*; *sđt*): fire
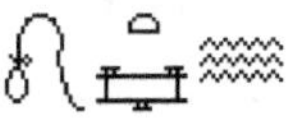	*wât-mw* (*ìtrw-mr*; *nḫry*): water-course

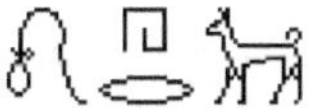	*whr*: dog
	*wâđ* (*mnḥ*; *ŧwfy*): papyrus
	*wâđ* (*nḫ*; *rnpy*): young
	*wâđ-wr* (*ym*): sea
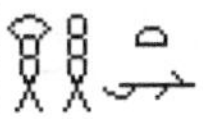	*wâḥt* (*mdw*): staff
	*wâḥw* (*ānḫ*): garland
	*wâs*: dominion *wâs* (*âḫw*; *bâw*; *nŧr*): power
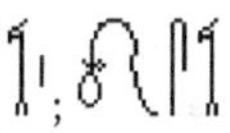	*wâs*: staff (or 'was' sceptre)
	*wâs*: ruin
	*wât* (*ḥrt*): road
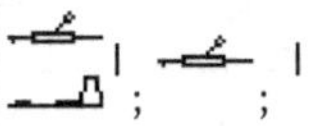	*wā*: one; 1
	*wāb*: pure
	*wāf* (*ḥtr*; *mr*; *qâs*; *ŧâz*): to bind

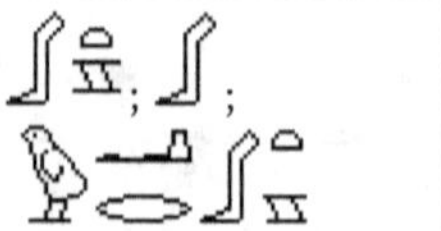	*wārt* (*w*): district
	*wāty* (*ānẖt*): goat
	*wbâ* (*wdpw*): cupbearer
	*wdpw* (*wbâ*): cupbearer
	*wđ*: inscription
	*wđ*: to decree
	*wđ* (*ābâ*; *āḥāw*): stele
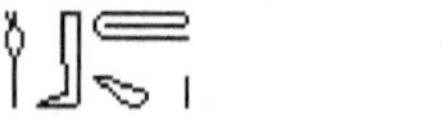	*wđb*: shore
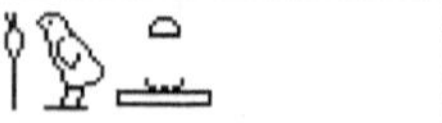	*wđt* (*wpwt*): command
	*wḥā*: to interpret
	*wḥā*: fisher
	*wḥmw*: herald
	*wn-ḥr* (*ānẖ*; *mâw-ḥr*): mirror
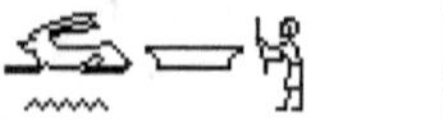	*wn-ḥr*: expert

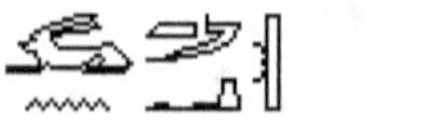	*wn-mâā*: reality
	*wnb* (*ānẖ*; *ḥrrt*): flower
	*wnđwt* (*ḥnmmt*): humanity
	*wnmw* (*đfâw*): food
	*wnn* (*pâ*): to be; to exist
	*wnnt*: being
	*wnntt* (*ntt*): that which is
	*wnnw*: person
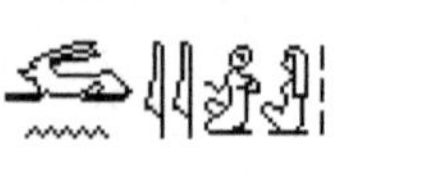	*wnny* (*ḥrw*; *rẖyt*; *rmŧ*): people
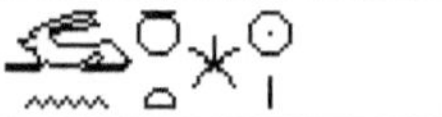	*wnwt*: hour
	*wpì* (*đzì*; *pzš*; *št*): to divide *wpì* (*wđā mdw*): to judge
	*wpp* (*sâb*): judge
	*wpt-rnpt*: New Year's Day

	*wpwt*: message *wpwt* (*wđt*): command
	*wpwt*: message *wpwt* (*rḫt*; *sât*): knowledge
	*wpwt* (*āšât*): multitude
	*wpwty* (*hbw*): messenger
	*wr* (*āâ*): big; great *wr* (*āât*): greatness
	*wrd* (*ḥtp*): to rest
	*wrdt*: rest; immobility
	*wrḥ* (*ānd*; *ānḫ*): unguent
	*wrmwt* (*đâđâ pr*; *hât*): roof
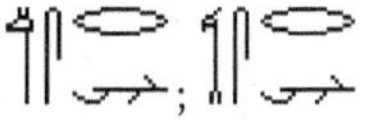	*wsr* (*ḥìpt*; *māwḥ*): oar
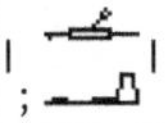	*wā*: 1; one

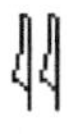 : y

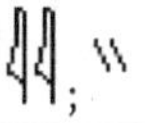	*y* (*sny*; *wy*: dual)
	*ym* (*wâđ-wr*): sea

 : z

('s' in the Middle Kingdom)

	*z* (*rmṯ*): man
	*zāḥw*: spiritual body
	*zḫm*: sistrum
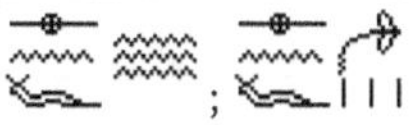	*znf* (*dšrw*): blood
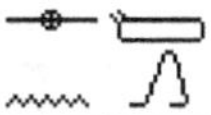	*znì*: to pass
	*znmw* (*ìgâp*): rainstorm
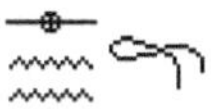	*znn* (*ā*; *ānḫ*; *šāt*): document
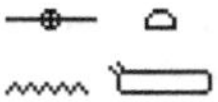	*znt* (*znty*; *mitt*; *snn*): likeness
	*zntt* (*ħrw*; *sntt*): foundation *zntt* (*kât*; *sḫr*; *sn*; *sntt*): plan (ground-)
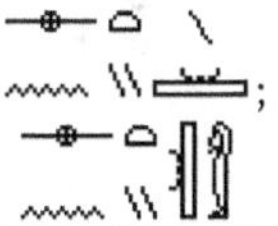	*znty* (*mitt*; *snn*; *znt*): likeness

	*znw* (*mââ*; *nwâ*): to see
	*zp* (*mdt*): matter (case)
	*zr*: ram
	*zrì*: sheep
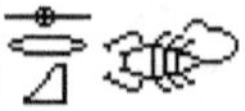	*zrq* (*đârt*): scorpion
	*zrt*: ewe
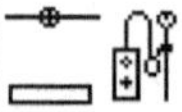	*zš* (*ān*; *zḫâ*): to write
	*zšâ*: wise
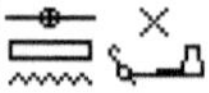	*zšnì*: to weave
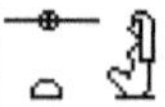	*zt* (*ḥmt*): woman
	*ztnw*: distinguishing attributes; distinguishing qualities
	*zwnt* (*šsr*): arrow
	*zâ* (*ānḫ*): amulet
	*zâ* (*āmì*; *rḫ*; *swn*): to know
	*zḫâ* (*zš*; *ān*): to write

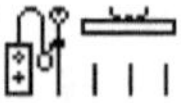	*zḫâ* (*drf*): writing
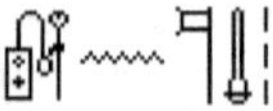	*zḫâ n mdw ntr*: hieroglyphic script
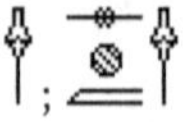	*zḫm*: sistrum
	*zmâ* (*wfâ*): lung
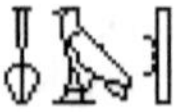	*zmâ*: to join
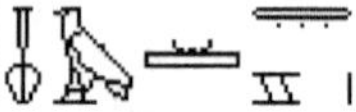	*zmâ-tâ*: to land
	*zš* (*ānw*): scribe
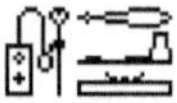	*zš āâ*: chief scribe
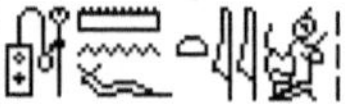	*zš mnfty*: army scribe
	zš nswt: see under *nswt* \ *zš*, 
	*zš sḥmt*: female scribe
	*zš sḥwypâ*: recruiting scribe

AKKADIAN-ENGLISH

Akkadian writing signs were borrowed from Sumerian cuneiform signs after they had been transformed from logograms. The Sumerian system was mainly based on monosyllabic ideograms and did not have enough signs to loan to the Akkadian language. Akkadian scribes ended up by dividing some of their words into syllables and by writing them using the Sumerian cuneiform ideograms as syllabograms, so that the two types of Akkadian writing, ideographic and syllabographic, are found. Transcriptions reflecting early and late Akkadian endings as *u* and *um* have been standardized. Assyrian and Babylonian are later forms of Akkadian and their cuneiforms have many variants depending on scribes, regions, and epochs. The first part of this glossary (1.) offers an example of the streamling of the Sumerian signs by the Akkakian scribes. The second part (2.) is an index of transcribed Akkadian words and terms providing their sign numbers listed as entries in the Akkadian cuneiform section that follows, or providing English equivalents for unattested cuneiform compositions. The Akkadian cuneiform of Part 3. has three columns: the sign numbers (based on shape), the cuneiform signs, and in most cases, their original Sumerian sign names followed by the Akkadian and English words. The sign numbers and names are based on Deimel's arrangement by shape (horizontal, slanted, and vertical) and on the Miller-and-Shipp numbering system. Part 4 lists the Akkadian entries by their Sumerian sign names. Most cuneiform compositions are the author's reconstructions for illustrative purposes. Non-classical variant signs have their numbers with a V-subscript; homonyms have separate entries; synonyms are in the English index, under their English equivalents. The third part entries (4.) are sign names borrowed from Sumerian and may offer an insight in the connotations of certain concepts. Main sources: Deimel; Gelb et al.; Huehnergard, *Grammar*; King; Lauffenburger; Miller and Shipp.

1. The Streamlining Of Mesopotamian Writing Signs

spoken	SUMERIAN written 3300 BCE	2800 BCE	SUMERIAN and AKKADIAN 2300 BCE	Babylonian AKKADIAN 1800 BCE	Classical (& Assyrian) AKKADIAN 800 BCE	Sign Name	Spoken Akkadian	English Meaning
líl	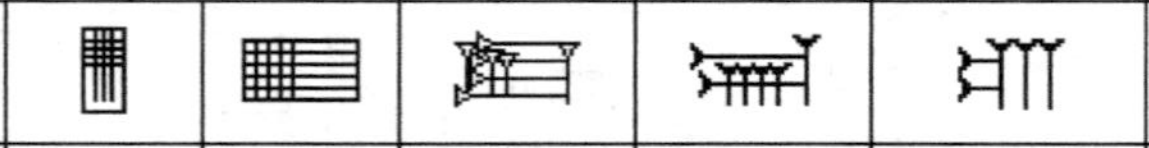					(*LIL*$_2$)	*lilū*	air
šár	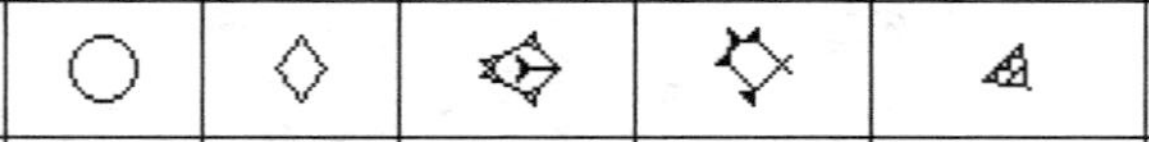					(*ŠAR*$_2$)	*kullatu*	all
anše	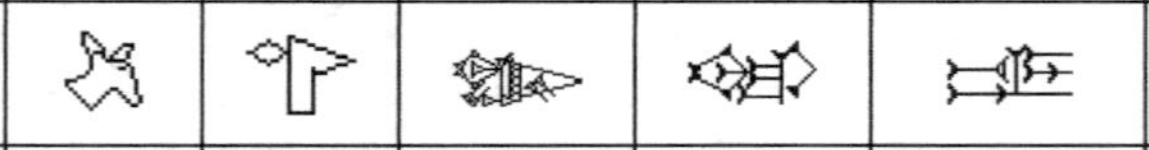					(*ANŠE*)	*imēru*	ass
mušen	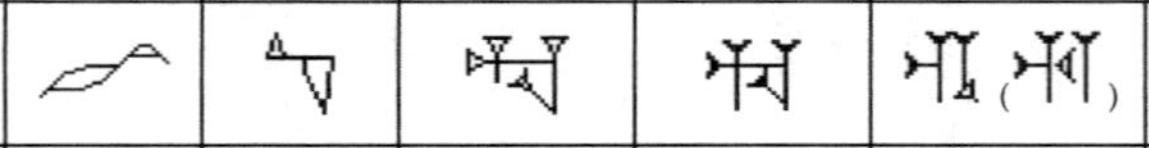					(*ḪU*)	*iṣṣūru*	bird
uru	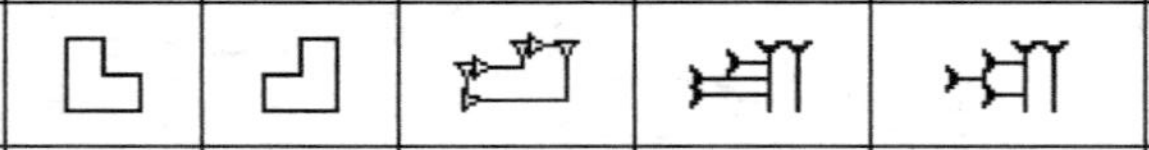					(*URU*)	*ālu*	city
áb	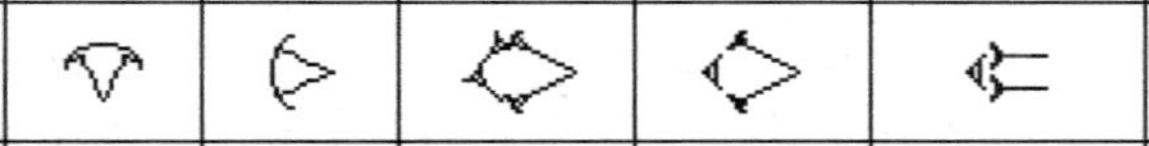					(*AB*$_2$)	*lītu*	cow
ur	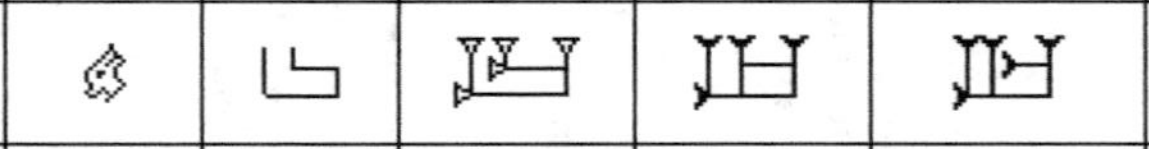					(*UR*)	*kalbu*	dog
ki	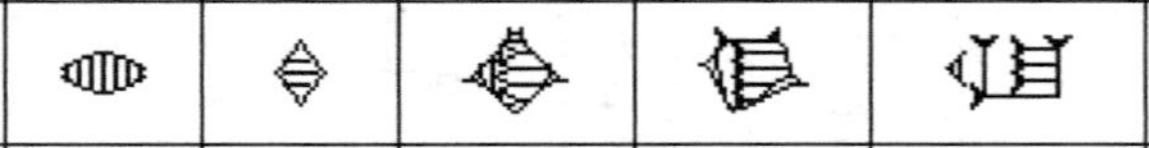					(*KI*)	*erṣetu*	earth
izi	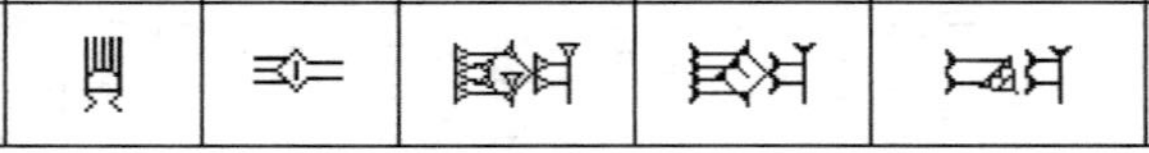					(*NE*)	*išātu*	fire

kŭ	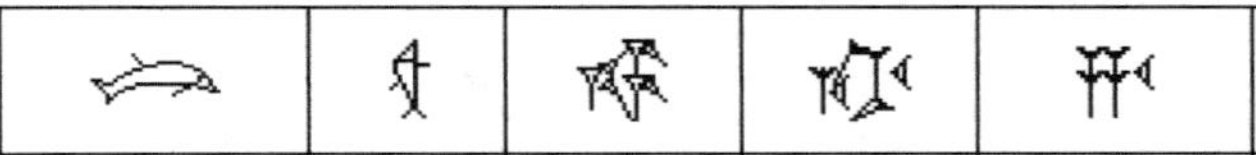	(KU_6)	*nūnu*	fish
sar	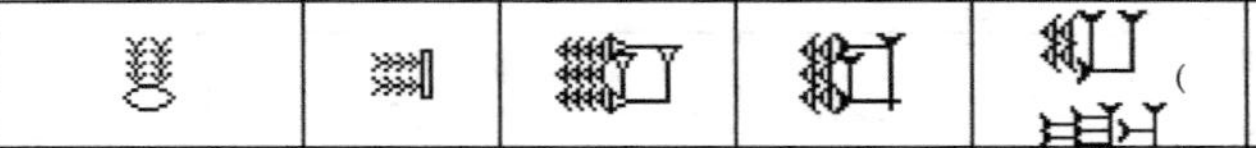	(*SAR*)	*musarū*	garden
dingir		(*AN*)	*ilu*	god
še		(*ŠE*)	*šeu*	grain
šà		$(ŠA_3)$	*libbu*	heart
lú		(LU_2)	*awīlu*	man
ka; inim		(*KA*)	*pū; awātu*	mouth; word
mu	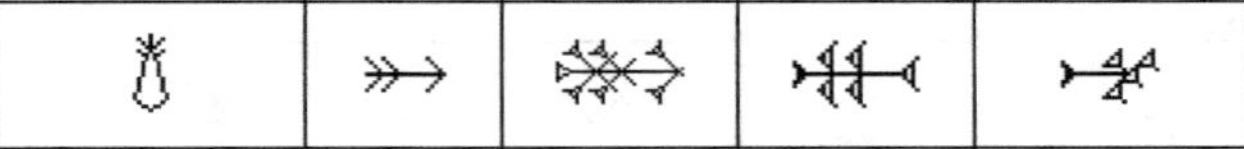	(*MU*)	*šumu*	name
me	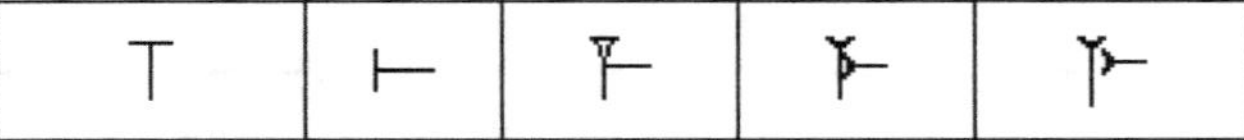	(*ME*)	*parṣu*	norm
diš	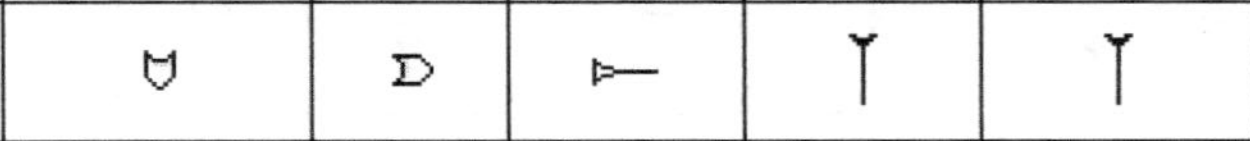	(*DIŠ*)	*ištēn*	1
gud	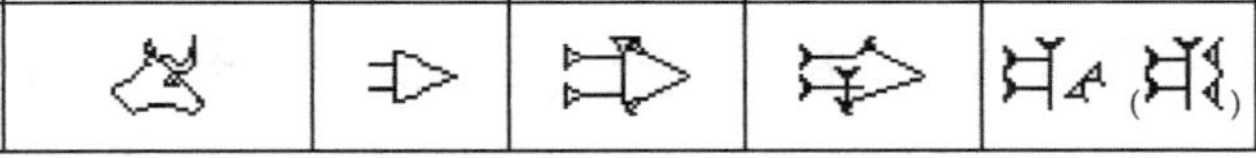	(*GUD*)	*alpu*	ox

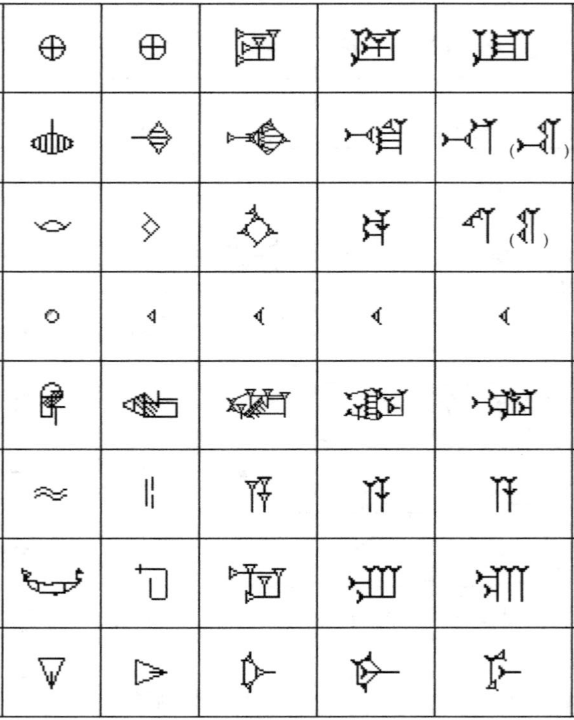

udu						(*LU*)	*immeru*	sheep
na						(*NA*)	*narū*	stele
utu						(*UD*)	*šamšu*	sun
u						(*U*)	*ešru*	10
eme						(*EME*)	*lišānu*	tongue
a						(*A*)	*mū*	water
má						(*MA*$_2$)	*elippu*	watercraft
mí						(*SAL*)	*sinništu*	woman

2. Akkadian Entries by Transcription and Sign Number

abkallu: 087.532
abnu: 128.075; 229
abu: 145; 579.371
adānu: 381.015.319
aḫātu: 554.331; 556
aḫiātu: outskirts
aḫū: 060; 074
aḫu: 060; 331; 579.078; 579.078$_v$
akālu: 597
akītu: 334.461.334
alaktu: 579.206
alāku: 206
ali: where?
alpu: 297; 297$_v$; 298.371
ālu: 038
amāru: 449.167
amāru: 449; 449.481
amēl urqi: 330.075.296.331e
ammatu: why?
amtu: 558
amurru: 399.307.058
ana-mīnim: why?
andullu: 013.329
anšūtu: weakness
anūnu: fear
apālu: 579.295.537; 326
apsū: 6a
aqrabu: 010.124; 097.328.371
araḫū: 579.206.396
arḫu: 420; 451.078
artu: 295
ašar: if
ašaridu: first
ašnan: 367.375
ašru: 461
assammū: 013.586.170
aššu: related to
aššum: because
asu: 131
asū: 330.579.006; 579.006
atā: why?
atmū: 142
ātū: 231.167; 330.231.167
awātu: 015; 579.342.058
awīltu; *sinništu*: 554
awīlu: 330
awīlūtu: 079.330.049'.537
ayyaka: how?
ayyānu: where?
ayyīšamma: somewhere
bā'iru: 330.354.589; 332.589; 354.589
bābu: 005.579.371; 133
bakū: 579.449
balāt: without
balāṭu: 005.055.457; 073; 079.073
balāṭu: 073; 073.055; 465
balu: without
banū: 005.075.411; 097; 230
banū: 126
barū: 449.105
bašū: 080; 080$_v$
bēltu: 350$_v$; 556
bēlu: 069.308.537; 099
bēlūtu: lordship
birku: 211; 396
biššūru: 554.055
bīt ṭuppi: 324.138.005
bītu: 214.142.058; 324
būlu: 076.208
būrtu: 511
būru: 371.068$_v$; 437
bušū: 597.354
bušū: 597.545
dabābu: 015
dabābu: 015.015; 214
dagālu: to belong to
daltu: 080; 296.080
damiqtu: 126
damqu: 126; 454
damqu: expert
damu: 081
danānu: 322
dannu: 322; 335.565
dannu: stable
dappurtu: absence
dayyānu: 457.12
diānu: 457.12
dibbātu: agreement
dimmu-ša elippi: 296.094.122
dimtu: 366
dintu: 579
dišpu: 109; 480.371
ekallu: 324.343
ekia: where?
ekletu: 427b
ekū: orphan
ekurru: 324.366
elat šamē: 013.295
eli: 412
elippu: 122; 296.122
eliš: 013.139
ellu: 468; 564
elū: 013.139; 433
emesallu: female speech
emmu: 172
emū: 073
emūku: 334
emūqu: 334.322
enšu: 144; 592
enū: 009
enūma: 381$_v$
enzu: 122b
epēšu: 230
epēšu: 308.400.354
epinnu: 296.056
epištu: 230
epuštu: 230.230.214
eqlu: 579.384; 579.384$_v$; 579.384$_v$.319
erbu: 232.371
erēb šamši: 013.381.545.579
erēnu: 296.541; 541
erištu: 406
erṣet lātāri: 366.075.326.579
erṣetu: 232.147.058; 461

erū: 308.068.411; 334a.078
eṣāru: 401
eṣemtu: 108; 230; 308.147.399.058; 444.469.206
ešēru: 112.457
eṣēru: 401
ešru: 411
eššu: 173; 472.354
etellu: 325.080$_{v}$
ewū: 073; 308.383; 308.383$_{v}$
gamāru: 069
ganūnu: granary
gapšu: 057
gimmuššu: 296.085.374
gimru: 069
girru: 166
girru: 296.074
gišḫaššu: mace
gišimmaru: 296.356; 356; 356$_{v}$
ḫabubītu: 589.371.214.308.058
ḫarrānu: 166; 166.461; 401.328.075
ḫasāsu: 383
ḫašū: 401
ḫaṭṭu: 295; 296.295; 296.597.295; 597.295
ḫepū: 192
ḫepū: split
ḫilibū: 396.059.005
ḫurāṣu: 085; 468.085
ḫurḫudu: throat
ḫuršānu: 401.115
ḫuṭāru: 296.295
ibru: 536.059
idū: 006
idu: 142.206; 334
ikkaru: 330.056
iltu: goddess
ilu: 013; 142.537
ilūtu: divinity
imēru: 142.532.068$_{v}$; 208
imḫullu: 399.456
immertu: ewe
immeru: 399.532.068$_{v}$; 537
immu: document
imnu: 084; 084.335; 399.075; 470
imsuḫḫu: 399.569
imtu: 017
ina pūt: contrary
īnu: 142.075; 449
irtu: 167; 171.167
išāru: 211
išātu: 142.597.058; 172
išdu: 201$_{v}$
išid šamē: horizon
isiḫtu: duty
iššakku: mayor
iṣṣūru: 078; 078$_{v}$; 296.006.068
ištānu: 112.457
ištēn: 480
iṣu: 142.555; 296
išū: 574
italluku: 206.206; 206a
ittu: 452a
izuzzu: 206
kabālu: to immobilize
kabattu: mind
kakkabu: 129a; 230.015.371
kakku: 296.536
kalbu: 575
kalū: 015.537.411; 230
kānu: 085.070$_{v}$
kapru: village
karābu: 026; 438
karpatu: 309; 309$_{v}$
karṣu: 032.592.319$_{v}$
karū: granary
kāru: quay
karu: town
karūbu: honoured person
kašādu: 015.353.206
kī: how?
kiaiš raplusu: to legitimate
kīam: 070.170
kīma: 440
kīnu: 206
kīnu: quality
kirū: 296.331e
kišādu: 106
kisallu: 249
kisbu: path
kišpu: 017
kisru: meteor
kiššatu: 396; 425; 545
kīttu: 012.457
kīttu: 084
kīttu: 597.085.070$_{v}$
kitū: 090; 536.090
kizzu: 076.006
kudurru: 096; 597.206
kullatu: 108; 396
kunukku: 229.314; 314
kurību: cherub; composite figure
kurkū: 366.326; 366.536.411
kurumattu: 469; 597
kussū: 001.376; 296.001.376; 296.559$_{v}$.586; 559$_{v}$.586
kūṣu: 099.376.070$_{v}$; 103b
kušū: 392
kuzazu: 536.586.006.078
lā: 075
labīru: 069; 455
laḫru: 537.494
lamādu: 006; 055.342.206
lānu: 358
laputtū: overseer
lawū: 529
lemnu: 456
lemuttu: 554.456
li'ū: 006
lī'u: 080
lī'u: 334.080$_{v}$
liātu: bovine

libbu: 355.371; 384; 384_v
libbu: present in
libittu: 567
lilātu: 107; 538.592
lilū: 313
lišānu šumeri: Sumerian (language)
lišānu: 032; 059.353.579.075; 532
lītu: 059.058; 420
lummudu: to teach
mādu: 057; 404
maḫra: before
maḫrāšu: 296.094.343
maḫru: 449
maḫrū: 449
makkumru: 597.319
makkūru: goods
makurru: 122.058
malāḫu: 122.206a; 330.122.206a
manū: to include
maqqaru: chisel
mār šipri: 330.538.326.579; 330.579.538; 579.538
markasu: 104
mārtu: 144.554
māru: 144; 144.211; 579
mašālu: to be similar
maškanu: location
maškittu: altar
mašku: 007; 007_v; 342.001.536
mati: 480
mātu: 312
mātu: 342; 342.335
mātu: 366
maṭū: 481
mātu: country
mazzāzu: location
miḫirtu: opposite
mīlu: 579.322
mīnu: 427.075
minūtu: 314
mīšaru: 597.112.457
mišlu: 074
miṣru: 101; 332
mū: 061.318; 579; 579.533
mū: being
mū: cosmic order
mū: divine decree
mudūtu: knowledge
mukīl babim: doorkeeper
murṣu: 446; 446_v
muṣa ' irānu: frog
musarū: 061.331e.328
musarū: 331e
mūsaru: seat
mūšu: 427
mūtu: 069; 079.069
nabaṭu: to shine
nabū: 015.338; 214
nabū: 082
nadānu: 164
nādu: 399.574
nāgiru: herald
naḫlu: 070_v.398.537
nāḫu: 536
nakāru: 060
nakiru: 060; 330.060
nakru: 060
nalbašu: 536
nalšu: dew
nanzazu: position
napḫaru: 106; 529
napištu: 070.346.058; 070_v.346.058; 084
napištu: person
naptanu: 349; 597.206
nāqidu: 070.090; 330.070.090
nāqidu: shepherd
narāmu: 461.183
narkabtu: 296.486
narū: 070.230.579; 229.070.230.579
narū: 070; 070_v
nāru: 070_v.579.068_v; 334.335; 579d
nāru: 330.355; 355
našpartu: message
našparu: 070_v.001.381_v
našru: 334.078_v
našū: 320; 320_v
naṭālu: 449; 449.074
nawirtu: 393_v
nawirtu: bright
nazāzu: 206
nebū: to shine
nēḫtu: 103b; 172.589
nēmequ: 079.468.006
nibītu: name
nikkassu: 597.015
niši dišatu: multitude
nīšu: 061; 079.073
nišū: 312; 312.533
nitlu: opinion
nūbtu: 075.306.207; 433.109
nukarippu: 075.331e; 330.075.331e
nukurtu: 554.060
numātu: utensil
nūnu: 075.318.075; 589
nūru: 071; 172.597; 393_v
padānu: 444
paḫātu: 079; 330.079
palgu: 060c
pānu: 115; 449
pānū: 449
parakku: 344
parāsu: 012
parru: 296.280
parṣu: 295.013
parṣu: 295.151
parṣu: 532
parṣu: divine decree
parzillu: 013.074
pāṭu: 332; 332_v
peṣū: 381; 381_v
pesū: bright
petū: 069; 383_v.058.411
piḫātu: 079
pīlū: 394_v
pir'u: 394; 394_v
pīru: 170.112

pītū: 231.167; 330.231.167
pū: 015
pūgu: net
puḫādu: 076; 371.589.206
puḫur: 040
puluḫtu: 399
pulungu: 096
qablu: 337
qabū: 015; 015.319$_v$
qālu: 532
qanū: 062.075.318; 085
qaqqadu: 115.206
qarnu elippi: 296.112.122
qarrādu: 575.115
qarrādūtu: heroism
qaṣāru: 152; 481
qāštū: 062.339.381$_v$; 296.439; 439
qāšu: 005
qatnu: 592
qātu: 354
qibītu: 015
qūlu: 532
qūlu: 597.532.597
qurqurru: 132.560
rabiānu: mayor
rābisu: superintendent
rabū: 328.371.411; 343
rādu: 579.597
raḫṣu: 086$_v$
rakāšu: 152; 481
rāmtu: 183; 461.183
rāmu: 183; 461.183
rapšu: 237
rē΄ū: 295m; 330.295m
rēdū: 347.211
rēšu: 086.354; 086$_v$.308.545; 115
riḫiṣtu: 328
riksu: 015.152; 108; 152
rīmu: 170
rīqu: resin
rittu: 314; 314.481
rubātu: princess
rubū: 087
rubū: 087; 330.087
rūqu: 373
ruššū: 402
rūtu: 392$_v$
ṣābu: 330.393; 330.393$_v$; 393; 393$_v$
ṣaddu: sign
šadū: 104.058; 366; 401.115
šadū: 366.318
sagū: 332
saḫāru: 529
saḫāru: 529
sākinu: 330.597
sakkū: 115.461
šalamtu: 330b
šalāmu: 457
šalāmu: 457; 457$_v$
salīmu: 457
šallatu: 079.328.097
ṣalmu: 358
ṣalmu: 427
ṣalmu: darkness
šalšu : 571
šālu: 012; 059.012; 353.579.537
šamallū: assistant
šamānū: 598d; 598d'
šammu: 318
šamšu: 381; 381$_v$
šamū: 013
šāmu: 187; 353.579.061
šanānu: 457; 457$_v$
sanāqu: question
šangū: 314; 324.074; 330.314
šanū: 060
šanū: 471
šanū: different
šanū: to tell
šapāru: 538
šāpiru: 295
šaplū: 461.139; 592
šappu: 295k; 309$_v$.295k
šaptu: 015.104; 018; 295k.058
šaptu: 018
šāqū: cupbearer
šarratu: 350$_v$; 556
šarru: 151; 471; 593a
šarrūtu: 079.151
šāru: 353.579.068$_v$; 399
šāru: 396
šaṭāru: 331e
šattu: 061; 061.013.070$_v$
šatū: 035
še'u: 367; 367.397
šēbu: 354.085
šēdu: spirit
ṣeḫru: 144
ṣēlu: 073; 147.537
šemū: 296.574
ṣēnu: 494.537.404; 537
šēpu: 444
ṣēru: 013.444
ṣēru: 074; 168
šēru: 367.068$_v$
šētu: 296.104
šeu: 367; 367.411.597.533
šibirru: 296.413; 296.413$_v$
šībūtu: 079.128.005
šikaru: 214
šiknat napišti: 084.080
ṣillu: 296.427; 427
šiltāḫu: 296.230.381$_v$.126.319$_v$
šimetan: 107; 538.592
simmiltu: ladder
šīmtu: 079
simtu: 532.376
simtu: accident; attribute; characteristic
šinā: 449.070$_v$; 570
šīnipu: 572
šinītu: change
sinništu: 554
sinništu; *awīltu*: 554
šinnu: 008.075; 015
sinuntu: 079.078; 112.087.207
siparru: 381.015.074
šipātu: 539
šipru: 538

šiptu: 079.172a
šiqlu: 595
ṣīru: 057; 147.142.068$_v$
ṣīru: 147.068$_v$; 374
šīru: 171
ṣīt šamši:
013.381$_v$.381$_v$.206
šiṭru: writing
ṣītu: 381a$_v$
ṣītu: 381$_v$.381a$_v$
šū: 537.050
ṣubātu: 536
šubtu: 461.536
sudinnu: 007.465.075; 597.535.078
šūdū: to proclaim
sukkalu: 321
šuklulu: to complete
šulmu: 457
ṣulūlu: 013.329
suluppū: 015.565.342
šumēlu: 088; 578a
šumma: 480
summatu:
007.134.342.207; 058.078
šumu: 061; 354.061
šunnū: 060
sūnu: 203
šuplu: depth
surdū: 329.230.078; 329$_v$.230.078$_v$
šurmēnu:
296.354.203.532
surru: heart
šūru: 354.068$_v$
šuškallu: net
šūtu: 049'.537
ṭābu: 335.579.371; 396; 396a$_v$
tamkāru: 557.333
tāmtu: 139.170.058; 579.128.005
tamū: 450
tarbaṣu: stable
tāru: 111
tašna: double
temenu: 376
tērtu: 183; 401.538
tērtu: 401.538
tērtu: direction
tillu: 459a
ṭiṭṭu: 399
ṭūbu: 396a
tulū: 058.537; 319; 319$_v$
ṭuppu: 138; 399; 399.138
ṭupšar ummānim: army scribe
ṭupšarru: 138.331e; 330.138.331e
ṭupšarrūtu: 079.138.331e
ṭupšimtu: 138.079
turāḫu: 100
ṭurru: to weave
u: and
ū: or
ubānu: 354.112
udugu: stick
ugāru: 579.333
ūl(a): or
ullanu: prior
ullu: that
ūmam: today
ummānu: 393; 393$_v$
ummiānu: 134.427.579
ummu: 134.061; 237
ūmu: 381; 381$_v$; 401.061; 318.061
unūtu: utensil
uqnū: 229.586.366; 586.366
uqūpu: ape
urinnu: 318.086.148.078
urpatu: 399a
urpu: 399a
urram: tomorrow
urru: 381; 381$_v$; 381$_v$.335
urū: 554
ušpartu: female weaver
ušparu: 211.074
uššu: 056; 102; 201
ušu: 296.322
ūsu: custom; direction
ušū: ebony
ušumgallu: 343.011; 343.011$_v$
usuratu: norm
uṣurtu: 296.401
uṭṭatu: 367.074
utullu: 420.536
uznu: 372.075; 372$_v$.075; 383; 383$_v$
uzuzzatta: posture
wabālu: 206
waklu: 295
walādu: 455.058
wardu: 050; 050$_v$; 383$_v$.451.206
warḫu: 052; 383$_v$.451.078$_v$
warḫu: 383.451.078
warka: 209; 209$_v$
warkatu: 209; 209$_v$
warki: 209; 209$_v$; 383$_v$.451.461
watū: to find
wēdu: individual
werū: 132
yaraḫḫu: 229.058
zakāru: 061
zakāru: 061; 586.062.068
zamāru: to sing
zaqīqu: soul
zāzu: 005$_v$; 074
zibbatu: 077
zību: 075.134.342.078; 084.142.371
zikaru: 050; 050$_v$; 084.015.001; 211
zikru: 061
zikru: 190.068$_v$
ziqqurratu: 449.324.325
zīru: 456.446; 456.446$_v$
zittu: 002; 589.055
zu'uztu: division
zumbu: 006.134.371; 433
zumru: 007$_v$; 074
zunnu: 399; 579.013
zuqaqīpu: 010.124

3. Akkadian Entries By Sign Number and Late Shapes

001.376; 296.001.376; 296.559_{v}.586; 559_{v}.586	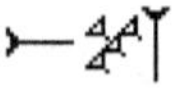	(*AŠ.TE*) *kussū*: throne
002; 589.055		(*ḪAL*) *zittu*: part
005		(*BA*) *qāšu*: to give
005.055.457; 073; 079.073	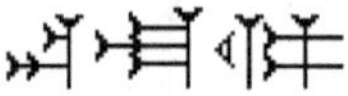	(*BA.LA.ṬI*) *balāṭu*: life
005.075.411; 097; 230	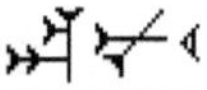	(*BA.NU.U*) *banū*: to build; to make
005.579.371; 133		(*BA.A.BU*) *bābu*: gate
005_{v}; 074		(*BA*) *zāzu*: to divide
006	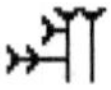	(*ZU*) *idū*: to know *li'ū*: wise
006; 055.342.206	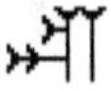	(*ZU*) *lamādu*: to learn
006.134.371; 433	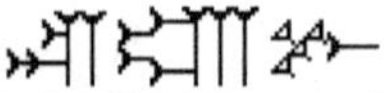	(*ZU.UM.BU*) *zumbu*: fly
006a	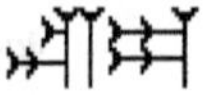	(*ABZU*) *apsū*: the deep; abyss
007; 007_{v}; 342.001.536	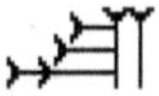	(*KUŠ*) *mašku*: hide; leather; skin
007.134.342.207; 058.078	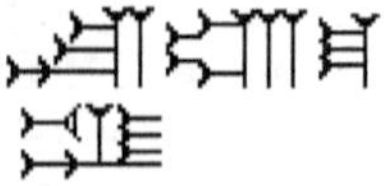	(*SU.UM.MA.TUM*) *summatu*: dove
007.465.075; 597.535.078		(*SU.TIN.NU*) *sudinnu*: bat
007_{v}; 074	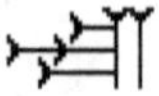	(*SU*) *zumru*: body
007_{v}; 342.001.536; 007	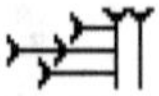	(*KUŠ*) *mašku*: skin; leather; hide
008.075; 015		(*ŠIN.NU*) *šinnu*: tooth
009	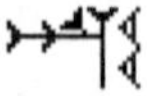	(*BAL*) *enū*: to change
010.124		(*GIR_2.TAB*) *zuqaqīpu*: scorpion

010.124; 097.328.371		(*GIR$_2$.TAB*) *aqrabu*: scorpion
012		(*TAR*) *parāsu*: to divide
012; 059.012; 353.579.537		(*SIL*) *šālu*: to ask; to inquire
012.457	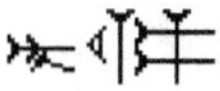	(*KUD.DI*) *kittu*: justice
013	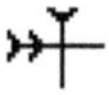	(*AN*) *šamū*: heaven; sky
013; 142.537	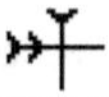	(*DINGIR*) *ilu*: god; deity
013.074	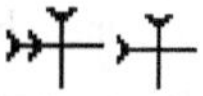	(*AN.BAR*) *parzillu*: iron
013.139; 433	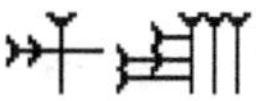	(*AN.TA*) *eliš*; *elū*: high; up; *elū*: upper
013.295	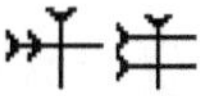	(*AN.PA*) *elat šame*: zenith
013.329	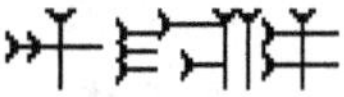	(*AN.DUL$_3$*) *andullu*; *ṣulūlu*: sunshade
013.381$_v$.381$_v$.206	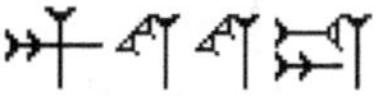	(*AN.U.U.GIN*) *ṣīt šamši*: sunrise
013.381$_v$.545.579	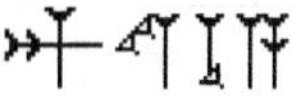	(*AN.U$_4$.ŠU$_2$.A*) *erēb šamši*: sunset
013.444	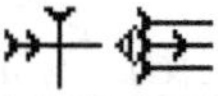	(*AN.GIR$_3$*) *ṣēru*: field
013.586.170	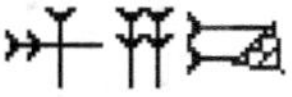	(*AN.ZA.AM*) *assammū*: jug
015	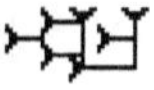	(*KA*) *pū*: mouth; command (*DU$_{11}$*) *dabābu*: speech (*DUG$_4$*) *qibītu*: word
015; 008.075	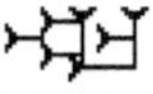	(*ZU$_2$*) *šinnu*: tooth
015; 015.319$_v$	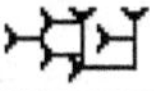	(*DUG$_4$*) *qabū*: to say
015; 579.342.058	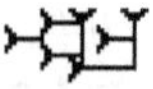	(*INIM*) *awātu*: word; command; matter
015.015; 214	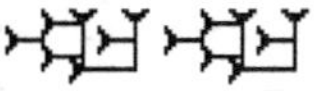	(*DU$_{11}$.DU$_{11}$*) *dabābu*: to speak
015.104; 018; 295k.058	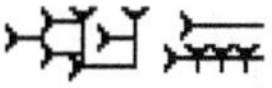	(*KA.SA*) *šaptu*: lip

015.152; 108; 152	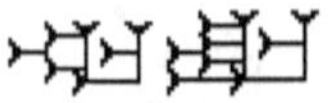	(*KA.KEŠDA*) *riksu*: contract
015.319$_v$; 015		(*DUG*$_4$*.GA*) *qabū*: to say
015.338; 214	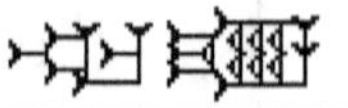	(*GU*$_3$*.DE*$_2$) *nabū*: to call
015.353.206	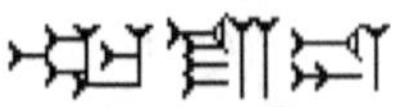	(*KA.ŠA.DU*) *kašādu*: to come
015.537.411; 230	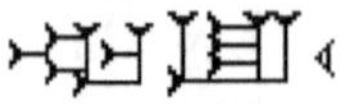	(*KA.LU.U*) *kalū*: all; whole
015.565.342	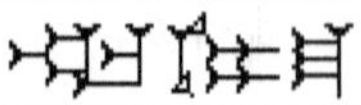	(*ZU*$_2$*.LUM.MA*) *suluppū*: date(s)
017	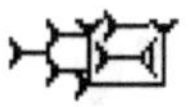	(*UḪ*$_4$) *imtu*: breath (*US*$_{11}$) *kišpu*: magic
018	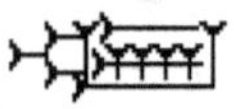	(*NUNDUN*) *šaptu*: opinion
018; 295k.058; 015.104	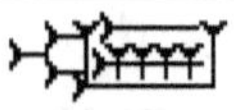	(*NUNDUN*) *šaptu*: lip
026; 438	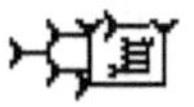	(*ŠUD*$_3$) *karābu*: to utter blessings or prayers
032; 059.353.579.075; 532	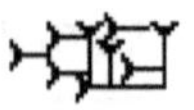	(*EME*) *lišānu*: language; statement; tongue
032.592.319$_v$	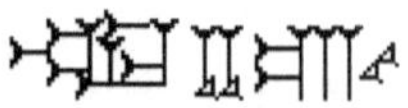	(*EME.SIG.GA*) *karṣu*: charge
035		(*NAG*) *šatū*: to drink
038	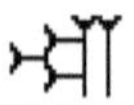	(*URU*) *ālu*: settlement; city
040	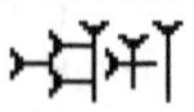	(*UKKIN*) *puḫur*: assembly
049'.537	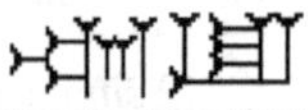	(*U*$_{18}$*.LU*) *šūtu*: South
050; 050$_v$; 084.015.001; 211	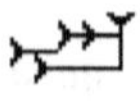	(*NITA*$_2$) *zikaru*: male
050; 050$_v$; 383$_v$.451.206	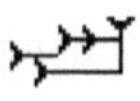	(*IR*$_3$) *wardu*: servant; slave
050$_v$; 084.015.001; 211; 050	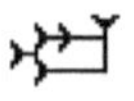	(*NITA*$_2$) *zikaru*: male
050$_v$; 383$_v$.451.206; 050	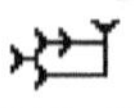	(*IR*$_3$) *wardu*: servant; slave

052; 383_{v}.451.078_{v}	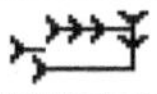	(*ITU*) *warḫu*: month
055.342.206; 006	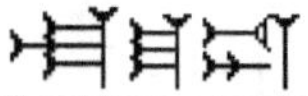	(*LA.MA.DU*) *lamādu*: to learn
056; 102; 201	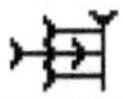	(*APIN*) *uššu*: foundation
057	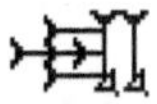	(*MAḪ*) *gapšu*: mighty
057; 147.142.068_{v}	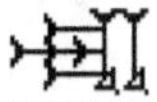	(*MAḪ*) *ṣīru*: exalted
057; 404	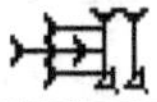	(*MAḪ*) *mādu*: many
058.078; 007.134.342.207	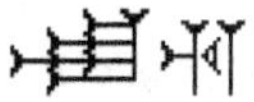	(*TU.MUŠEN*) *summatu*: dove
058.537; 319; 319_{v}	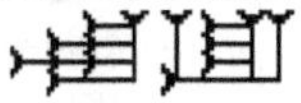	(*TU.LU*) *tulū*: breast
059.012; 353.579.537; 012	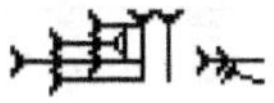	(*LI.SIL*) *šālu*: to inquire; to ask
059.058; 420	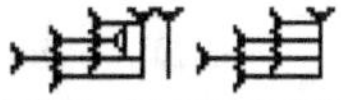	(*LI.TU*) *lītu*: cow
059.353.579.075; 532; 032	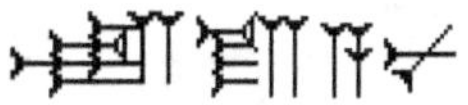	(*LI.ŠA.A.NU*) *lišānu*: statement; tongue; language
060		(*KUR_2*) *nakāru*; *šunnū*: to change *nakru*: hostile *šanū*: to change (oneself)
060; 074		(*KUR_2*) *aḫū*: alien; other
060; 330.060		(*KUR_2*) *nakiru*: enemy
060; 331; 579.078; 579.078_{v}		(*PAP*) *aḫu*: brother
060c	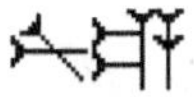	(*PA_5*) *palgu*: canal
061	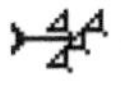	(*MU*) *zakāru*: to name *zikru*: utterance
061; 061.013.070_{v}	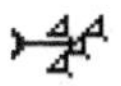	(*MU*) *šattu*: year
061; 079.073	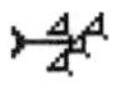	(*MU*) *nīšu*: life
061; 354.061	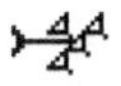	(*MU*) *šumu*: name

061; 586.062.068	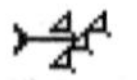	(*MU*) *zakāru*: to speak
061.013.070_v; 061		(*MU.AN.NA*) *šattu*: year
061.318; 579; 579.533	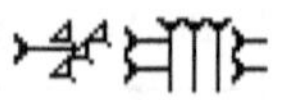	(*MU.U_2*) *mū*: water
061.331e.328	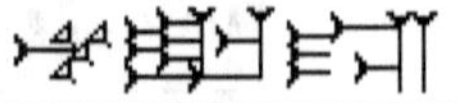	(*MU.SAR.RA*) *musarū*: inscription
062.075.318; 085	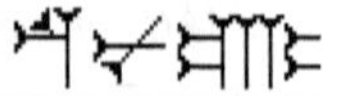	(*QA.NU.U_2*) *qanū*: reed
062.339.381_v; 296.439; 439		(*QA.$AŠ_2$.TU_2*) *qāštū*: bow
069; 455		(*SUN*) *labīru*: old
069		(*TIL*) *gamāru*: to include *gimru*: all; universe
069; 079.069		(*$UŠ_2$*) *mūtu*: death
069; 383_v.058.411		(*BAD*) *petū*: to open
069.308.537; 099	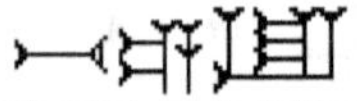	(*BE.E.LU*) *bēlu*: master; lord
070; 070_v		(*NA*) *narū*: boundary stone
070.090; 330.070.090	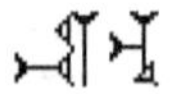	(*NA.GAD*) *nāqidu*: overseer
070.170	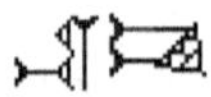	(*NA.AM*) *kīam*: therefore
070.230.579; 229.070.230.579	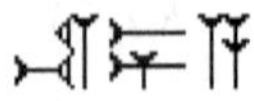	(*NA.RU_2.A*) *narū*: stele
070.346.058; 070_v.346.058; 084	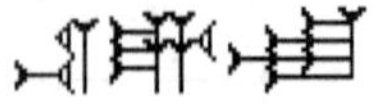	(*NA.PIŠ.TU*) *napištu*: soul; life
070_v; 070	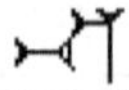	(*NA*) *narū*: boundary stone
070_v.001.381_v	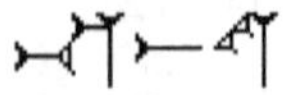	(*NA.AŠ.PAR*) *našparu*: messenger
070_v.346.058; 084; 070.346.058	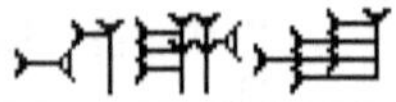	(*NA.PIŠ.TU*) *napištu*: soul; life
070_v.398.537	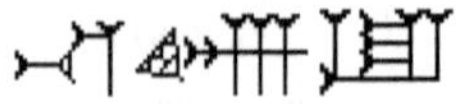	(*NA.UḪ.LU*) *naḫlu*: watercourse

070_v.579.068_v; 334.335; 579d	𒈾𒀀𒊒	(*NA.A.RU*) *nāru*: river; watercourse
071; 172.597; 393_v	𒋓	(*SIR*$_4$) *nūru*: light
073	𒋾	(*TI*) *emū*: to be
073; 073.055; 465	𒋾	(*TI*) *balāṭu*: to live
073; 079.073; 005.055.457	𒋾	(*TI*) *balāṭu*: life
073; 147.537	𒋾	(*TI*) *ṣēlu*: rib
073; 308.383; 308.383_v	𒋾	(*TI*) *ewū*: to become
073.055; 465; 073	𒋾𒆷	(*TI.LA*) *balāṭu*: to live
074	𒈦	(*MAŠ*) *mišlu*: half
074; 005_v	𒁇	(*BAR*) *zāzu*: to divide
074; 007_v	𒁇	(*BAR*) *zumru*: body
074; 060	𒁇	(*BAR*) *aḫū*: other; alien
074; 168	𒁇	(*BAR*) *ṣēru*: desert
075	𒉡	(*NU*) *lā*: not
075.134.342.078; 084.142.371	𒉡𒌝𒈠𒄷	(*NU.UM.MA.MUŠEN*) *zību* ('jackal [bird]'): vulture
075.306.207; 433.109	𒉡𒌒𒌈	(*NU.UB.TUM*) *nūbtu*: honeybee
075.318.075; 589	𒉡𒌑𒉡	(*NU.U*$_2$*.NU*) *nūnu*: fish
075.331e; 330.075.331e	𒉡𒊬	(*NU.SAR*) *nukarippu*: gardener
076; 371.589.206	𒈧	(*MAŠ*$_2$) *puḫādu*: lamb
076.006	𒈧𒍪	(*MAŠ*$_2$*.ZU*) *kizzu*: billy goat
076.208	𒈧𒀲	(*MAŠ*$_2$*.ANŠE*) *būlu*: cattle

077	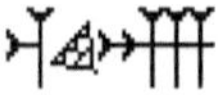	(*KUN*) *zibbatu*: tail
078; 078_v; 296.006.068	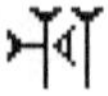	(*MUŠEN*) *iṣṣūru*: bird
078_v; 296.006.068; 078		(*MUŠEN*) *iṣṣūru*: bird
079		(*NAM*) *piḫātu*: province *šīmtu*: destiny; fate
079; 330.079	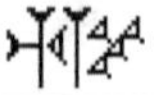	(*NAM*) *paḫātu*: governor
079.069; 069	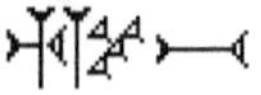	(*NAM.UŠ$_2$*) *mūtu*: death
079.073; 005.055.457; 073	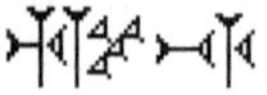	(*NAM.TI*) *balāṭu*: life
079.073; 061	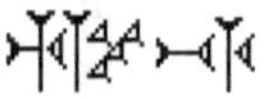	(*NAM.TI*) *nīšu*: life
079.078; 112.087.207	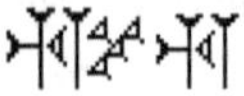	(*SIM.MUŠEN*) *sinuntu*: swallow
079.128.005	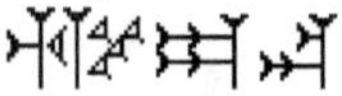	(*NAM.AB.BA*) *šībūtu*: testimony
079.138.331e	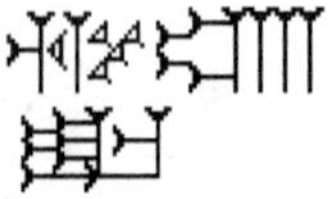	(*NAM.DUB.ŠAR*) *ṭupšarrūtu*: scribal craft
079.151	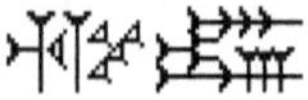	(*NAM.LUGAL*) *šarrūtu*: kingship
079.172a	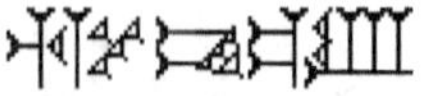	(*NAM.ERIM$_2$*) *šiptu*: oath
079.328.097	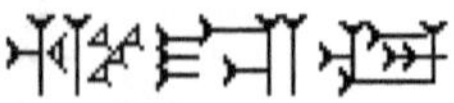	(*NAM.RA.AG*) *šallatu*: prisoner of war
079.330.049'.537	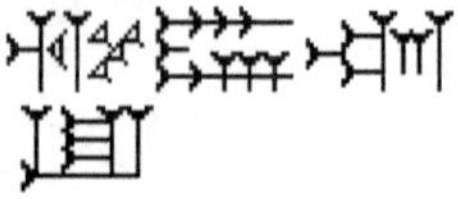	(*NAM.LU$_2$.LU$_7$.LU*) *awīlūtu*: mankind
079.468.006	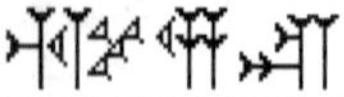	(*NAM.KU$_3$.ZU*) *nēmequ*: wisdom
080	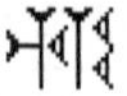	(*GAL$_2$*) *lī'u*: tablet
080; 080_v	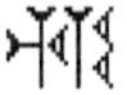	(*GAL$_2$*) *bašū*: to be; to exist

080; 296.080		(*IG*) *daltu*: door
080_v; 080	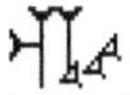	(*GAL*$_2$) *bašū*: to exist; to be
081	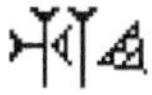	(*MUD*) *damu*: blood
082		(*SA*$_4$) *nabū*: to name; to decree; to proclaim
084		(*ZI*) *kīttu*: law
084; 070.346.058; 070_v.346.058		(*ZI*) *napištu*: life; soul
084; 084.335; 399.075; 470	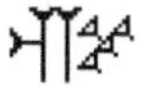	(*ZI*) *imnu*: right
084.015.001; 211; 050; 050_v	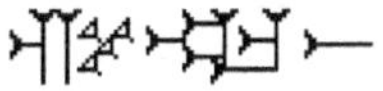	(*ZI.KA.RU*$_3$) *zikaru*: male
084.080	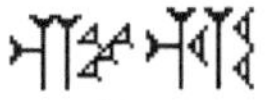	(*ZI.GAL*$_2$) *šiknat napišti*: living being
084.142.371; 075.134.342.078	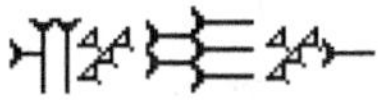	(*ZI.I.BU*) *zību* ('jackal'): vulture
084.335; 399.075; 470; 084	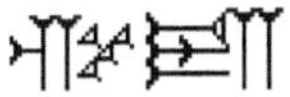	(*ZI.DA*) *imnu*: right
085; 062.075.318		(*GI*) *qanū*: reed
085; 468.085		(*GI*) *ḫurāṣu*: gold
085.070_v	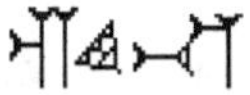	(*GI.NA*) *kānu*: to prove
086.354; 086_v.308.545; 115	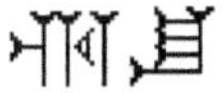	(*RE.ŠU*) *rēšu*: beginning; head
086_v	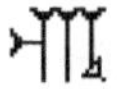	(*RI*) *raḫṣu*: to flood
086_v.308.545; 115; 086.354	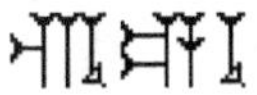	(*RE.E.ŠU*$_2$) *rēšu*: beginning; head
087		(*NUN*) *rubū*: prince
087; 330.087		(*NUN*) *rubū*: ruler
087.532		(*NUN.ME*) *abkallu*: minister

088; 578a		(*KAB*) *šumēlu*: left
090; 536.090		(*KAT*) *kitū*: linen; cloth
096	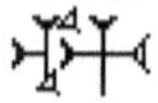	(*BULUG*) *pulungu*: edge; limit
096; 597.206	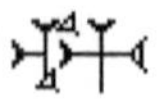	(*BULUG*) *kudurru*: boundary stone (of vassalage)
097; 230; 005.075.411	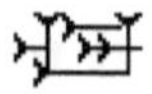	(*AQ*) *banū*: to build; to make
097.328.371; 010.124	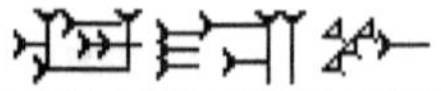	(*AQ.RA.BU*) *aqrabu*: scorpion
099; 069.308.537		(*EN*) *bēlu*: lord; master
099.376.070$_v$; 103b	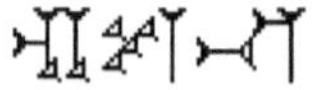	(*EN.TE.NA*) *kūṣu*: cold
100	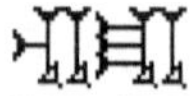	(*DARA*$_3$) *turāḫu*: ibex
101; 332	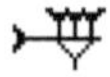	(*SUR*) *miṣru*: border
102; 201; 056	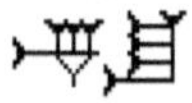	(*SUḪ*) *uššu*: foundation
103b	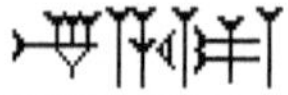	(*ŠE*$_4$) *nēḫtu*: rest
103b; 099.376.070$_v$	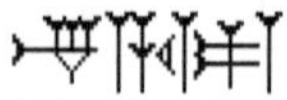	(*ŠED*$_7$) *kūṣu*: cold
104		(*SA*) *markasu*: cosmic rope
104.058; 366; 401.115	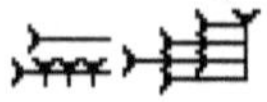	(*SA.TU*) *šadū*: mountain
106	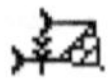	(*GU*$_2$) *kišādu*: riverbank; shore
106; 529	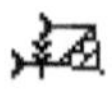	(*GU*$_2$) *napḫaru*: whole
107; 538.592	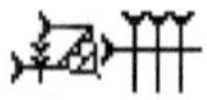	(*USAN*) *šimetan*; *lilātu*: evening
108; 152; 015.152	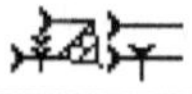	(*DUR*) *riksu*: contract
108; 230; 308.147.399.058; 444.469.206	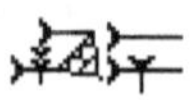	(*DUR*) *eṣemtu*: bone

108; 396	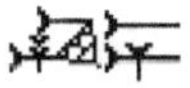	(*DUR*) *kullatu*: all
109; 480.371		(*LAL*$_3$) *dišpu*: honey
111	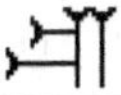	(*GUR*) *tāru*: to become
112.087.207; 079.078		(*SI.NUN.TUM*) *sinuntu*: swallow
112.457	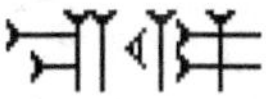	(*SI.DI*) *ešēru*: to be straight (*SI.SA*$_2$) *ištānu*: North
115; 086.354; 086$_V$.308.545	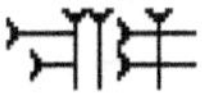	(*SAG*) *rēšu*: head; beginning
115; 449	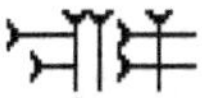	(*SAG*) *pānu*: front; face
115.206	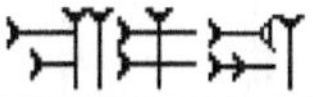	(*SAG.DU*) *qaqqadu*: head
115.461	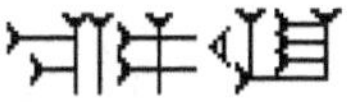	(*SAG.KI*) *sakkū*: regulation
122; 296.122		(*MA*$_2$) *elippu*: boat; ship
122.058	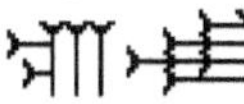	(*MA*$_2$*.GUR*$_8$) *makurru*: cargo boat (round)
122.206a; 330.122.206a	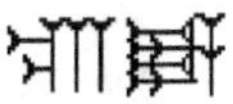	(*MA*$_2$*.LAḪ*$_4$) *malāḫu*: boatman
122b	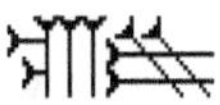	(*UZ*$_3$) *enzu*: goat
126	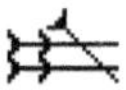	(*TAG*) *banū*: beautiful *damiqtu*: goodness
126; 454	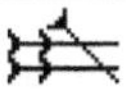	(*TAG*) *damqu*: good
128.075; 229	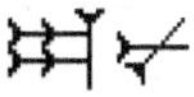	(*AB.NU*) *abnu*: stone
129a; 230.015.371	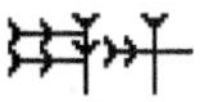	(*MUL*) *kakkabu*: star
131	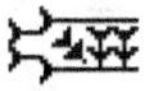	(*AZ*) *asu*: bear
132	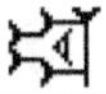	(*URUDU*) *werū*: copper
132.560	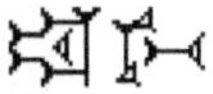	(*TIBIRA*) *qurqurru*: metalsmith

133; 005.579.371	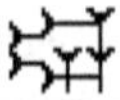	(KA_2) *bābu*: gate
134.061; 237	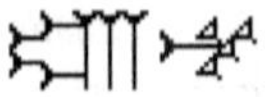	(*UM.MU*) *ummu*: mother
134.427.579	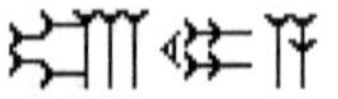	(*UM.MI.A*) *ummiānu*: craftsman; scholar; expert
138; 399; 399.138	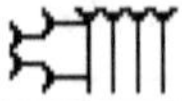	(*DUB*) *ṭuppu*: clay tablet
138.079	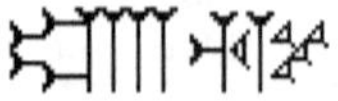	(*DUB.SIM*) *ṭupšimtu*: tablet of destiny
138.331e; 330.138.331e		(*DUB.ŠAR*) *ṭupšarru*: scribe
139.170.058; 579.128.005		(*TA.AM.TU*) *tāmtu*: sea
142	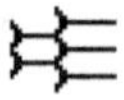	(*I*) *atmū*: language
142.075; 449	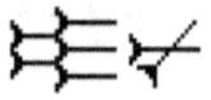	(*I.NU*) *īnu*: eye
142.206; 334	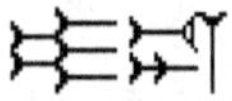	(*I.DU*) *idu*: arm
142.532.068_v; 208	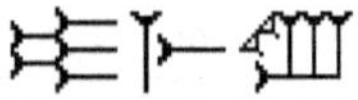	(*I.ME.RU*) *imēru*: ass
142.537; 013	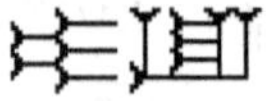	(*I.LU*) *ilu*: deity; god
142.555; 296	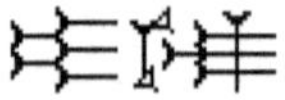	(*I.ṢU*) *iṣu*: wood; tree
142.597.058; 172	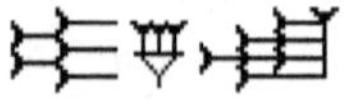	(*I.*$ŠA_2$*.TU*) *išātu*: fire
144	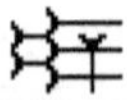	(*TUR*) *ṣeḫru*: small; young
144; 144.211; 579	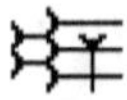	(*DUMU*) *māru*: son
144; 592	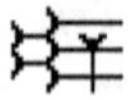	(*TUR*) *enšu*: weak
144.211; 579; 144	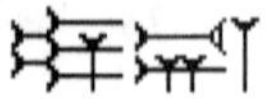	(*DUMU.NITA*) *māru*: son
144.554	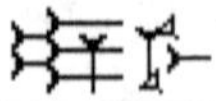	(*DUMU.*MI_2) *mārtu*: daughter
145; 579.371	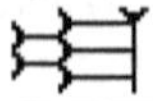	(*AD*) *abu*: father

147.068$_v$; 374		(*ṢI.RU*) *ṣīru*: snake
147.142.068$_v$; 057	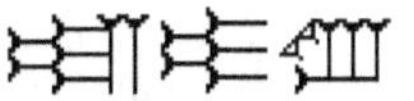	(*ṢI.I.RU*) *ṣīru*: exalted
147.537; 073		(*ṢE.LU*) *ṣēlu*: rib
151; 471; 593a	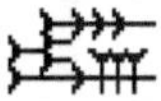	(*LUGAL*) *šarru*: king
152; 481	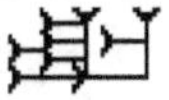	(*KEŠDA*) *rakāšu*; *qaṣāru*: to bind
152; 015.152; 108	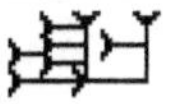	(*KEŠDA*) *riksu*: contract
164	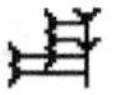	(*SUM*) *nadānu*: to give
166	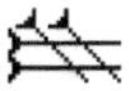	(*KASKAL*) *girru*: way
166; 166.461; 401.328.075	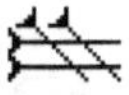	(*KASKAL*) *ḫarrānu*: road
166.461; 401.328.075; 166	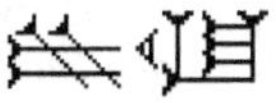	(*KASKAL.KI*) *ḫarrānu*: road
167; 171.167		(*GABA*) *irtu*: chest
168; 074	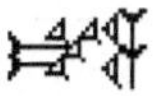	(*EDIN*) *ṣēru*: desert
170	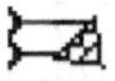	(*AM*) *rīmu*: wild bull
170.112	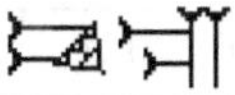	(*AM.SI*) *pīru*: elephant
171		(*UZU*) *šīru*: body part; flesh
171.167; 167	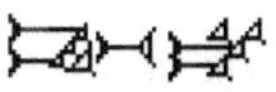	(*UZU.GABA*) *irtu*: chest
172	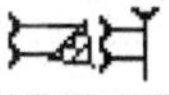	(*BI$_2$*) *emmu*: hot
172; 142.597.058	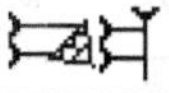	(*IZI*) *išātu*: fire
172.589	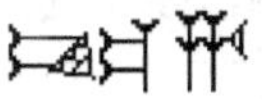	(*NE.ḪA*) *nēḫtu*: rest
172.597; 393$_v$; 071	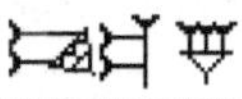	(*IZI.GAR*) *nūru*: light
173; 472.354	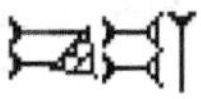	(*GIBIL*) *eššu*: new

183; 401.538	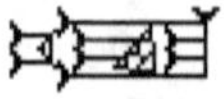	(AG_2) *tērtu*: command
183; 461.183	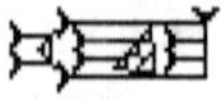	(AG_2) *rāmtu*: love *rāmu*: to love
187; 353.579.061	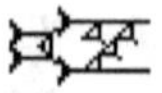	($ŠAM_2$) *šāmu*: to determine; to buy
190.068$_v$	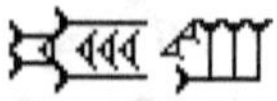	(*ZIK.RU*) *zikru*: idea
192	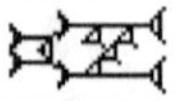	(*GAZ*) *ḫepū*: to split
201; 056; 102	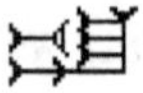	(*SUḪUŠ*) *uššu*: foundation
201$_v$	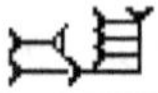	(*SUḪUŠ*) *išdu*: foundation
203	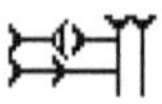	(UR_2) *sūnu*: lap
206	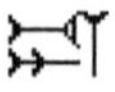	(*GIN*) *alāku*: to act; to move; to go (*GUB*) *izuzzu*: to be present *kīnu*: true *nazāzu*: to stand (TUM_2) *wabālu*: to bring
206.206; 206a	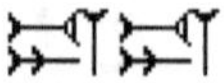	(*GIN.GIN*) *italluku*: to go
206a; 206.206		(SUG_2) *italluku*: to go
208; 142.532.068$_v$	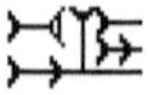	(*ANŠE*) *imēru*: ass
209; 209$_v$	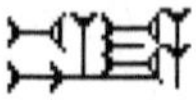	(*EGIR*) *warka*: behind *warkatu*: back
209; 209$_v$; 383$_v$.451.461	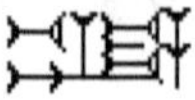	(*EGIR*) *warki*: after
209$_v$; 209	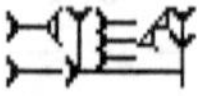	(*EGIR*) *warka*: behind *warkatu*: back
209$_v$; 383$_v$.451.461; 209	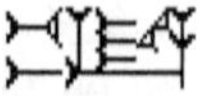	(*EGIR*) *warki*: after
211	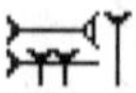	($GIŠ_3$) *išāru*: phallus
211; 050; 050$_v$; 084.015.001	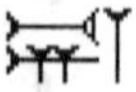	(*NITA*) *zikaru*: male
211; 396	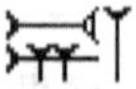	(*UŠ*) *birku*: phallus

211.074	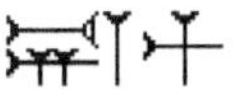	(*UŠ.PAR$_2$*) *ušparu*: weaver
214	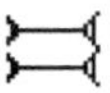	(*KAŠ*) *šikaru*: beer
214; 015.015	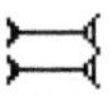	(*BI*) *dabābu*: to speak
214; 015.338	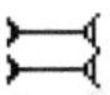	(*BI*) *nabū*: to call
214.142.058; 324	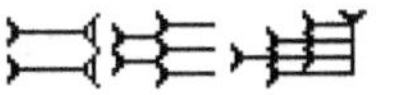	(*BI.I.TU*) *bītu*: house; building
229; 128.075	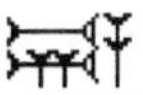	(*NA$_4$*) *abnu*: stone
229.058	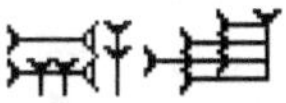	(*ZA$_2$.TU*) *yaraḫḫu*: ruby
229.070.230.579; 070.230.579	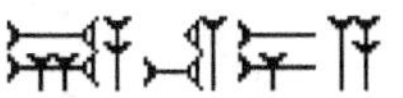	(*ZA$_2$.NA.RU$_2$.A*) *narū*: stele
229.314; 314	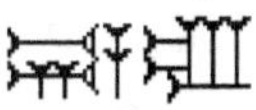	(*NA$_4$.KIŠIB*) *kunukku*: seal (cylinder)
229.586.366; 586.366	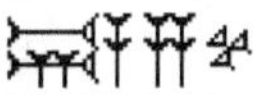	(*ZA$_2$.ZA.KUR*) *uqnū*: lapis lazuli
230		(*DU$_3$*) *epēšu*: to create *epištu*: creation
230; 005.075.411; 097		(*DU$_3$*) *banū*: to make; to build
230; 015.537.411		(*KAK*) *kalū*: whole; all
230; 308.147.399.058; 444.469.206; 108;		(*GAG*) *eṣemtu*: bone
230.015.371; 129a	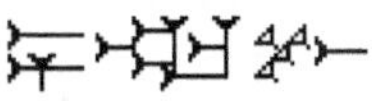	(*KAK.KA.BU*) *kakkabu*: star
230.230.214	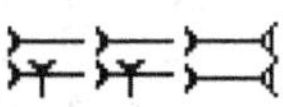	(*DU$_3$.DU$_3$.BI*) *epuštu*: magical procedure
231.167; 330.231.167	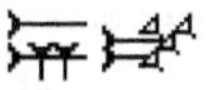	(*NI.DU$_8$*) *ātū*; *pītū*: gatekeeper
232.147.058; 461	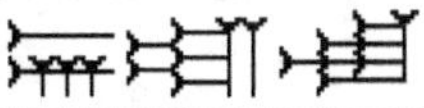	(*ER.ṢE.TU*) *erṣetu*: earth
232.371	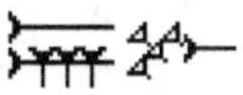	(*ER.BU*) *erbu*: West
237	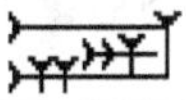	(*DAGAL*) *rapšu*: wide
237; 134.061	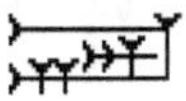	(*AMA*) *ummu*: mother

249	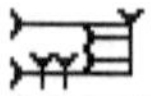	(*KISAL*) *kisallu*: platform
295		(*PA*) *artu*: foliage (*UGULA*) *šāpiru*: governor *waklu*: overseer; secretary
295; 296.295; 296.597.295; 597.295		(*GIDRI*) *ḫaṭṭu*: sceptre
295.013	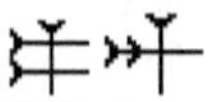	(*GARZA*) *parṣu*: command; duty
295.151	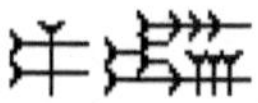	(*GARZA*$_2$) *parṣu*: regulation
295k; 309_v.295k	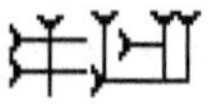	(*ŠAB*) *šappu*: pot; vessel
295k.058; 015.104; 018	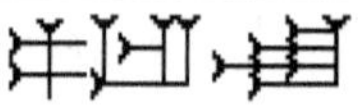	(*ŠAB.TU*) *šaptu*: lip
295m; 330.295m	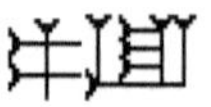	(*SIPA*) *rē'ū*: shepherd
296; 142.555		(*GIŠ*) *iṣu*: tree; wood
296.001.376; 296.559_v.586; 559_v.586; 001.376	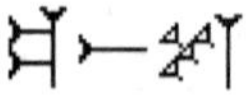	(*GIŠ.AŠ.TE*) *kussū*: throne
296.006.068; 078; 078_v	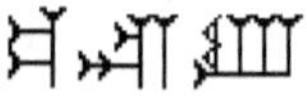	(*GIŠ.ZU.RU*) *iṣṣūru*: bird
296.056	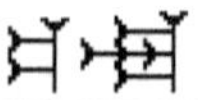	(*GIŠ.APIN*) *epinnu*: plough
296.074	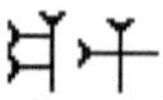	(*GIŠ.BAR*) *girru*: fire
296.080; 080	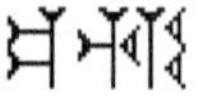	(*GIŠ.IG*) *daltu*: door
296.085.374	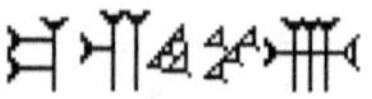	(*GIŠ.GI.MUŠ*) *gimmuššu*: rudderstock
296.094.122	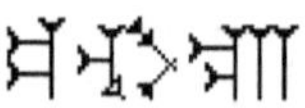	(*GIŠ.DIM.MA*$_2$) *dimmu-ša elippi*: mast
296.094.343	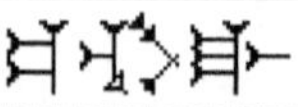	(*GIŠ.DIM.GAL*) *maḫrāšu*: hawser
296.104	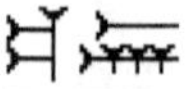	(*GIŠ.SA*) *šētu*: net
296.112.122	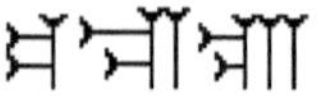	(*GIŠ.SI.MA*$_2$) *qarnu elippi*: sternpost

296.122; 122	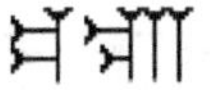	(*GIŠ.MA$_2$*) *elippu*: ship; boat
296.230.381$_v$.126.319$_v$	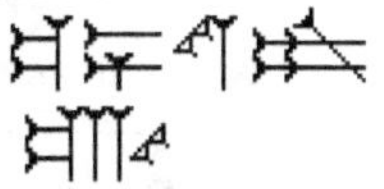	(*GIŠ.GAG.DU.TAG.GA*) *šiltāḫu*: arrow
296.280	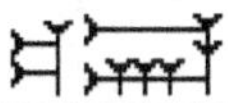	(*GIŠ.PAR$_3$*) *parru*: net
296.295	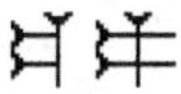	(*GIŠ.PA*) *ḫuṭāru*: branch
296.295; 296.597.295; 597.295; 295	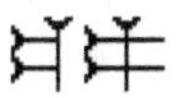	(*GIŠ.GIDRI*) *ḫaṭṭu*: sceptre
296.322	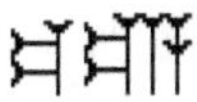	(*GIŠ.ESI*) *ušu*: ebony
296.331e	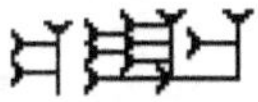	(*KIRI$_6$*) *kirū*: orchard
296.354.203.532	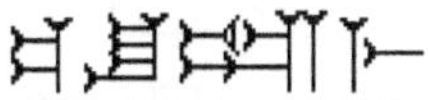	(*GIŠ.ŠU.UR$_2$.ME*) *šurmēnu*: cypress
296.356; 356; 356$_v$	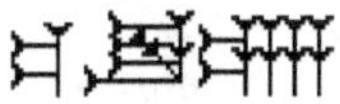	(*GIŠ.GIŠIMMAR*) *gišimmaru*: date palm
296.401	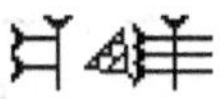	(*GIŠ.ḪUR*) *uṣurtu*: boundary; end; plan; sculpture
296.413; 296.413$_v$	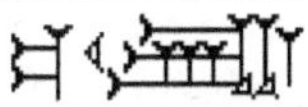	(*GIŠ.ŠIBIR*) *šibirru*: staff
296.413$_v$; 296.413	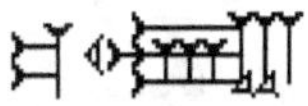	(*GIŠ.ŠIBIR*) *šibirru*: staff
296.427; 427	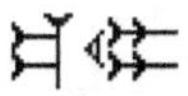	(*GISSU*) *ṣillu*: shadow
296.439; 439; 062.339.381$_v$	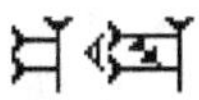	(*GIŠ.BAN*) *qāštū*: bow
296.486	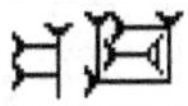	(*GIŠ.GIGIR*) *narkabtu*: chariot
296.536	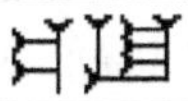	(*GIŠ.TUKUL*) *kakku*: weapon
296.541; 541		(*GIŠ.EREN*) *erēnu*: cedar
296.559$_v$.586; 559$_v$.586; 001.376; 296.001.376	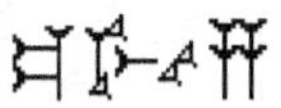	(*GIŠ.GU.ZA*) *kussū*: throne
296.574	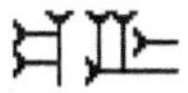	(*GIŠ.TUK*) *šemū*: to hear

296.597.295; 597.295; 295; 296.295	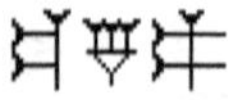	(*GIŠ.GAR.GIDRI*) *ḫaṭṭu*: sceptre
297; 297_v; 298.371	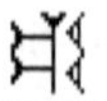	(*GUD*) *alpu*: ox
297_v; 298.371; 297	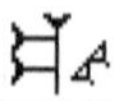	(*GUD*) *alpu*: ox
298.371; 297; 297_v	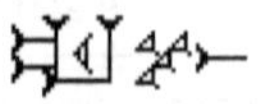	(*AL.PU*) *alpu*: ox
308.068.411; 334a.078	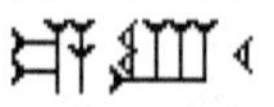	(*E.RU.U*) *erū*: bird of prey
308.147.399.058; 444.469.206; 108; 230	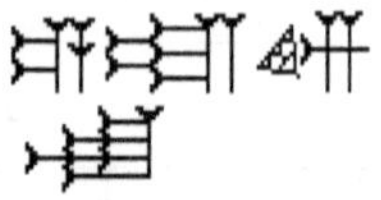	(*E.ṢE.EM.TU*) *eṣemtu*: bone
308.383; 308.383_v; 073	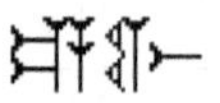	(*E.WU*) *ewū*: to become
308.383_v; 073; 308.383	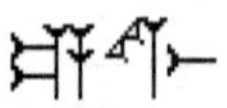	(*E.WU*) *ewū*: to become
308.400.354	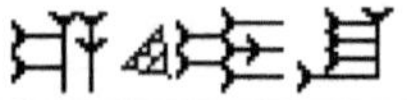	(*E.PIR$_3$.ŠU*) *epēšu*: to do
309; 309_v		(*DUG*) *karpatu*: vessel; pot
309_v; 309	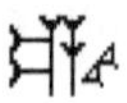	(*DUG*) *karpatu*: pot; vessel
309_v.295k; 295k	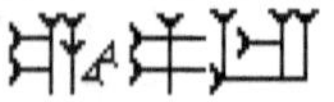	(*DUG.ŠAB*) *šappu*: vessel; pot
312	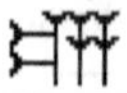	(*KALAM*) *mātu*: land (Sumer)
312; 312.533	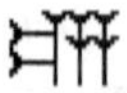	(*UN*) *nišū*: people; humanity
312.533; 312	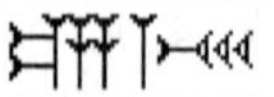	(*UN.MEŠ*) *nišū*: humanity; people
313	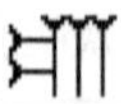	(*LIL$_2$*) *lilū*: air
314		(*ŠITA$_5$*) *minūtu*: number
314; 229.314		(*KIŠIB*) *kunukku*: seal (cylinder)
314; 314.481	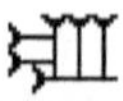	(*KIŠIB*) *rittu*: hand
314; 324.074; 330.314	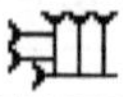	(*KIŠIB*) *šangū*: priest

314.481; 314		(*KIŠIB.LA$_2$*) *rittu*: hand
318		(*U$_2$*) *šammu*: plant; herb; drug
318.061; 381; 381_v; 411.061	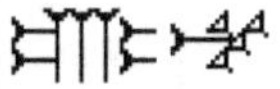	(*U$_2$.MU*) *ūmu*: day
318.086.148.078	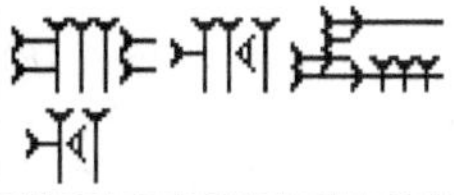	(*U$_2$.RI.IN.MUŠEN*) *urinnu*: eagle
319; 319_v; 058.537		(*GA*) *tulū*: breast
319_v; 058.537; 319		(*GA*) *tulū*: breast
320; 320_v	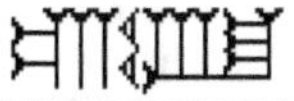	(*IL$_2$*) *našū*: to lift up
320_v; 320	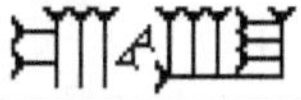	(*IL$_2$*) *našū*: to lift up
321		(*SUKKAL*) *sukkalu*: vizier
322		(*KALAG*) *danānu*: power; strength
322; 335.565		(*KALAG*) *dannu*: powerful; strong; stable
324; 214.142.058		(*E$_2$*) *bītu*: building; house
324.074; 330.314; 314		(*E$_2$.BAR*) *šangū*: priest
324.138.005	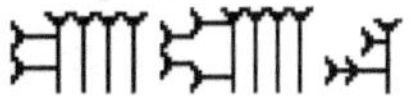	(*E$_2$.DUB.BA*) *bītu ṭuppi*: tablet house; school
324.343		(*E$_2$.GAL*) *ekallu*: palace
324.366		(*E$_2$.KUR*) *ekurru*: temple
325.080_v	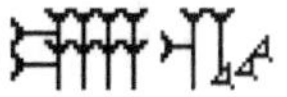	(*NIR.GAL$_2$*) *etellu*: leader
326; 579.295.537	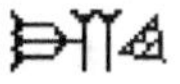	(*GI$_4$*) *apālu*: answer
328	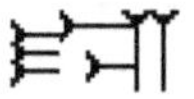	(*RA*) *riḫiṣtu*: inundation
328.371.411; 343	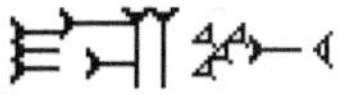	(*RA.BU.U*) *rabū*: great; big

329.230.078; 329$_v$.230.078$_v$	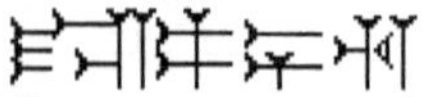	(*SUR*$_2$*.DU*$_3$*.MUŠEN*) *surdū*: falcon
329$_v$.230.078$_v$; 329.230.078	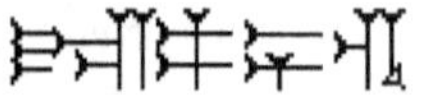	(*SUR*$_2$*.DU*$_3$*.MUŠEN*) *surdū*: falcon
330	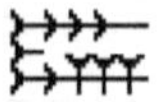	(*LU*$_2$) *awīlu*: man
330.056	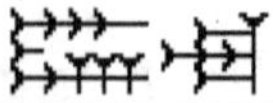	(*LU*$_2$*.ENGAR*) *ikkaru*: farmer
330.060; 060	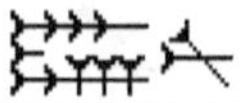	(*LU*$_2$*.KUR*$_2$) *nakiru*: enemy
330.070.090; 070.090	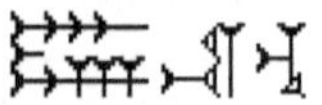	(*LU*$_2$*.NA.GAD*) *nāqidu*: overseer
330.075.296.331e	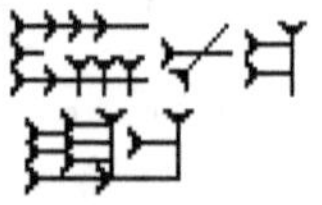	(*LU*$_2$*.NU.GIŠ.SAR*) *amēl urqi*: orcharder
330.075.331e; 075.331e	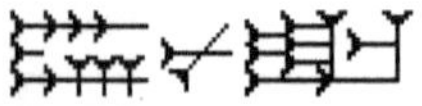	(*LU*$_2$*.NU.SAR*) *nukarippu*: gardener
330.079; 079	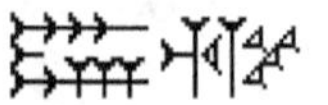	(*LU*$_2$*.NAM*) *paḫātu*: governor
330.087; 087	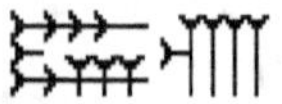	(*LU*$_2$*.NUN*) *rubū*: ruler
330.122.206a; 122.206a	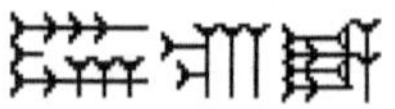	(*LU*$_2$*.MA*$_2$*.LAḪ*$_4$) *malāḫu*: boatman
330.138.331e; 138.331e	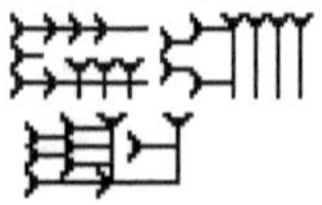	(*LU*$_2$*.DUB.ŠAR*) *ṭupšarru*: scribe
330.231.167; 231.167	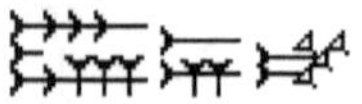	(*LU*$_2$*.NI.DU*$_8$) *ātū*; *pītū*: gatekeeper
330.295m; 295m	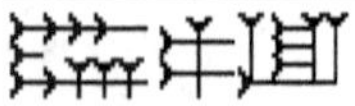	(*LU*$_2$*.SIPA*) *rē´ū*: shepherd
330.314; 314; 324.074	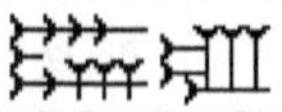	(*LU*$_2$*.KIŠIB*) *šangū*: priest
330.354.589; 332.589; 354.589	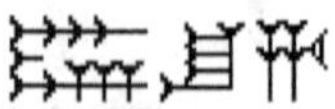	(*LU*$_2$*.ŠU.ḪA*) *bā'iru*: fisher
330.355; 355	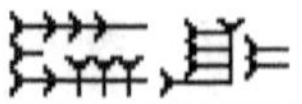	(*LU*$_2$*.NAR*) *nāru*: singer
330.393; 330.393$_v$; 393; 393$_v$	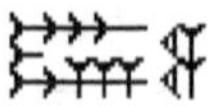	(*LU*$_2$*.ERIN*$_2$) *ṣābu*: soldier

330.393$_v$; 393; 393$_v$; 330.393	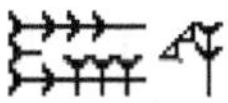	(*LU*$_2$*.ERIN*$_2$) *ṣābu*: soldier
330.538.326.579; 330.579.538; 579.538	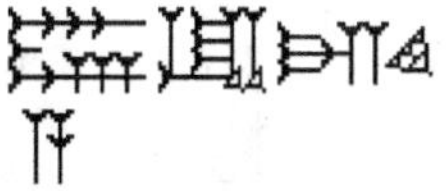	(*LU*$_2$*.KIN.GI*$_4$*.A*) *mār šipri*: messenger
330.579.006; 579.006	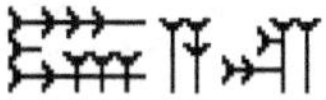	(*LU*$_2$*.A.ZU*) *asū*: physician
330.579.538; 579.538; 330.538.326.579	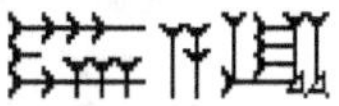	(*LU*$_2$*.A.KIN*) *mār šipri*: messenger
330.597	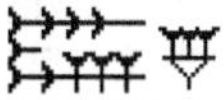	(*LU*$_2$*.GAR*) *sākinu*: prefect
330b	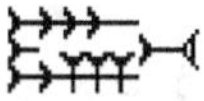	(*AD*$_6$) *šalamtu*: corpse
331; 579.078; 579.078$_v$; 060	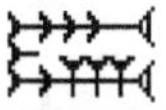	(*ŠEŠ*) *aḫu*: brother; assistant
331e	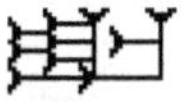	(*SAR*) *musarū*: garden *šaṭāru*: to write
332	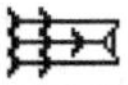	(*ZAG*) *sagū*: shrine
332; 101	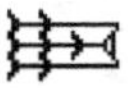	(*ZAG*) *miṣru*: border
332; 332$_v$	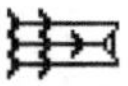	(*ZAG*) *pāṭu*: border; boundary
332.589; 354.589; 330.354.589	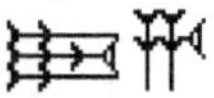	(*ZAG.ḪA*) *bā'iru*: fisher
332$_v$; 332	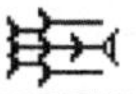	(*ZAG*) *pāṭu*: boundary; border
334	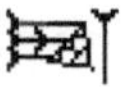	(*A*$_2$) *emūku*: might
334; 142.206	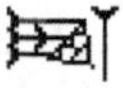	(*ID*) *idu*: arm
334.078$_v$	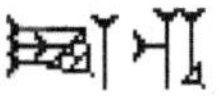	(*IT.MUŠEN*) *našru*: bird of prey
334.080$_v$	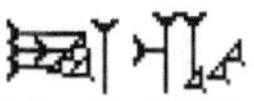	(*IT.GAL*$_2$) *li'ū*: strong
334.322	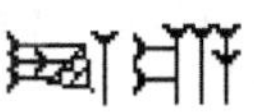	(*A*$_2$*.KALAG / USU*) *emūqu*: authority
334.335; 579d; 070$_v$.579.068$_v$	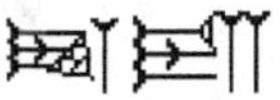	(*ID.DA*) *nāru*: river; watercourse

334.461.334	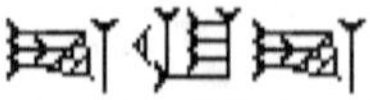	(A_2.*KI.IT*) *akītu*: New Year's Festival
334a.078; 308.068.411	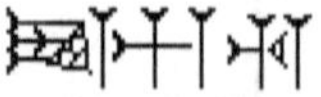	(*TI*$_8$.*MUŠEN*) *erū*: bird of prey
335.565; 322	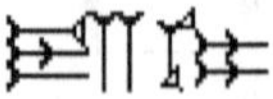	(*DA.LUM*) *dannu*: strong; powerful; stable
335.579.371; 396; $396a_v$		(*Ṭ A.A.BU*) *ṭābu*: good
337	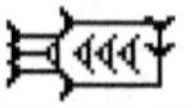	(*MURU*$_2$) *qablu*: middle
342; 342.335		(*MA*) *mātu*: land
342.001.536; 007; 007_v	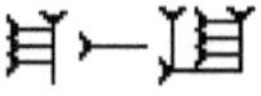	(*MA.AŠ.KU*) *mašku*: leather; skin; hide
342.335; 342	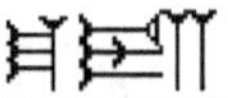	(*MA. ṬA.*) *mātu*: land
343; 328.371.411	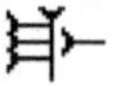	(*GAL*) *rabū*: big; great
343.011; 343.011_v	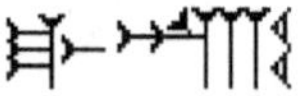	(*UŠUMGAL*) *ušumgallu*: serpent
343.011_v; 343.011	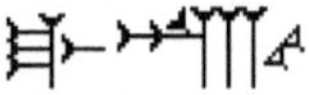	(*UŠUMGAL*) *ušumgallu*: serpent
344	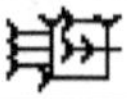	(*BAR*$_2$) *parakku*: shrine; throne
347.211	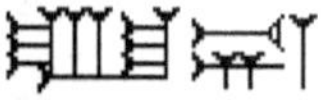	(*AGA.US*$_2$) *rēdū*: soldier
349; 597.206	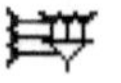	(*BUR*) *naptanu*: meal
350_v; 556		(*GAŠAN*) *bēltu*: mistress; lady *šarratu*: queen
353.579.061; 187		(*ŠA.A.MU*) *šāmu*: to buy; to determine
$353.579.068_v$; 399	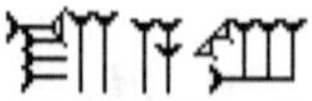	(*ŠA.A.RU*) *šāru*: wind; storm
353.579.537; 012; 059.012		(*ŠA.A.LU*) *šālu*: to inquire; to ask
354		(*ŠU*) *qātu*: 1. hand 2. charge
354.061; 061	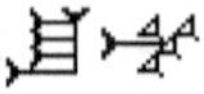	(*ŠU.MU*) *šumu*: name

354.068$_v$	𒋗𒊒	(*ŠU.RU*) *šūru*: bull
354.085	𒋗𒄀	(*ŠU.GI*) *šēbu*: old
354.112	𒋗𒋛	(*ŠU.SI*) *ubānu*: finger
354.589; 330.354.589; 332.589	𒋗𒄩	(*ŠU.ḪA*) *bā'iru*: fisher
355; 330.355	𒈜	(*NAR*) *nāru*: singer
355.371; 384; 384$_v$	𒈜𒁍	(*LIB.BU*) *libbu*: heart; mind
356; 356$_v$; 296.356	𒄬	(*GIŠIMMAR*) *gišimmaru*: date palm
356$_v$; 356; 296.356	𒄬	(*GIŠIMMAR*) *gišimmaru*: date palm
358	𒀩	(*ALAM*) *ṣalmu*: statue (*ALAN*) *lānu*: form; shape
366	𒆳	(*KUR*) *dimtu*: settlement *mātu*: foreign land
366; 401.115; 104.058	𒆳	(*KUR*) *šadū*: mountain
366.075.326.579	𒆳𒉡𒄄𒀀	(*KUR.NU.GI$_4$.A*) *erṣet lātāri*: netherworld
366.318	𒆳𒌑	(*KUR.U$_2$*) *šadū*: East
366.326.078; 366.536.411	𒆳𒄄𒄷	(*KUR.GI$_4$.MUŠEN*) *kurkū*: goose
366.536.411; 366.326.078	𒆳𒆪𒌋	(*KUR.KU.U*) *kurkū*: goose
367; 367.397	𒊺	(*ŠE*) *še'u*: barley
367; 367.411.597.533	𒊺	(*ŠE*) *šeu*: grain
367.068$_v$	𒊺𒊒	(*ŠE.RU*) *šēru*: morning
367.074	𒊺𒁇	(*ŠE.BAR*) *uṭṭatu*: barley
367.375	𒊺𒌁	(*ŠE.TIR*) *ašnan*: grain

367.397; 367	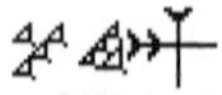	(*ŠE.'U*) *še'u*: barley
367.411.597.533; 367		(*ŠE.U.NINDA.MEŠ*) *šeu*: grain
371.068_{v}; 437	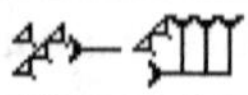	(*BU.RU*) *būru*: calf
371.589.206; 076		(*PU.ḪA.DU*) *puḫādu*: lamb
372.075; 372_{v}.075; 383; 383_{v}	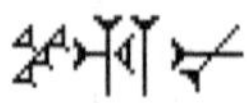	(*UZ.NU*) *uznu*: intelligence; wisdom; ear
372_{v}.075; 383; 383_{v}; 372.075	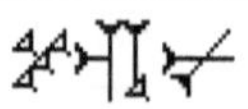	(*UZ.NU*) *uznu*: wisdom; ear; intelligence
373	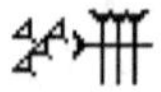	(*SUD*) *rūqu*: far
374; 147.068_{v}	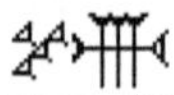	(*MUŠ*) *ṣīru*: snake
376		(*TEMEN*) *temenu*: foundation stone
381; 381_{v}		(*BABBAR*) *peṣū*: white (*UTU*) *šamšu*: sun
381; 381_{v}; 381_{v}.335		(U_{4}) *urru*: light
381; 381_{v}; 401.061; 318.061		(*UD*) *ūmu*: day
381.015.074	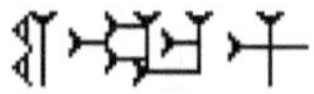	(*UD.*ZU_{2}*.PARA*) *siparru*: bronze
381.015.319	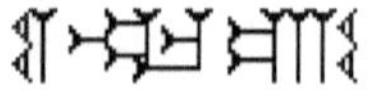	(*UD.*DUG_{4}*.GA*) *adānu*: time
381_{v}		(*UD*) *enūma*: when
381_{v}; 381		(*BABBAR*) *peṣū*: white (*UTU*) *šamšu*: sun
381_{v}; 381_{v}.335; 381		(U_{4}) *urru*: light
381_{v}; 411.061; 318.061; 381		(*UD*) *ūmu*: day
381_{v}.335; 381; 381_{v}	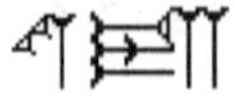	(U_{4}*.DA*) *urru*: light
381_{v}.$381a_{v}$	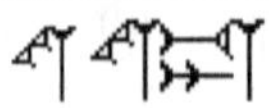	(*UTU.*E_{3}) *ṣītu*: sunrise

381a$_v$	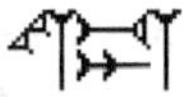	(*E$_3$*) *ṣītu*: East
383	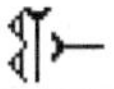	(*GEŠTU*) *ḫasāsu*: to think
383; 383$_v$; 372.075; 372$_v$.075	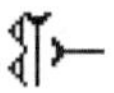	(*GEŠTU*) *uznu*: ear; intelligence; wisdom
383.451.078	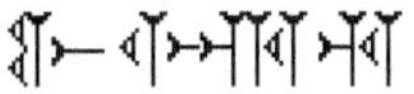	(*WA.AR.ḪU*) *warḫu*: moon
383$_v$; 372.075; 372$_v$.075; 383	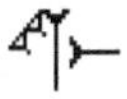	(*GEŠTU*) *uznu*: ear; intelligence; wisdom
383$_v$.058.411; 069	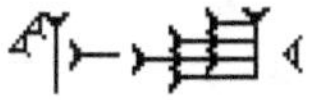	(*PE.TU.U*) *petū*: to open
383$_v$.451.078$_v$; 052	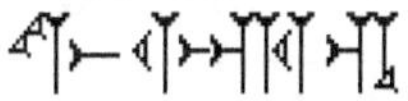	(*WA.AR.ḪU*) *warḫu*: month
383$_v$.451.206; 050; 050$_v$	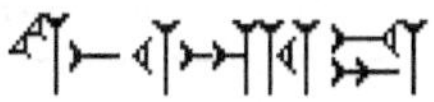	(*WA.AR.DU*) *wardu*: slave; servant
383$_v$.451.461; 209; 209$_v$	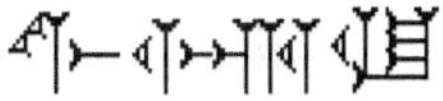	(*WA.AR.KI*) *warki*: after
384; 384$_v$; 355.371		(*ŠA$_3$*) *libbu*: heart; mind
384$_v$; 355.371; 384		(*ŠA$_3$*) *libbu*: mind; heart
392	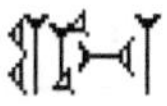	(*UḪ$_2$*) *kušū*: crocodile
392$_v$	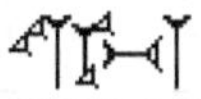	(*UḪ$_2$*) *rūtu*: breath
393; 393$_v$		(*ERIN$_2$*) *ummānu*: army
393; 393$_v$; 330.393; 330.393$_v$		(*ERIN$_2$*) *ṣābu*: soldier
393$_v$		(*ZALAG$_2$*) *nawirtu*: bright; light
393$_v$; 071; 172.597		(*ZALAG$_2$*) *nūru*: light
393$_v$; 330.393; 330.393$_v$; 393		(*ERIN$_2$*) *ṣābu*: soldier
393$_v$; 393		(*ERIN$_2$*) *ummānu*: army
394; 394$_v$		(*NUNUZ*) *pir'u*: offspring
394$_v$	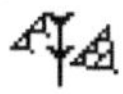	(*NUNUZ*) *pīlū*: egg

394_v; 394		(*NUNUZ*) *pir'u*: offspring
396		(*ŠAR*$_2$) *šāru*: 3,600
396; 108		(*ŠAR*$_2$) *kullatu*: all
396; 211		(*DUG*$_3$) *birku*: phallus
396; $396a_v$; 335.579.371		(*DUG*$_3$) *ṭābu*: good
396; 425; 545		(*ḪI*) *kiššatu*: world
396.059.005	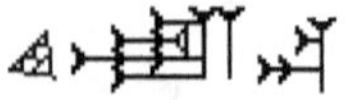	(*ḪI.LI.BA*) *ḫilibū*: netherworld
396a	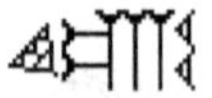	(*TAP*$_3$) *ṭūbu*: goodness
$396a_v$; 335.579.371; 396		(*TAP*$_3$) *ṭābu*: good
399	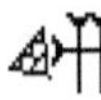	(*IM*) *ṭiṭṭu*: clay (*NI*$_2$) *puluḫtu*: fear
399; $353.579.068_v$	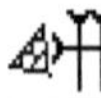	(*IM*) *šāru*: storm; wind
399; 399.138; 138	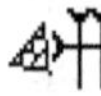	(*IM*) *ṭuppu*: clay tablet
399; 579.013		(*IM*) *zunnu*: rain
399.075; 470; 084; 084.335	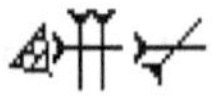	(*IM.NU*) *imnu*: right
399.138; 138; 399	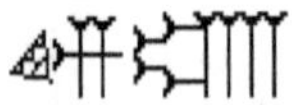	(*IM.DUB*) *ṭuppu*: clay tablet
399.307.058	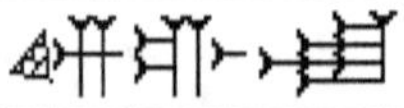	(*TU*$_{15}$*.MAR.TU*) *amurru*: West
399.456	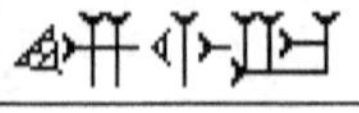	(*IM.ḪUL*) *imḫullu*: windstorm
$399.532.068_v$; 537	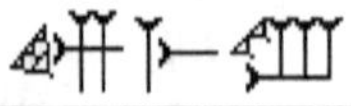	(*IM.ME.RU*) *immeru*: sheep
399.569	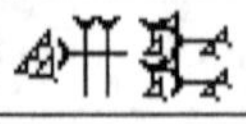	(*IM.SUḪ*$_3$) *imsuḫḫu*: storm; wind
399.574	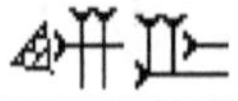	(*IM.TUK*) *nādu*: exalted

399a	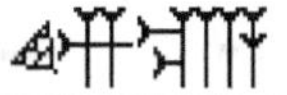	(*DUNGU*) *urpatu*; *urpu*: cloud
401	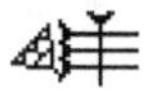	(*ḪUR*) *eṣāru*: to imagine *eṣēru*: to delimit (UR_5) *ḫašū*: lung
401.115	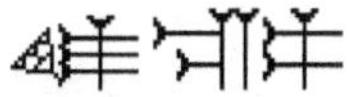	(*ḪUR.SAG*) *ḫuršānu*: highlands
401.115; 104.058; 366	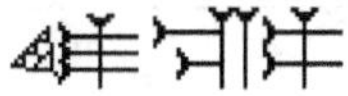	(*ḪUR.SAG*) *šadū*: mountain
401.328.075; 166; 166.461	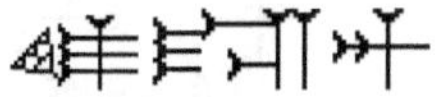	(*ḪAR.RA.AN*) *ḫarrānu*: road
401.538	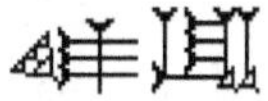	(UR_5.*KIN*) *tērtu*: omen
401.538; 183	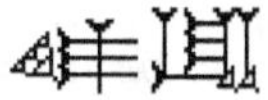	(UR_5.*KIN*) *tērtu*: command
402	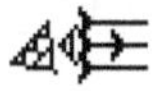	(*ḪUŠ*) *ruššū*: red
404; 057	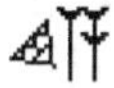	($ḪA_2$) *mādu*: many
406	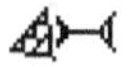	(*KAM*) *erištu*: request
411		(*U*) *ešru*: 10; ten
411.061; 318.061; 381; 381_v	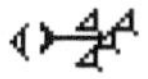	(*U.MU*) *ūmu*: day
412	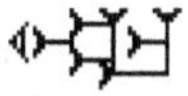	(*UGU*) *eli*: high; up
420; 451.078; 059.058		(AB_2) *arḫu*; *lītu*: cow
420.536	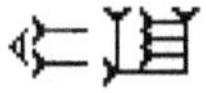	(*UTUL*) *utullu*: herder
425; 545; 396	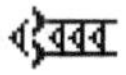	(*KIŠ*) *kiššatu*: world
427	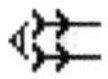	(GE_6) *mūšu*: night (GI_6) *ṣalmu*: black; dark
427; 296.427	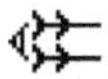	(*MI*) *ṣillu*: shadow
427.075	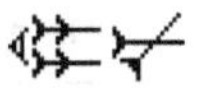	(*MI.NU*) *mīnu*: what?
427b	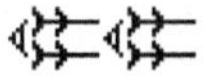	($KUKKU_2$) *ekletu*: darkness

433; 006.134.371	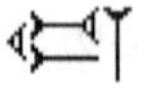	(*NIM*) *zumbu*: fly
433; 013.139	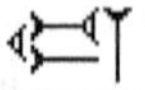	(*NIM*) *elū*: high; up; upper
433.109; 075.306.207	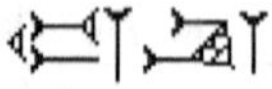	(*NIM.LAL*$_3$) *nūbtu*: honeybee
437; 371.068$_v$	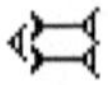	(*AMAR*) *būru*: calf
438; 026		(*ZUR*) *karābu*: to utter blessings or prayers
439; 062.339.381$_v$; 296.439	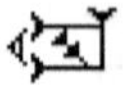	(*BAN*) *qāštū*: bow
440	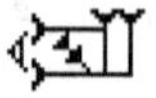	(*GIM*) *kīma*: like; fact
444	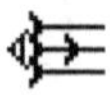	(*GIR*$_3$) *padānu*: way *šēpu*: leg; foot
444.469.206; 308.147.399.058; 108; 230	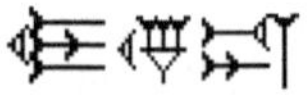	(*GIR*$_3$*.PAD.DU*) *eṣemtu*: bone
446	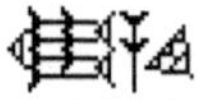	(*GIG*) *murṣu*: sickness
446$_v$	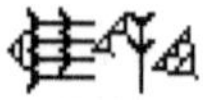	(*GIG*) *murṣu*: sickness
449		(*IGI*) *maḫru*; *pānu*: first; previous; past; front
449; 115		(*IGI*) *pānu*: face; front
449; 142.075		(*IGI*) *īnu*: eye
449; 449.074		(*IGI*) *naṭālu*: to see
449; 449.481		(*IGI*) *amāru*: to see
449.070$_v$; 570	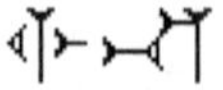	(*ŠI.NA*) *šinā*: two; 2
449.074; 449	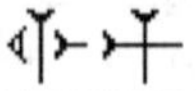	(*IGI.BAR*) *naṭālu*: to see
449.105	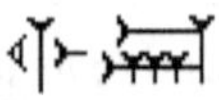	(*IGI.KAR*$_2$) *barū*: to read
449.167	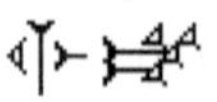	(*IGI.DU*$_8$) *amāru*: to examine; to read

449.324.325		(*U$_6$.NIR*) *ziqqurratu*: ziggurat
449.481; 449	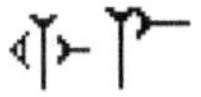	(*IGI.LA$_2$*) *amāru*: to see
450	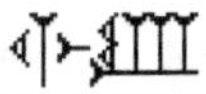	(*PAD$_3$*) *tamū*: to swear
451.078; 420		(*AR.ḪU*) *arḫu*: cow
452a	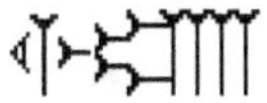	(*GIŠKIM*) *ittu*: sign
454; 126	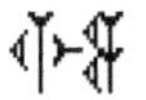	(*SIG$_5$*) *damqu*: good
455; 069	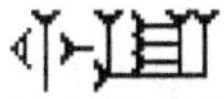	(*LIBIR*) *labīru*: old
455.058	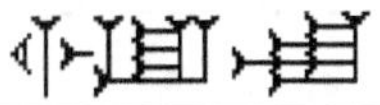	(*U$_3$.TU*) *walādu*: to give birth
456	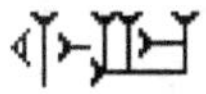	(*ḪUL*) *lemnu*: bad; evil
456; 554.456	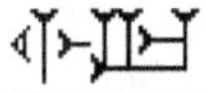	(*ḪUL*) *lemuttu*: badness; evil
456.446	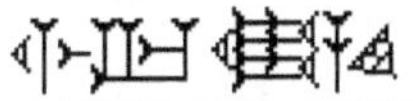	(*ḪUL.GIG*) *zīru*: hate
456.446$_v$	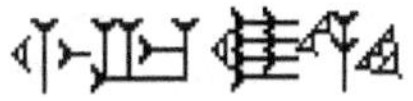	(*ḪUL.GIG*) *zīru*: hate
457	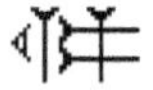	(*SILIM*) *salīmu*: peace *šulmu*: health
457; 457$_v$	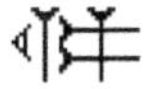	(*SA$_2$*) *šanānu*: to be equal; to be the same (*SILIM*) *šalāmu*: to be complete; to be safe
457$_v$; 457	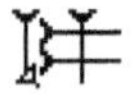	(*SA$_2$*) *šanānu*: to be the same; to be equal (*SILIM*) *šalāmu*: to be safe; to be complete
457.12	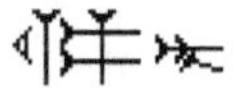	(*DI.KUD*) *dayyānu*: judge *diānu*: to judge
459a	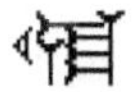	(*DU$_6$*) *tillu*: hill
461		(*KI*) *ašru*: place

461; 232.147.058	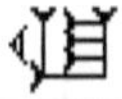	(*KI*) *erṣetu*: earth
461.139; 592	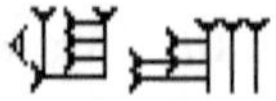	(*KI.TA*) *šaplū*: lower; low
461.183	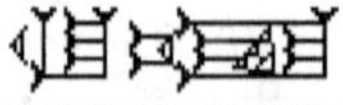	(*KI.AG*$_2$) *narāmu*: beloved
461.183; 183	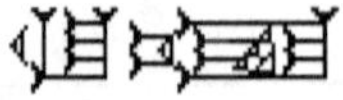	(*KI.AG*$_2$) *rāmtu*: love *rāmu*: to love
461.536	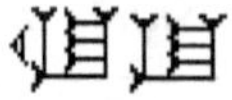	(*KI.ḪUN*) *šubtu*: room
465; 073; 073.055		(*DIN*) *balāṭu*: to live
468; 564		(*KU*$_3$) *ellu*: pure
468.085; 085	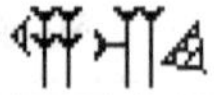	(*GUŠKIN*) *ḫurāṣu*: gold
469		(*PAD*) *kurumattu*: food
470; 084; 084.335; 399.075		(*UIA*) *imnu*: right
471		(*NIŠ*) *šanū*: different; other
471; 593a; 151		(*MAN*) *šarru*: king
472.354; 172	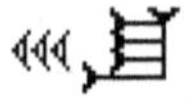	(*EŠ.ŠU*) *eššu*: new
480		(*DIŠ*) *ištēn*: 1; one *mati*: when? *šumma*: if
480.371; 109	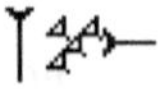	(*DIŠ.BU*) *dišpu*: honey
481		(*LAL*) *maṭū*: small
481; 152		(*LAL*) *qaṣāru*; *rakāsu*: to bind
494.537.404; 537	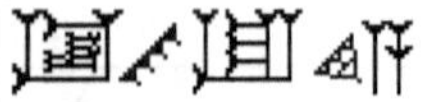	(*U*$_8$*.UDU.ḪA*$_2$) *ṣēnu*: sheep and goats
511	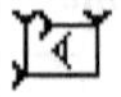	(*PU*$_2$) *būrtu*: waterwell
529	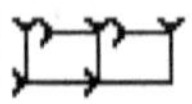	(*NIGIN*) *lawū*; *saḫāru*: to surround *saḫāru*: to seek

529; 106	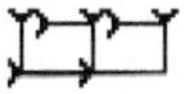	(*NIGIN*) *napḫaru*: whole
532		(*ME*) *parṣu*: essence *qālu*: to call *qūlu*: voice
532; 032; 059.353.579.075		(*ME*) *lišānu*: tongue; language; statement
532.376	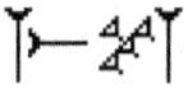	(*ME.TE*) *simtu*: honour
536		(*ḪUN*) *nāḫu*: to rest (*TUG*$_2$) *nalbašu*; *ṣubātu*: garment
536.059	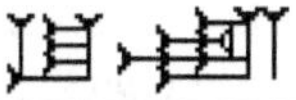	(*KU.LI*) *ibru*: friend
536.090; 090	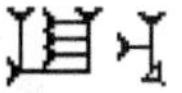	(*TUG*$_2$*.KAT*) *kitū*: cloth; linen
536.586.006.078	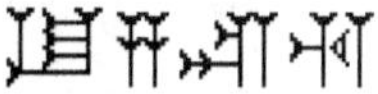	(*KU.ZA.ZU.MUŠEN*) *kuzazu*: flying insect
537; 399.532.068$_v$	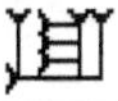	(*UDU*) *immeru*: sheep
537; 494.537.404		(*LU*) *ṣēnu*: sheep and goats
537.050	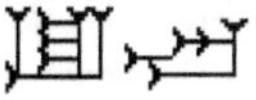	(*UDU.NITA*$_2$) *šū*: ram
537.494	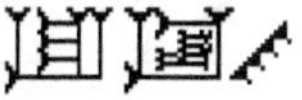	(*UDU.U*$_8$) *laḫru*: ewe
538		(*KIN*) *šapāru*: to write *šipru*: message
538.592; 107	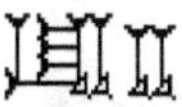	(*KIN.SIG*) *lilātu*; *šimetan*: evening
539	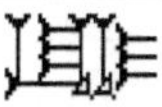	(*SIG*$_2$) *šipātu*: wool
541; 296.541	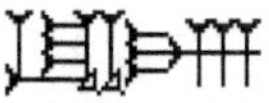	(*EREN*) *erēnu*: cedar
545; 396; 425		(*ŠU*$_2$) *kiššatu*: world
554		(*MI*$_2$) *sinništu*: female (*MUNUS*) *awīltu*; *sinništu*: woman (*SAL*) *urū*: vulva
554.055	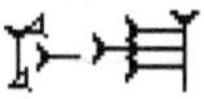	(*GAL*$_4$*.LA*) *biššūru*: vulva

554.060	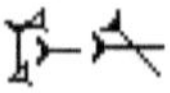	(*SAL.KUR*$_2$) *nukurtu*: hostility
554.331; 556	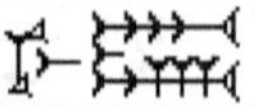	(*SAL.ŠEŠ*) *aḫātu*: sister
554.456; 456	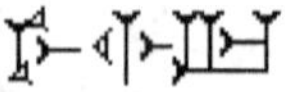	(*RAG.ḪUL*) *lemuttu*: evil; badness
556; 350_v	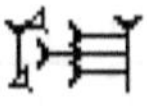	(*NIN*) *bēltu*: lady; mistress *šarratu*: queen
556; 554.331	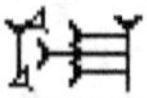	(*NIN*) *aḫātu*: sister
557.333	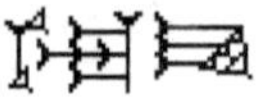	(*DAM.GAR*$_3$) *tamkāru*: merchant
558	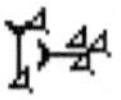	(*GEME*$_2$) *amtu*: female servant
559_v.586; 001.376; 296.001.376; 296.559_v.586	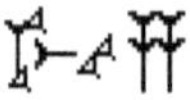	(*GU.ZA*) *kussū*: throne
564; 468	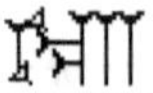	(*SIKIL*) *ellu*: pure
567	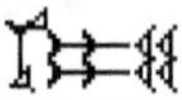	(*SIG*$_4$) *libittu*: brick
570; 449.070_v		(*MIN*) *šinā*: 2; two (dual)
571	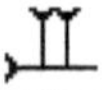	(*ŠUŠANA*) *šalšu*: one third
572		(*ŠANABI*) *šīnipu*: two thirds
574	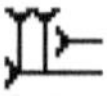	(*TUK*) *išū*: to contain; to have
575	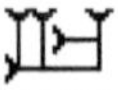	(*UR*) *kalbu*: dog
575.115	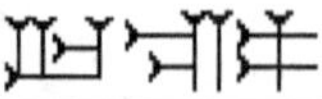	(*UR.SAG*) *qarrādu*: hero
578a; 088	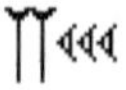	*šumēlu*: left
579		(*A*) *dintu*: tear
579; 144; 144.211		(*A*) *māru*: son
579; 579.533; 061.318		(*A*) *mū*: water

579.006; 330.579.006	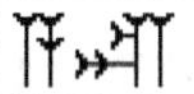	(*A.ZU*) *asū*: physician
579.013; 399	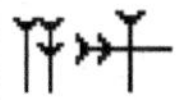	(*A.AN*) *zunnu*: rain
579.078; 579.078$_v$; 060; 331	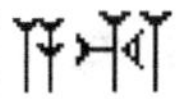	(*A.ḪU*) *aḫu*: brother
579.078$_v$; 060; 331; 579.078	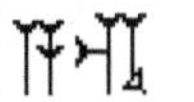	(*A.ḪU*) *aḫu*: brother
579.128.005; 139.170.058	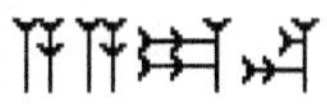	(*A.AB.BA*) *tāmtu*: sea
579.206	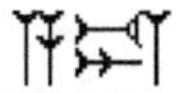	(*A.RA*$_2$) *alaktu*: activity; movement
579.206.396	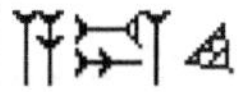	(*A.RA*$_2$*.ḪI*) *araḫū*: term (of ratio)
579.295.537; 326	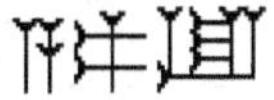	(*A.PA.LU*) *apalu*: answer
579.322	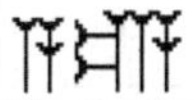	(*A.KAL*) *mīlu*: flood
579.333	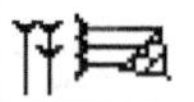	(*A.GAR*$_3$) *ugāru*: land (region)
579.342.058; 015	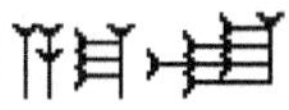	(*A.MA.TU*) *awātu*: command; matter; word
579.371; 145	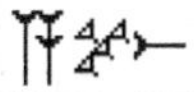	(*A.BU*) *abu*: father
579.384; 579.384$_v$; 579.384$_v$.319$_v$		(*A.ŠA*$_3$) *eqlu*: field
579.384$_v$; 579.384$_v$.319$_v$; 579.384	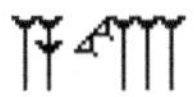	(*A.ŠA*$_3$) *eqlu*: field
579.384$_v$.319$_v$; 579.384; 579.384$_v$	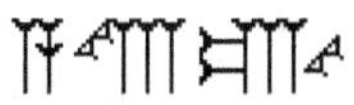	(*A.ŠA*$_3$*.GA*) *eqlu*: field
579.449	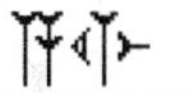	(*A.GI*) *bakū*: to weep
579.533; 061.318; 579	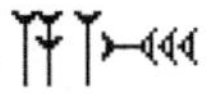	(*A.MEŠ*) *mū*: water
579.538; 330.538.326.579; 330.579.538	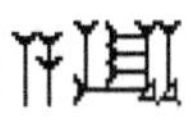	(*A.KIN*) *mār šipri*: messenger
579.597 (= 579z)	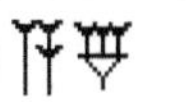	(*AGAR*$_5$) *rādu*: rainstorm

579d; 070_{v}.579.068_{v}; 334.335		*(ID_2) nāru*: watercourse; river
586.062.068; 061		*(ZA.QA.RU) zakāru*: to speak
586.366; 229.586.366		*(ZA.KUR) uqnū*: lapis lazuli
589; 075.318.075		*(KU_6) nūnu*: fish
589.055; 002		*(ḪA.LA) zittu*: part
589.371.214.308.058		*(ḪA.BU.BI.E.TU) ḫabubītu*: bee
592		*(SIG) qatnu*: narrow; small
592; 144		*(SIG) enšu*: weak
592; 461.139		*(SIG) šaplū*: low; lower
593a; 151; 471		*(EŠŠABA) šarru*: king
595		*(GIN_2) šiqlu*: shekel
597; 469		*(NINDA) akālu*: food
597.015		*(NIG_2.KA) nikkassu*: possession; record
597.085.070_{v}		*(NIG_2.GI.NA) kīttu*: truth
597.112.457		*(NIG_2.SI.SA_2) mīšaru*: justice
597.206; 096		*(NIG_2.DU) kudurru*: boundary stone
597.206; 349		*(NIG_2.DU) naptanu*: meal
597.295; 295; 296.295; 296.597.295		*(GAR.GIDRI) ḫaṭṭu*: sceptre
597.319		*(NI_3.GA) makkumru*: property

597.354	𒃻𒋗	(*NI*$_3$.*ŠU*) *bušū*: property
597.532.597	𒃻𒈨𒃻	(*NIG*$_2$.*ME.GAR*) *qūlu*: silence
597.535.078; 007.465.075	𒃻𒅁 𒄷	(*NIG*$_2$.*IB.MUŠEN*) *sudinnu*: bat
597.545	𒃻𒋙	(*NI*$_3$.*ŠU*$_2$) *bušū*: thing
598d; 598d'	𒐍	(*USSU*) *šamānū*: eight; 8
598d'; 598d	𒐍	(*USSU*) *šamānū*: 8; eight

4. Akkadian Entries by Sumerian Sign Names (cf. Sumerian vocabulary)

A: *dintu*: tear; *māru*: son; *mū*: water	
A.AB.BA: *tāmtu*: sea	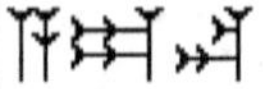
A.AN: *zunnu*: rain	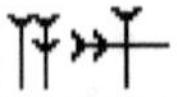
A.BU: *abu*: father	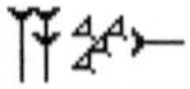
A.GAR$_3$: *ugāru*: land (region)	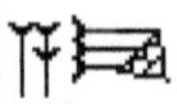
A.GI: *bakū*: to weep	
A.ḪU: *aḫu*: brother	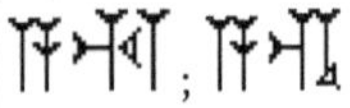
A.KAL: *mīlu*: flood	
A.KIN: *mār šipri*: messenger	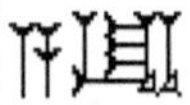
A.MA.TU: *awātu*: command; matter; word	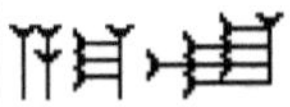
A.MEŠ: *mū*: water	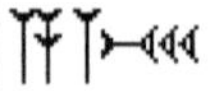
A.PA.LU: *apalu*: answer	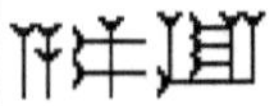
A.RA$_2$: *alaktu*: activity; movement	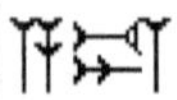
A.RA$_2$*.ḪI*: *araḫū*: term (of ratio)	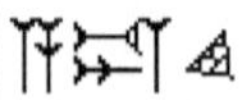
A.ŠA$_3$: *eqlu*: field	
A.ŠA$_3$*.GA*: *eqlu*: field	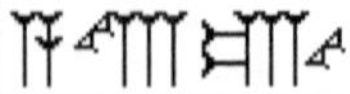
A.ZU: *asū*: physician	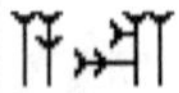
A$_2$: *emūku*: might	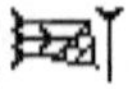
A$_2$*.KALAG / USU*: *emūqu*: authority	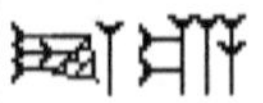

A_2.KI.IT: *akītu*: New Year's Festival	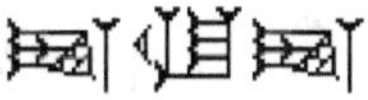
AB.NU: *abnu*: stone	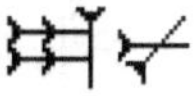
AB_2: *arḫu*; *lītu*: cow	
ABZU: *apsū*: the deep; abyss	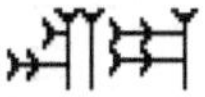
AD: *abu*: father	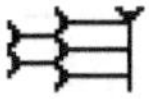
AD_6: *šalamtu*: corpse	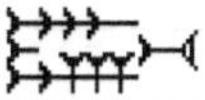
AG_2: *rāmtu*: love; *rāmu*: to love; *tērtu*: command	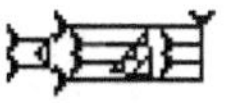
AGA.US_2: *rēdū*: soldier	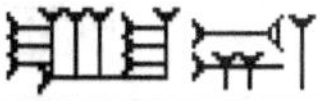
$AGAR_5$: *rādu*: rainstorm	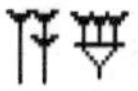
AL.PU: *alpu*: ox	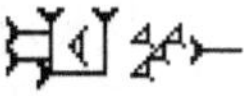
ALAM: *ṣalmu*: statue	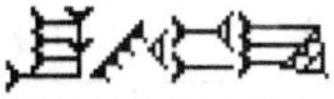
ALAN: *lānu*: form; shape	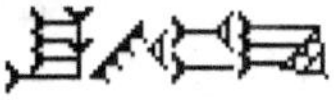
AM: *rīmu*: wild bull	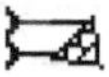
AM.SI: *pīru*: elephant	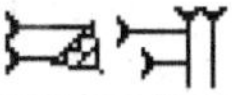
AMA: *ummu*: mother	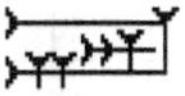
AMAR: *būru*: calf	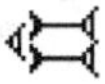
AN: *šamū*: heaven; sky	
AN.BAR: *parzillu*: iron	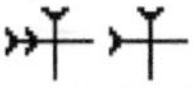
AN.DUL_3: *andullu*; *ṣulūlu*: sunshade	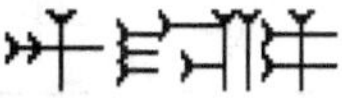
AN.GIR_3: *ṣēru*: field	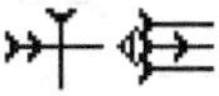

AN.PA: *elat šame*: zenith	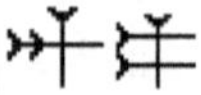
AN.TA: *eliš*; *elū*: high; up; *elū*: upper	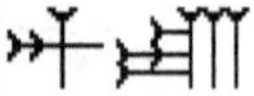
AN.U.U.GIN: *ṣīt šamši*: sunrise	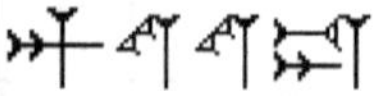
AN.U_4*.Š*U_2*.A*: *erēb šamši*: sunset	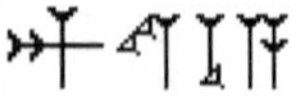
AN.ZA.AM: *assammū*: jug	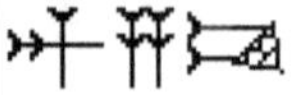
ANŠE: *imēru*: ass	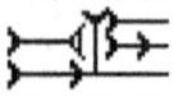
APIN: *uššu*: foundation	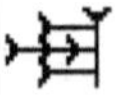
AQ: *banū*: to build; to make	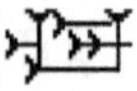
AQ.RA.BU: *aqrabu*: scorpion	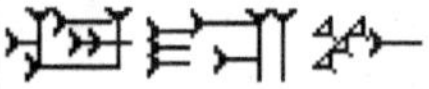
AR.ḪU: *arḫu*: cow	
AŠ.TE: *kussū*: throne	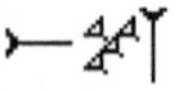
AZ: *asu*: bear	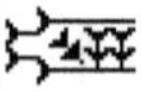
BA: *qāšu*: to give; *zāzu*: to divide	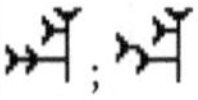
BA.A.BU: *bābu*: gate	
BA.LA.ṬI: *balāṭu*: life	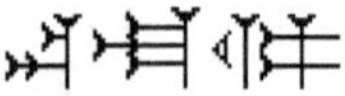
BA.NU.U: *banū*: to build; to make	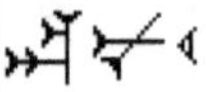
BABBAR: *peṣū*: white	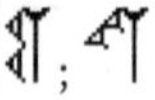
BAD: *petū*: to open	
BAL: *enū*: to change	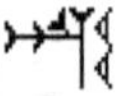
BAN: *qāštū*: bow	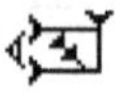

BAR: *aḫū*: other; alien; *ṣēru*: desert; *zāzu*: to divide; *zumru*: body	
BAR$_2$: *parakku*: shrine; throne	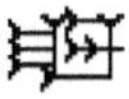
BE.E.LU: *bēlu*: master; lord	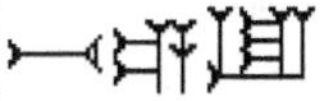
BI: *dabābu*: to speak; *nabū*: to call	
BI.I.TU: *bītu*: house; building	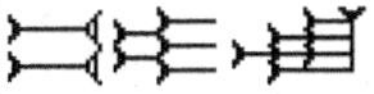
BI$_2$: *emmu*: hot	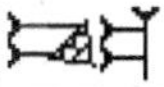
BU.RU: *būru*: calf	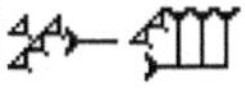
BULUG: *kudurru*: boundary stone (of vassalage); *pulungu*: edge; limit	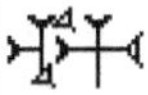
BUR: *naptanu*: meal	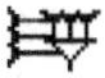
DA.LUM: *dannu*: strong; powerful; stable	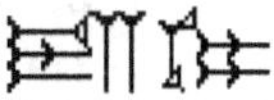
DAGAL: *rapšu*: wide	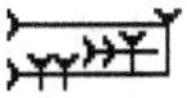
DAM.GAR$_3$: *tamkāru*: merchant	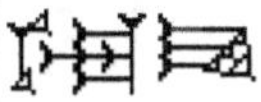
DARA$_3$: *turāḫu*: ibex	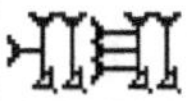
DI.KUD: *dayyānu*: judge; *diānu*: to judge	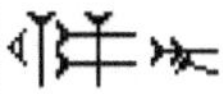
DIN: *balāṭu*: to live	
DINGIR: *ilu*: god; deity	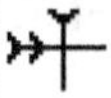
DIŠ: *ištēn*: 1; one; *mati*: when? *šumma*: if	

DIŠ.BU: *dišpu*: honey	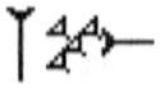
DU$_3$: *banū*: to make; to build; *epēšu*: to create; *epištu*: creation	
DU$_3$.*DU*$_3$.*BI*: *epuštu*: magical procedure	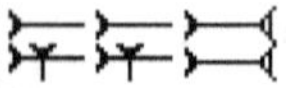
DU$_6$: *tillu*: hill	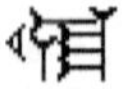
DU$_{11}$: *dabābu*: speech	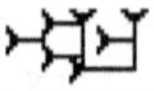
DU$_{11}$.*DU*$_{11}$: *dabābu*: to speak	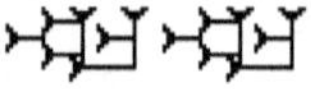
DUB: *ṭuppu*: clay tablet	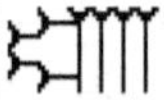
DUB.SIM: *ṭupšimtu*: tablet of destiny	
DUB.ŠAR: *ṭupšarru*: scribe	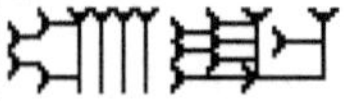
DUG: *karpatu*: vessel; pot	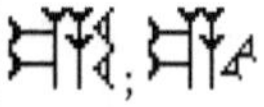
DUG.ŠAB: *šappu*: vessel; pot	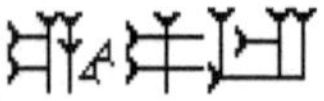
DUG$_3$: *birku*: phallus; *ṭābu*: good	
DUG$_4$: *qabū*: to say; *qibītu*: word	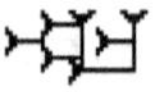
DUG$_4$.*GA*: *qabū*: to say	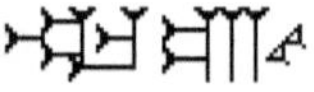
DUMU: *māru*: son	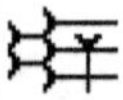
DUMU.MI$_2$: *mārtu*: daughter	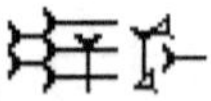
DUMU.NITA: *māru*: son	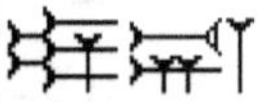
DUNGU: *urpatu*; *urpu*: cloud	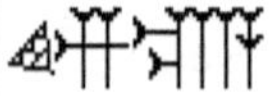

DUR: *eṣemtu*: bone; *kullatu*: all; *riksu*: contract	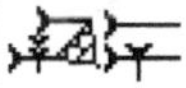
E.PIR$_3$*.ŠU*: *epēšu*: to do	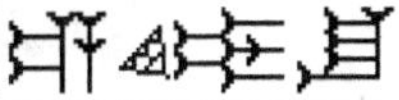
E.RU.U: *erū*: bird of prey	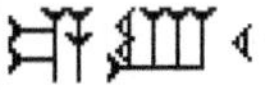
E.ṢE.EM.TU: *eṣemtu*: bone	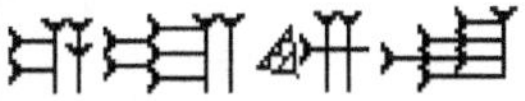
E.WU: *ewū*: to become	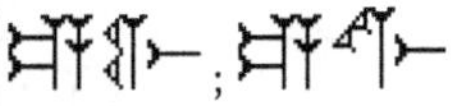
E$_2$: *bītu*: building; house	
E$_2$*.BAR*: *šangū*: priest	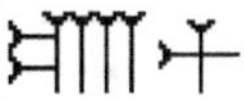
E$_2$*.DUB.BA*: *bītu ṭuppi*: tablet house; school	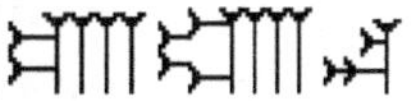
E$_2$*.GAL*: *ekallu*: palace	
E$_2$*.KUR*: *ekurru*: temple	
E$_3$: *ṣītu*: East	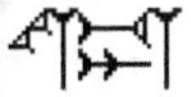
EDIN: *ṣēru*: desert	
EGIR: *warka*: behind; *warkatu*: back; *warki*: after	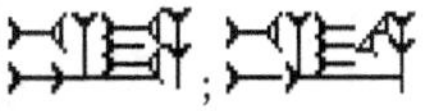
EME: *lišānu*: language; statement; tongue	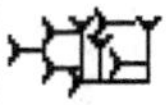
EME.SIG.GA: *karṣu*: charge	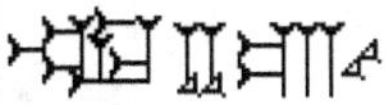
EN: *bēlu*: lord; master	
EN.TE.NA: *kūṣu*: cold	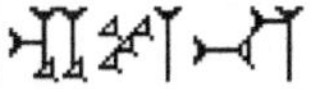
ER.BU: *erbu*: West	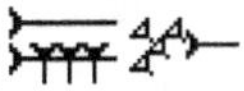

ER.ṢE.TU: *erṣetu*: earth	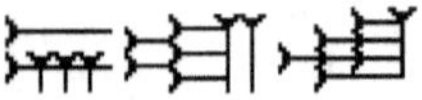
EREN: *erēnu*: cedar	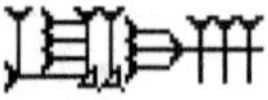
ERIN$_2$: *ṣābu*: soldier; *ummānu*: army	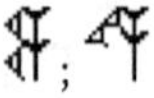
EŠ.ŠU: *eššu*: new	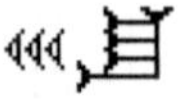
EŠŠABA: *šarru*: king	
GA: *tulū*: breast	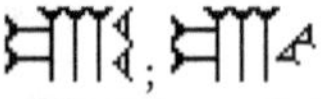
GABA: *irtu*: chest	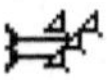
GAG: *eṣemtu*: bone	
GAL: *rabū*: big; great	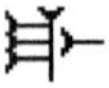
GAL$_2$: *bašū*: to be; to exist; *lī'u*: tablet	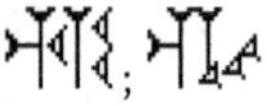
GAL$_4$*.LA*: *biššūru*: vulva	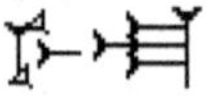
GAR.GIDRI: *ḫaṭṭu*: sceptre	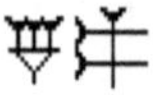
GARZA: *parṣu*: command; duty	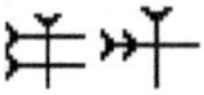
GARZA$_2$: *parṣu*: regulation	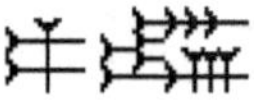
GAŠAN: *bēltu*: mistress; lady; *šarratu*: queen	
GAZ: *ḫepū*: to split	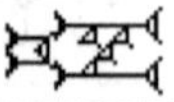
GE$_6$: *mūšu*: night	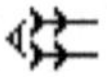
GEME$_2$: *amtu*: female servant	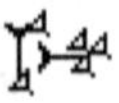

GEŠTU: *ḫasāsu*: to think; *uznu*: ear; intelligence; wisdom	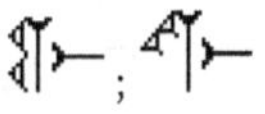
GI: *ḫurāṣu*: gold; *qanū*: reed	
GI.NA: *kānu*: to prove	
GI_4: *apālu*: answer	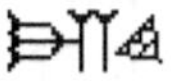
GI_6: *ṣalmu*: black; dark	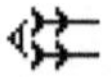
GIBIL: *eššu*: new	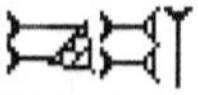
GIDRI: *ḫaṭṭu*: sceptre	
GIG: *murṣu*: sickness	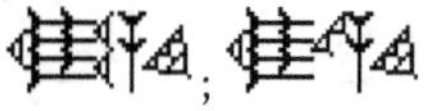
GIM: *kīma*: like; fact	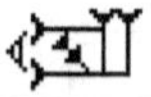
GIN: *alāku*: to act; to move; to go	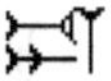
GIN.GIN: *italluku*: to go	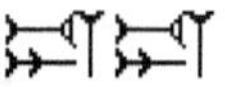
GIN_2: *šiqlu*: shekel	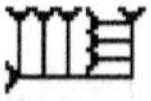
GIR_2.*TAB*: *aqrabu*; *zuqaqīpu*: scorpion	
GIR_3: *padānu*: way; *šēpu*: leg; foot	
GIR_3.*PAD.DU*: *eṣemtu*: bone	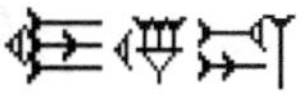
GIŠ: *iṣu*: tree; wood	
GIŠ.APIN: *epinnu*: plough	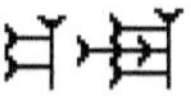
GIŠ.AŠ.TE: *kussū*: throne	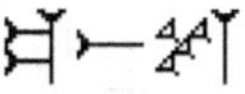
GIŠ.BAN: *qāštū*: bow	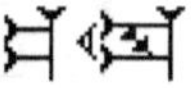

GIŠ.BAR: *girru*: fire	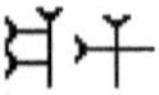
GIŠ.DIM.GAL: *maḫrāšu*: hawser	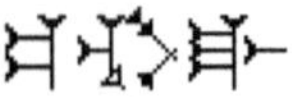
GIŠ.DIM.MA$_2$: *dimmu-ša elippi*: mast	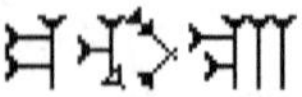
GIŠ.EREN: *erēnu*: cedar	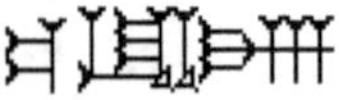
GIŠ.ESI: *ušu*: ebony	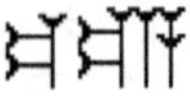
GIŠ.GAG.DU.TAG.GA: *šiltāḫu*: arrow	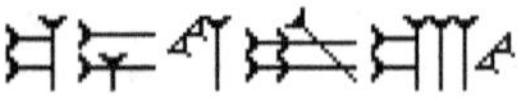
GIŠ.GAR.GIDRI: *ḫaṭṭu*: sceptre	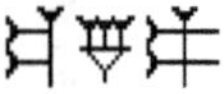
GIŠ.GI.MUŠ: *gimmuššu*: rudderstock	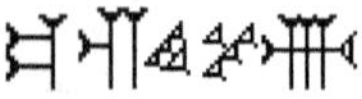
GIŠ.GIDRI: *ḫaṭṭu*: sceptre	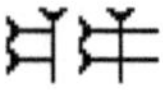
GIŠ.GIGIR: *narkabtu*: chariot	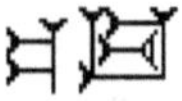
GIŠ.GIŠIMMAR: *gišimmaru*: date palm	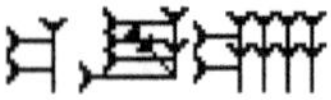
GIŠ.GU.ZA: *kussū*: throne	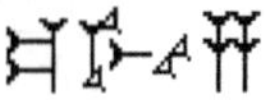
GIŠ.ḪUR: *uṣurtu*: boundary; end; plan; sculpture	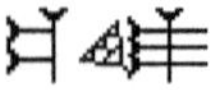
GIŠ.IG: *daltu*: door	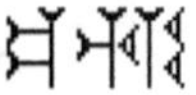
GIŠ.MA$_2$: *elippu*: ship; boat	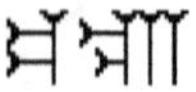
GIŠ.PA: *ḫuṭāru*: branch	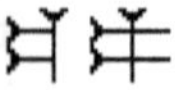
GIŠ.PAR$_3$: *parru*: net	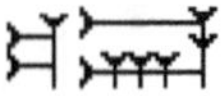
GIŠ.SA: *šētu*: net	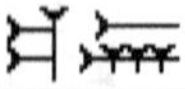

GIŠ.SI.MA$_2$: *qarnu elippi*: sternpost	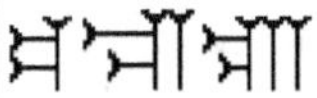
GIŠ.ŠIBIR: *šibirru*: staff	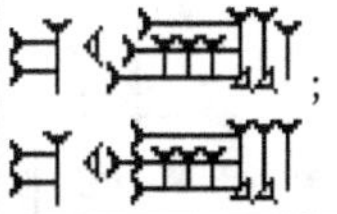
GIŠ.ŠU.UR$_2$.ME: *šurmēnu*: cypress	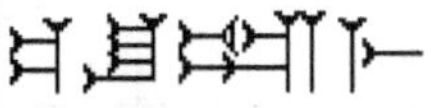
GIŠ.TUK: *šemū*: to hear	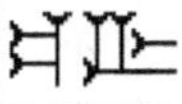
GIŠ.TUKUL: *kakku*: weapon	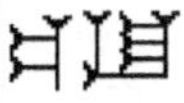
GIŠ.ZU.RU: *iṣṣūru*: bird	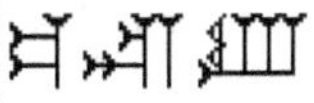
GIŠ$_3$: *išāru*: phallus	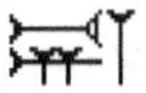
GIŠIMMAR: *gišimmaru*: date palm	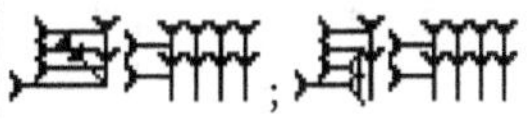
GIŠKIM: *ittu*: sign	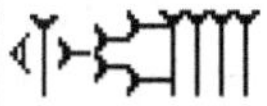
GISSU: *ṣillu*: shadow	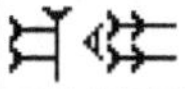
GU.ZA: *kussū*: throne	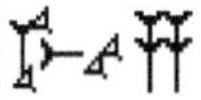
GU$_2$: *kišādu*: riverbank; shore; *napḫaru*: whole	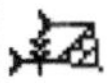
GU$_3$.DE$_2$: *nabū*: to call	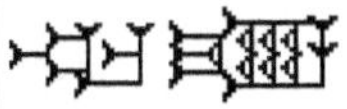
GUB: *izuzzu*: to be present; *kīnu*: true; *nazāzu*: to stand	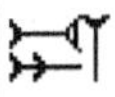
GUD: *alpu*: ox	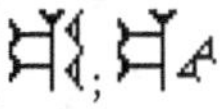
GUR: *tāru*: to become	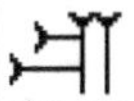
GUŠKIN: *ḫurāṣu*: gold	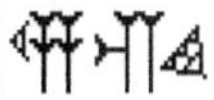

ḪA.BU.BI.E.TU: *ḫabubītu*: bee	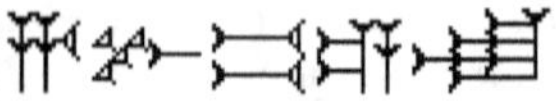
ḪA.LA: *zittu*: part	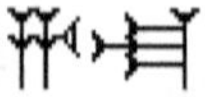
ḪA₂: *mādu*: many	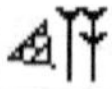
ḪAL: *zittu*: part	
ḪAR.RA.AN: *ḫarrānu*: road	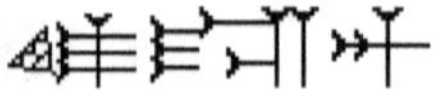
ḪI: *kiššatu*: world	
ḪI.LI.BA: *ḫilibū*: netherworld	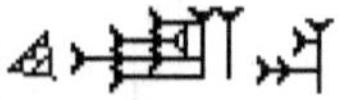
ḪUL: *lemnu*: bad; evil; *lemuttu*: badness; evil	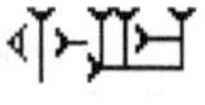
ḪUL.GIG: *zīru*: hate	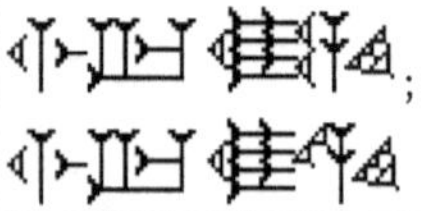
ḪUN: *nāḫu*: to rest	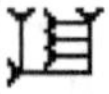
ḪUR: *eṣāru*: to imagine; *eṣēru*: to delimit	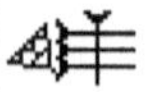
ḪUR.SAG: *ḫuršānu*: highlands; *šadū*: mountain	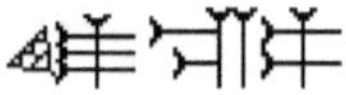
ḪUŠ: *ruššū*: red	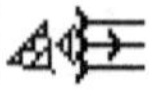
I: *atmū*: language	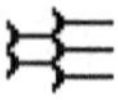
I.DU: *idu*: arm	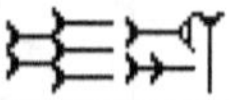
I.LU: *ilu*: deity; god	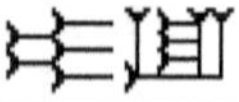
I.ME.RU: *imēru*: ass	
I.NU: *īnu*: eye	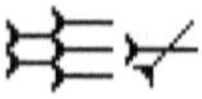

I.ṢU: *iṣu*: wood; tree	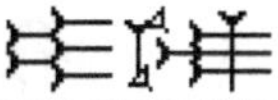
I.ŠA$_2$.TU: *išātu*: fire	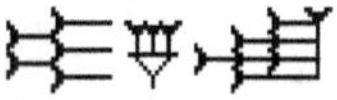
ID: *idu*: arm	
ID.DA: *nāru*: river; watercourse	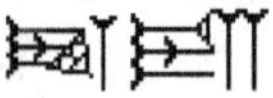
ID$_2$: *nāru*: watercourse; river	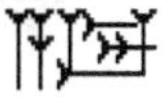
IG: *daltu*: door	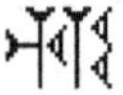
IGI: *amāru*: to see; *īnu*: eye; *maḫru*: first; front; past; previous; *naṭālu*: to see; *pānu*: face; first; front; past; previous	
IGI.BAR: *naṭālu*: to see	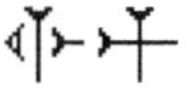
IGI.DU$_8$: *amāru*: to examine; to read	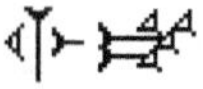
IGI.KAR$_2$: *barū*: to read	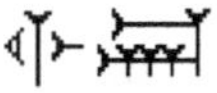
IGI.LA$_2$: *amāru*: to see	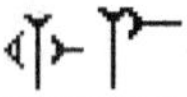
IL$_2$: *našū*: to lift up	 ; 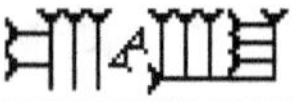
IM: *šāru*: storm; wind; *ṭiṭṭu*: clay; *ṭuppu*: clay tablet; *zunnu*: rain	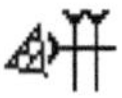
IM.DUB: *ṭuppu*: clay tablet	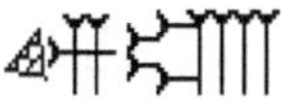
IM.ḪUL: *imḫullu*: windstorm	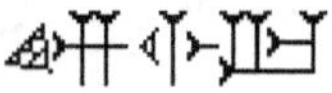
IM.ME.RU: *immeru*: sheep	

IM.NU: *imnu*: right	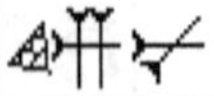
IM.SUḪ₃: *imsuḫḫu*: storm; wind	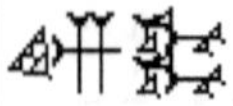
IM.TUK: *nādu*: exalted	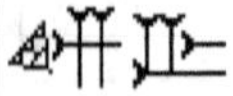
INIM: *awātu*: word; command; matter	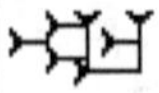
IR₃: *wardu*: servant; slave	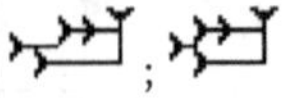
IT.GAL₂: *li'ū*: strong	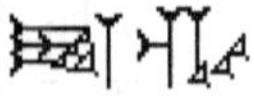
IT.MUŠEN: *našru*: bird of prey	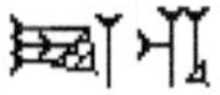
ITU: *warḫu*: month	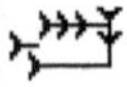
IZI: *išātu*: fire	
IZI.GAR: *nūru*: light#	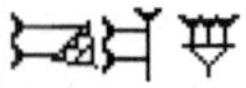
KA: *pū*: mouth; command	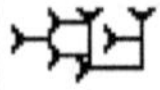
KA.KEŠDA: *riksu*: contract	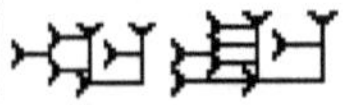
KA.LU.U: *kalū*: all; whole	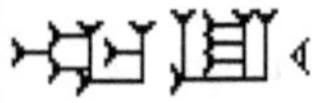
KA.SA: *šaptu*: lip	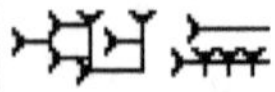
KA.ŠA.DU: *kašādu*: to come	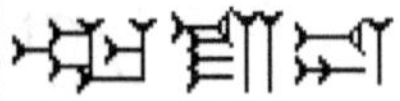
KA₂: *bābu*: gate	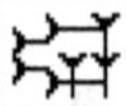
KAB: *šumēlu*: left	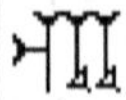
KAK: *kalū*: whole; all	
KAK.KA.BU: *kakkabu*: star	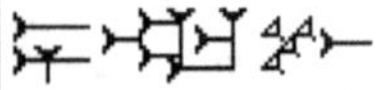

KALAG: *danānu*: power; strength; *dannu*: powerful; strong; stable	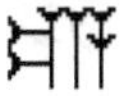
KALAM: *mātu*: land Sumer:	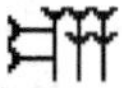
KAM: *erištu*: request	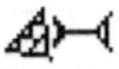
KASKAL: *girru*: way; *ḫarrānu*: road	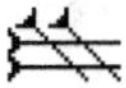
KASKAL.KI: *ḫarrānu*: road	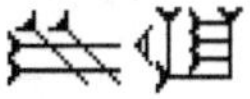
KAŠ: *šikaru*: beer	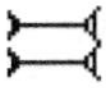
KAT: *kitū*: linen; cloth	
KEŠDA: *rakāšu*; *qaṣāru*: to bind; *riksu*: contract	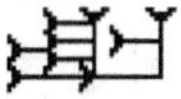
KI: *ašru*: place; *erṣetu*: earth	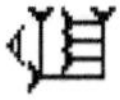
KI.AG$_2$: *narāmu*: beloved; *rāmtu*: love; *rāmu*: to love	
KI.ḪUN: *šubtu*: room	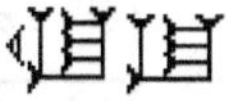
KI.TA: *šaplū*: lower; low	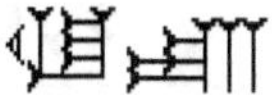
KIN: *šapāru*: to write; *šipru*: message	
KIN.SIG: *lilātu*; *šimetan*: evening	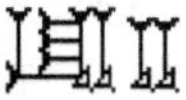
KIRI$_6$: *kirū*: orchard	
KISAL: *kisallu*: platform	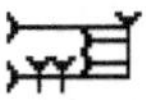
KIŠ: *kiššatu*: world	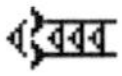

KIŠIB: *kunukku*: seal (cylinder); *rittu*: hand; *šangū*: priest	
KIŠIB.LA$_2$: *rittu*: hand	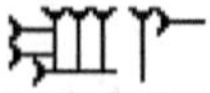
KU.LI: *ibru*: friend	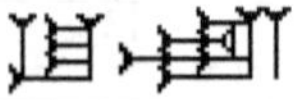
KU.ZA.ZU.MUŠEN: *kuzazu*: flying insect	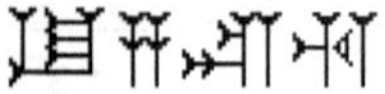
KU$_3$: *ellu*: pure	
KU$_6$: *nūnu*: fish	
KUD.DI: *kīttu*: justice	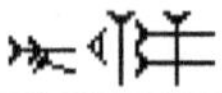
KUKKU$_2$: *ekletu*: darkness	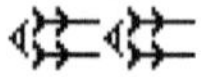
KUN: *zibbatu*: tail	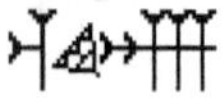
KUR: *dimtu*: settlement; *mātu*: foreign land; *šadū*: mountain	
KUR.GI$_4$*.MUŠEN*: *kurkū*: goose	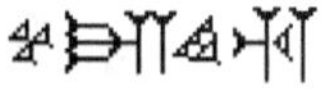
KUR.KU.U: *kurkū*: goose	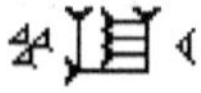
KUR.NU.GI$_4$*.A*: *erṣet lātāri*: netherworld	
KUR.U$_2$: *šadū*: East	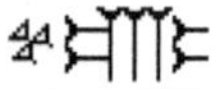
KUR$_2$: *aḫū*: alien; other; *nakāru*; *šunnū*: to change; *nakiru*: enemy; *nakru*: hostile; *šanū*: to change (oneself)	
KUŠ: *mašku*: skin; leather; hide	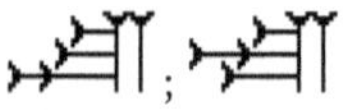

LA.MA.DU: *lamādu*: to learn	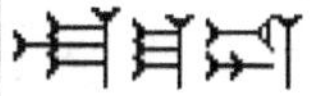
LAL: *maṭū*: small; *qaṣāru*; *rakāsu*: to bind	
LAL$_3$: *dišpu*: honey	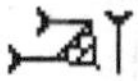
LI.SIL: *šālu*: to inquire; to ask	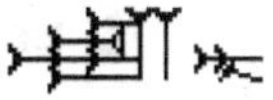
LI.ŠA.A.NU: *lišānu*: statement; tongue; language	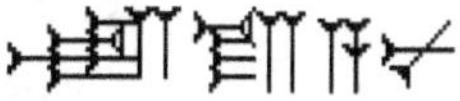
LI.TU: *lītu*: cow	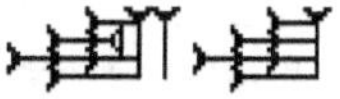
LIB.BU: *libbu*: heart; mind	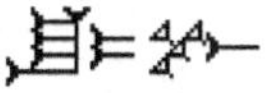
LIBIR: *labīru*: old	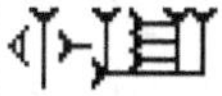
LIL$_2$: *lilū*: air	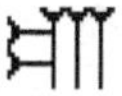
LU: *ṣēnu*: sheep and goats	
LU$_2$: *awīlu*: man	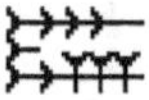
LU$_2$*.A.KIN*: *mār šipri*: messenger	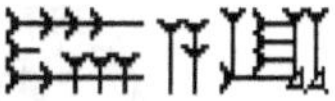
LU$_2$*.A.ZU*: *asū*: physician	
LU$_2$*.DUB.ŠAR*: *ṭupšarru*: scribe	
LU$_2$*.ENGAR*: *ikkaru*: farmer	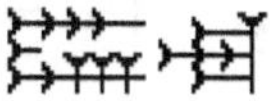
LU$_2$*.ERIN*$_2$: *ṣābu*: soldier	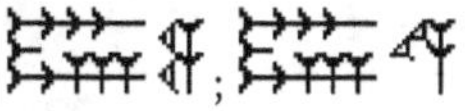
LU$_2$*.GAR*: *sākinu*: prefect	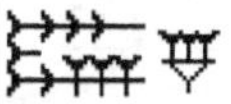
LU$_2$*.KIN.GI*$_4$*.A*: *mār šipri*: messenger	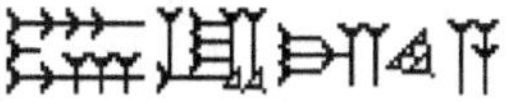

LU₂.KIŠIB: *šangū*: priest	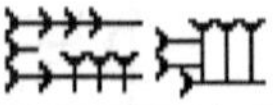
LU₂.KUR₂: *nakiru*: enemy	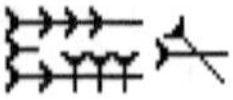
LU₂.MA₂.LAḪ₄: *malāḫu*: boatman	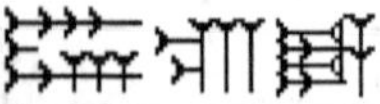
LU₂.NA.GAD: *nāqidu*: overseer	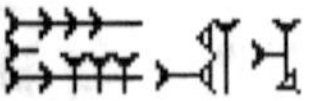
LU₂.NAM: *paḫātu*: governor	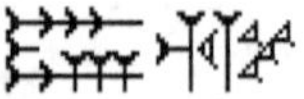
LU₂.NAR: *nāru*: singer	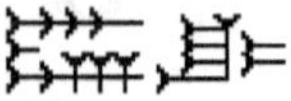
LU₂.NI.DU₈: *ātū*; *pītū*: gatekeeper	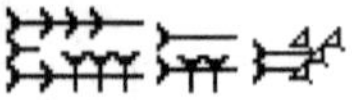
LU₂.NU.GIŠ.SAR: *amēl urqi*: orcharder	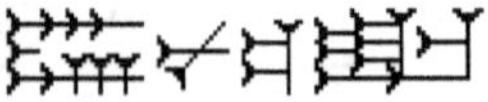
LU₂.NU.SAR: *nukarippu*: gardener	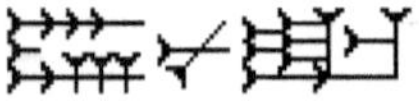
LU₂.NUN: *rubū*: ruler	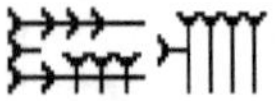
LU₂.SIPA: *rē´ū*: shepherd	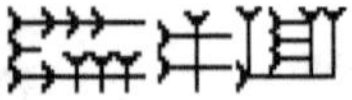
LU₂.ŠU.ḪA: *bā'iru*: fisher	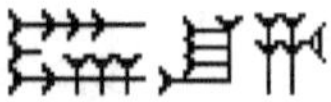
LUGAL: *šarru*: king	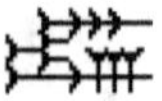
MA: *mātu*: land	
MA.AŠ.KU: *mašku*: leather; skin; hide	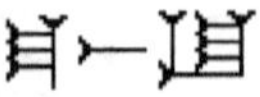
MA. ṬA.: *mātu*: land	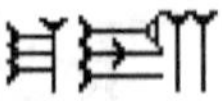
MA₂: *elippu*: boat; ship	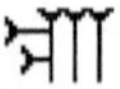
MA₂.GUR₈: *makurru*: cargo boat (round)	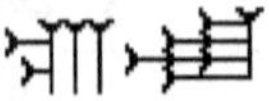
MA₂.LAḪ₄: *malāḫu*: boatman	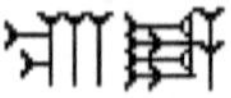

MAḪ: *gapšu*: mighty; *mādu*: many; *ṣīru*: exalted	𒈤
MAN: *šarru*: king	𒎙
MAŠ: *mišlu*: half	𒈦
MAŠ$_2$: *puḫādu*: lamb	𒈧
MAŠ$_2$*.ANŠE*: *būlu*: cattle	𒈧𒀲
MAŠ$_2$*.ZU*: *kizzu*: billy goat	𒈧𒍪
ME: *lišānu*: tongue; language; statement; *parṣu*: essence; *qālu*: to call; *qūlu*: voice	𒈨
ME.TE: *simtu*: honour	𒈨𒋼
MI: *ṣillu*: shadow	𒈪
MI.NU: *mīnu*: what?	𒈪𒉡
MI$_2$: *sinništu*: female	𒊩
MIN: *šinā*: 2; two (dual)	𒈫
MU: *nīšu*: life; *šattu*: year; *šumu*: name; *zakāru*: to name; *zakāru*: to speak; *zikru*: utterance	𒈬
MU.AN.NA: *šattu*: year	𒈬𒀭𒈾
MU.SAR.RA: *musarū*: inscription	𒈬𒊬𒊏
MU.U$_2$: *mū*: water	𒈬𒌑
MUD: *damu*: blood	𒌇

MUL: *kakkabu*: star	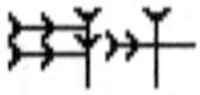
MUNUS: *awīltu*; *sinništu*: woman	
MURU$_2$: *qablu*: middle	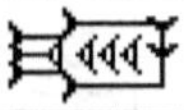
MUŠ: *ṣīru*: snake	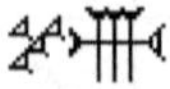
MUŠEN: *iṣṣūru*: bird	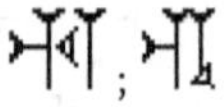
NA: *narū*: boundary stone	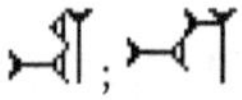
NA.A.RU: *nāru*: river; watercourse	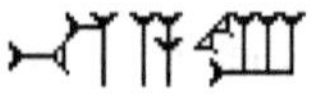
NA.AM: *kīam*: therefore	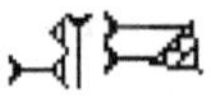
NA.AŠ.PAR: *našparu*: messenger	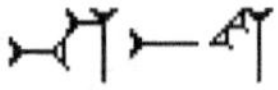
NA.GAD: *nāqidu*: overseer	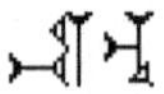
NA.PIŠ.TU: *napištu*: soul; life	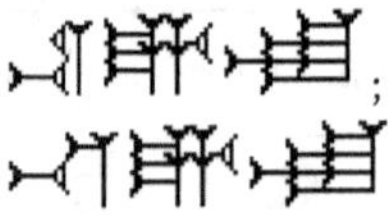
NA.RU$_2$*.A*: *narū*: stele	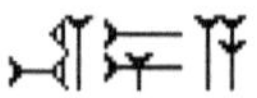
NA.UḪ.LU: *naḫlu*: watercourse	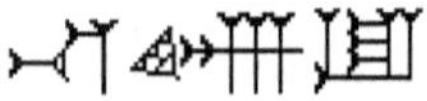
NA$_4$: *abnu*: stone	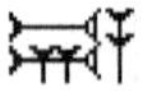
NA$_4$*.KIŠIB*: *kunukku*: seal (cylinder)	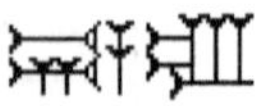
NAG: *šatū*: to drink	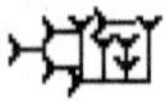
NAM: *paḫātu*: governor; *piḫātu*: province; *šīmtu*: destiny; fate	
NAM.AB.BA: *šībūtu*: testimony	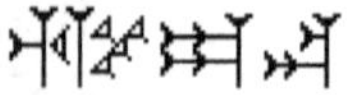

NAM.DUB.ŠAR: *ṭupšarrūtu*: scribal craft	
NAM.ERIM₂: *šiptu*: oath	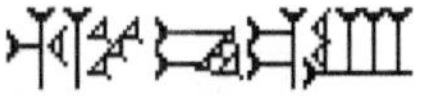
NAM.KU₃.ZU: *nēmequ*: wisdom	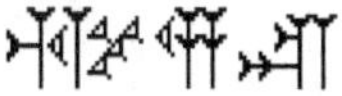
NAM.LU₂.LU₇.LU: *awīlūtu*: mankind	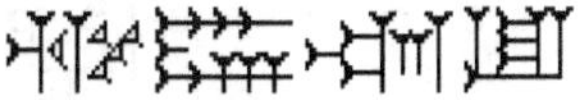
NAM.LUGAL: *šarrūtu*: kingship	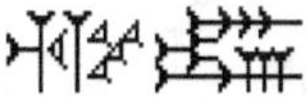
NAM.RA.AG: *šallatu*: prisoner of war	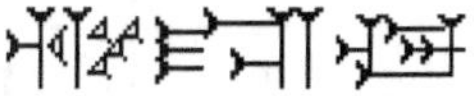
NAM.TI: *balāṭu*; *nīšu*: life	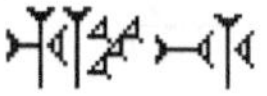
NAM.UŠ₂: *mūtu*: death	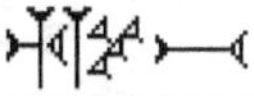
NAR: *nāru*: singer	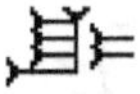
NE.ḪA: *nēḫtu*: rest	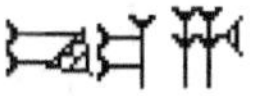
NI.DU₈: *ātū*; *pītū*: gatekeeper	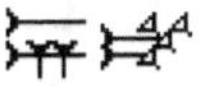
NI₂: *puluḫtu*: fear	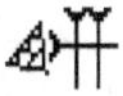
NI₃.GA: *makkumru*: property	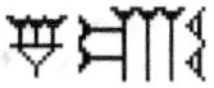
NI₃.ŠU: *bušū*: property	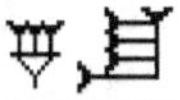
NI₃.ŠU₂: *bušū*: thing	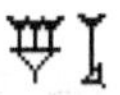
NIG₂.DU: *kudurru*: boundary stone; *naptanu*: meal	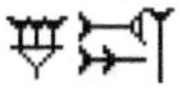
NIG₂.GI.NA: *kīttu*: truth	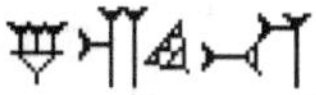
NIG₂.IB.MUŠEN: *sudinnu*: bat	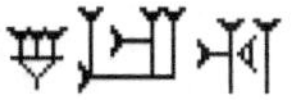

NIG$_2$.KA: *nikkassu*: possession; record	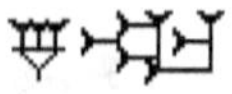
NIG$_2$.ME.GAR: *qūlu*: silence	
NIG$_2$.SI.SA$_2$: *mīšaru*: justice	
NIGIN: *lawū*: to surround; *napḫaru*: whole; *saḫāru*: to seek; to surround	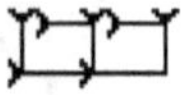
NIM: *elū*: high; upper; *zumbu*: fly	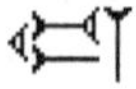
NIM.LAL$_3$: *nūbtu*: honeybee	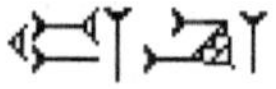
NIN: *aḫātu*: sister; *bēltu*: lady; mistress; *šarratu*: queen	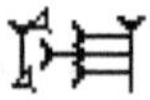
NINDA: *akālu*: food	
NIR.GAL$_2$: *etellu*: leader	
NIŠ: *šanū*: different; other	
NITA: *zikaru*: male	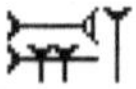
NITA$_2$: *zikaru*: male	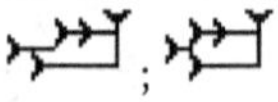
NU: *lā*: not	
NU.SAR: *nukarippu*: gardener	
NU.U$_2$.NU: *nūnu*: fish	
NU.UB.TUM: *nūbtu*: honeybee	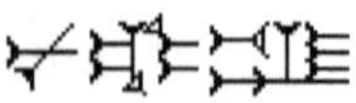
NU.UM.MA.MUŠEN: *zību* ('jackal [bird]'): vulture	

NUN: *rubū*: prince; ruler	
NUN.ME: *abkallu*: minister	
NUNDUN: *šaptu*: lip; opinion	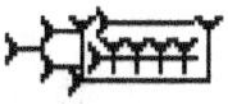
NUNUZ: *pir'u*: offspring; *pīlū*: egg	
PA: *artu*: foliage	
PA$_5$: *palgu*: canal	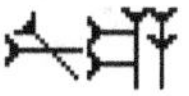
PAD: *kurumattu*: food	
PAD$_3$: *tamū*: to swear	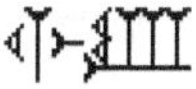
PAP: *aḫu*: brother	
PE.TU.U: *petū*: to open	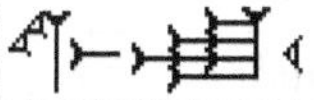
PU.ḪA.DU: *puḫādu*: lamb	
PU$_2$: *būrtu*: waterwell	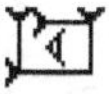
QA.AŠ$_2$*.TU*$_2$: *qāštū*: bow	
QA.NU.U$_2$: *qanū*: reed	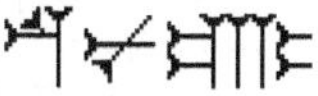
RA: *riḫiṣtu*: inundation	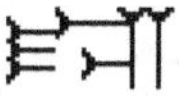
RA.BU.U: *rabū*: great; big	
RAG.ḪUL: *lemuttu*: evil; badness	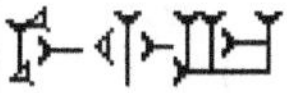
RE.E.ŠU$_2$: *rēšu*: beginning; head	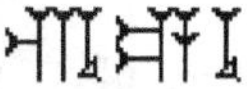
RE.ŠU: *rēšu*: beginning; head	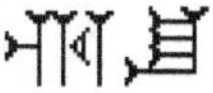
RI: *raḫṣu*: to flood	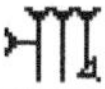

SA: *markasu*: cosmic rope	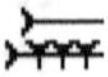
SA.TU: *šadū*: mountain	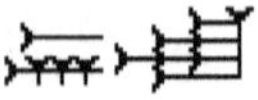
SA$_2$: *šanānu*: to be equal; to be the same	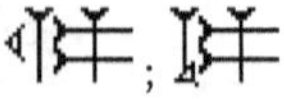
SA$_4$: *nabū*: to name; to decree; to proclaim	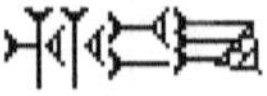
SAG: *pānu*: front; face; *rēšu*: head; beginning	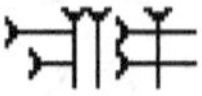
SAG.DU: *qaqqadu*: head	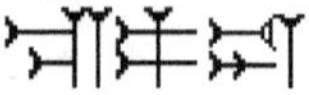
SAG.KI: *sakkū*: regulation	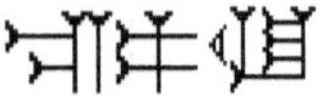
SAL: *urū*: vulva	
SAL.KUR$_2$: *nukurtu*: hostility	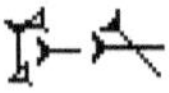
SAL.ŠEŠ: *aḫātu*: sister	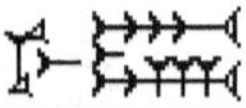
SAR: *musarū*: garden; *šaṭāru*: to write	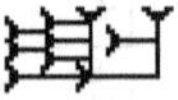
SI.DI: *ešēru*: to be straight	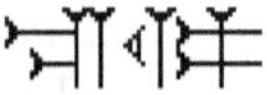
SI.NUN.TUM: *sinuntu*: swallow	
SI.SA$_2$: *ištānu*: North	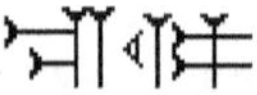
SIG: *enšu*: weak; *qatnu*: small; narrow; *šaplū*: low; lower	
SIG$_2$: *šipātu*: wool	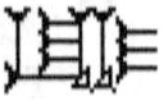
SIG$_4$: *libittu*: brick	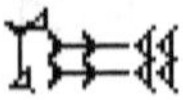

SIG$_5$: *damqu*: good	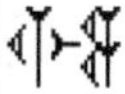
SIKIL: *ellu*: pure	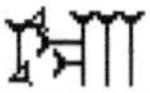
SIL: *šâlu*: to ask; to inquire	
SILIM: *salīmu*: peace; *šalāmu*: to be complete; to be safe; *šulmu*: health	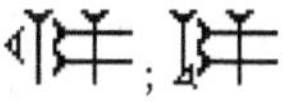
SIM.MUŠEN: *sinuntu*: swallow	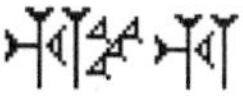
SIPA: *rē'ū*: shepherd	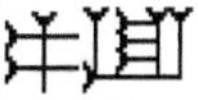
SIR$_4$: *nūru*: light	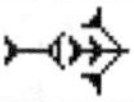
SU: *zumru*: body	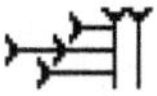
SU.TIN.NU: *sudinnu*: bat	
SU.UM.MA.TUM: *summatu*: dove	
SUD: *rūqu*: far	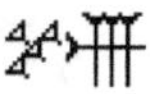
SUG$_2$: *italluku*: to go	
SUḪ: *uššu*: foundation	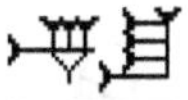
SUḪUŠ: *išdu*; *uššu*: foundation	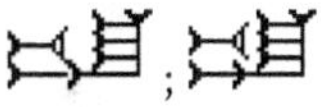
SUKKAL: *sukkalu*: vizier	
SUM: *nadānu*: to give	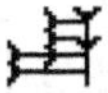
SUN: *labīru*: old	
SUR: *miṣru*: border	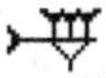

SUR$_2$*.DU*$_3$*.MUŠEN*: *surdū*: falcon	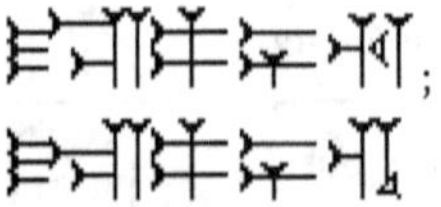
ṢE.LU: *ṣēlu*: rib	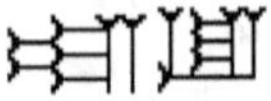
ṢI.I.RU: *ṣīru*: exalted	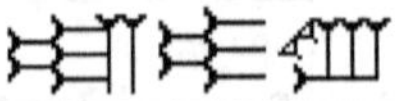
ṢI.RU: *ṣīru*: snake	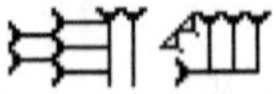
ŠA.A.LU: *šālu*: to inquire; to ask	
ŠA.A.MU: *šāmu*: to buy; to determine	
ŠA.A.RU: *šāru*: wind; storm	
ŠA$_3$: *libbu*: heart; mind	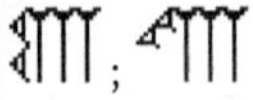
ŠAB: *šappu*: pot; vessel	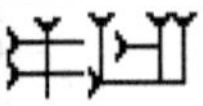
ŠAB.TU: *šaptu*: lip	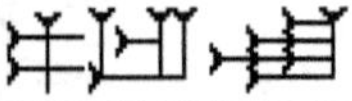
ŠAM$_2$: *šāmu*: to determine; to buy	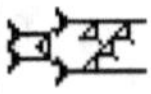
ŠANABI: *šīnipu*: two thirds	
ŠAR$_2$: *kullatu*: all; *šāru*: 3,600	
ŠE: *še'u*: barley; *šeu*: grain	
ŠE.'U: *še'u*: barley	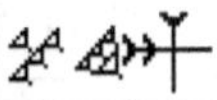
ŠE.BAR: *uṭṭatu*: barley	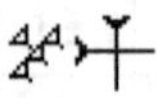
ŠE.RU: *šēru*: morning	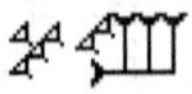
ŠE.TIR: *ašnan*: grain	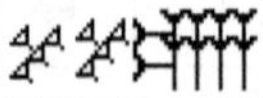
ŠE.U.NINDA.MEŠ: *šeu*: grain	

ŠE$_4$: *nēḫtu*: rest	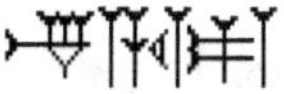
ŠED$_7$: *kūṣu*: cold	
ŠEŠ: *aḫu*: brother; assistant	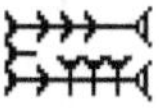
ŠI.NA: *šinā*: two; 2	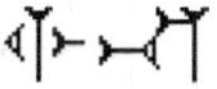
ŠIN.NU: *šinnu*: tooth	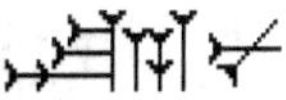
ŠITA$_5$: *minūtu*: number	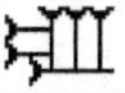
ŠU: *qātu*: 1. hand 2. charge	
ŠU.GI: *šēbu*: old	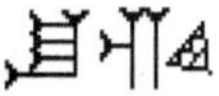
ŠU.ḪA: *bā'iru*: fisher	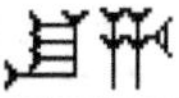
ŠU.MU: *šumu*: name	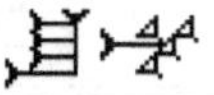
ŠU.RU: *šūru*: bull	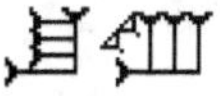
ŠU.SI: *ubānu*: finger	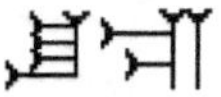
ŠU$_2$: *kiššatu*: world	
ŠUD$_3$: *karābu*: to utter blessings or prayers	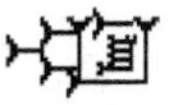
šumēlu: left	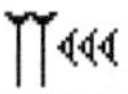
ŠUŠANA: *šalšu*: one third	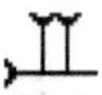
TA.AM.TU: *tāmtu*: sea	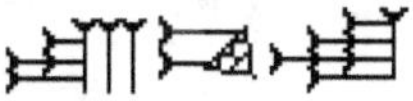
TAG: *banū*: beautiful; *damiqtu*: goodness; *damqu*: good	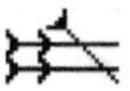
TAP$_3$: *ṭābu*: good; *ṭūbu*: goodness	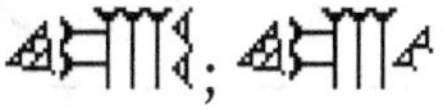
TAR: *parāsu*: to divide	

TEMEN: *temenu*: foundation stone	
TI: *balāṭu*: life; *balāṭu*: to live; *emū*: to be; *ewū*: to become; *ṣēlu*: rib	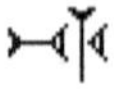
TI.LA: *balāṭu*: to live	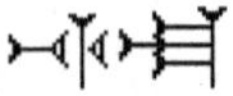
TI$_{8}$.MUŠEN: *erū*: bird of prey	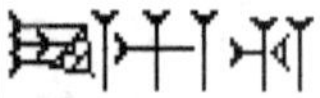
TIBIRA: *qurqurru*: metalsmith	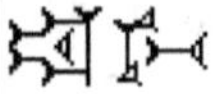
TIL: *gamāru*: to include; *gimru*: all; universe	
TU.LU: *tulū*: breast	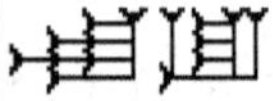
TU.MUŠEN: *summatu*: dove	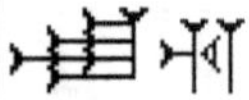
TU$_{15}$.MAR.TU: *amurru*: West	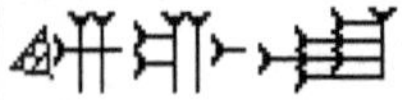
TUG$_{2}$: *nalbašu*; *ṣubātu*: garment	
TUG$_{2}$.KAT: *kitū*: cloth; linen	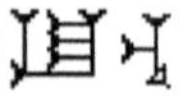
TUK: *išū*: to contain; to have	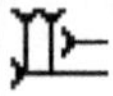
TUM$_{2}$: *wabālu*: to bring	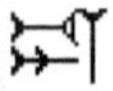
TUR: *enšu*: weak; *ṣeḫru*: small; young	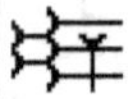
ṬA.A.BU: *ṭābu*: good	
U: *ešru*: 10; ten	
U.MU: *ūmu*: day	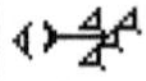
U$_{2}$: *šammu*: plant; herb; drug	

U_2.MU: *ūmu*: day	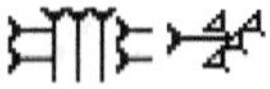
U_2.RI.IN.MUŠEN: *urinnu*: eagle	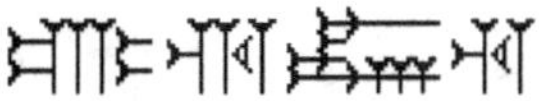
U_3.TU: *walādu*: to give birth	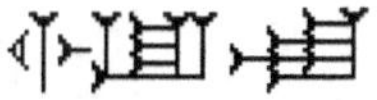
U_4: *urru*: light	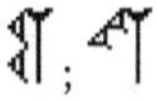
U_4.DA: *urru*: light	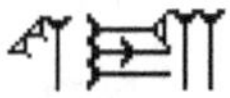
U_6.NIR: *ziqqurratu*: ziggurat	
U_8.UDU.ḪA_2: *ṣēnu*: sheep and goats	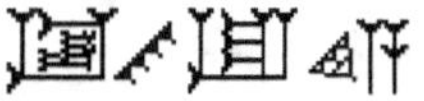
U_{18}.LU: *šūtu*: South	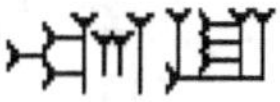
UD: *enūma*: when; *ūmu*: day	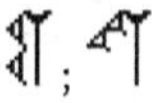
UD.DUG_4.GA: *adānu*: time	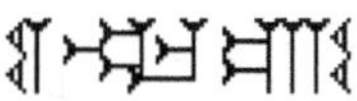
UD.ZU_2.PARA: *siparru*: bronze	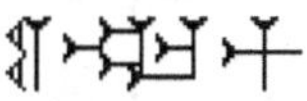
UDU: *immeru*: sheep	
UDU.NITA_2: *šū*: ram	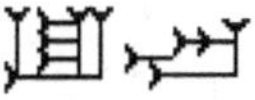
UDU.U_8: *laḫru*: ewe	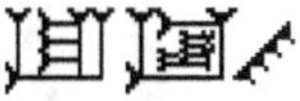
UGU: *eli*: high; up	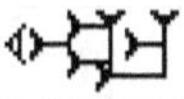
UGULA: *šāpiru*: governor; *waklu*: overseer; secretary	
U$Ḫ_2$: *kušū*: crocodile; *rūtu*: breath	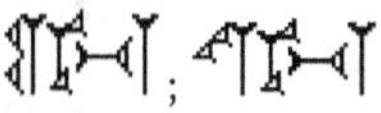
U$Ḫ_4$: *imtu*: breath	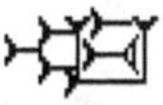

UIA: *imnu*: right	
UKKIN: *puḫur*: assembly	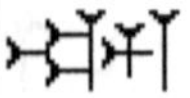
UM.MI.A: *ummiānu*: craftsman; scholar; expert	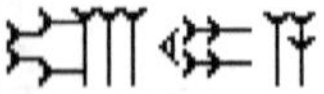
UM.MU: *ummu*: mother	
UN: *nišū*: people; humanity	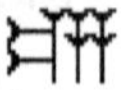
UN.MEŠ: *nišū*: humanity; people	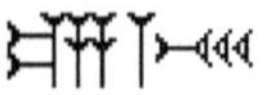
UR: *kalbu*: dog	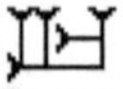
UR.SAG: *qarrādu*: hero	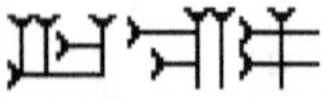
UR$_2$: *sūnu*: lap	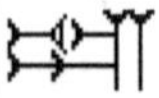
UR$_5$: *ḫašū*: lung	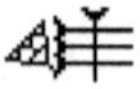
UR$_5$*.KIN*: *tērtu*: command; omen	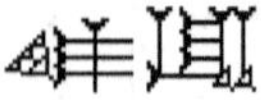
URU: *ālu*: settlement; city	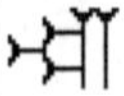
URUDU: *werū*: copper	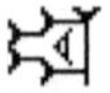
US$_{11}$: *kišpu*: magic	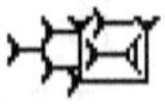
USAN: *šimetan*; *lilātu*: evening	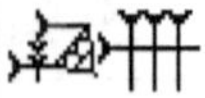
USSU: *šamānū*: eight; 8	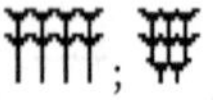
USU / *A*$_2$*.KALAG*: *emūqu*: authority	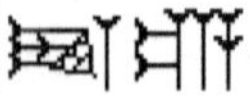
UŠ: *birku*: phallus	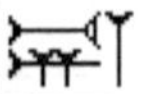
UŠ.PAR$_2$: *ušparu*: weaver	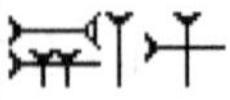

UŠ$_2$: *mūtu*: death	
UŠUMGAL: *ušumgallu*: serpent	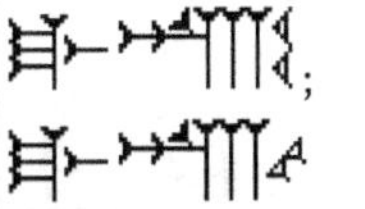
UTU: *šamšu*: sun	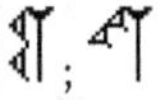
UTU.E$_3$: *ṣītu*: sunrise	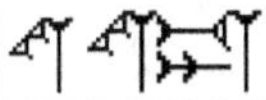
UTUL: *utullu*: herder	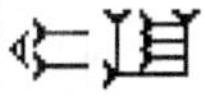
UZ.NU: *uznu*: intelligence; wisdom; ear	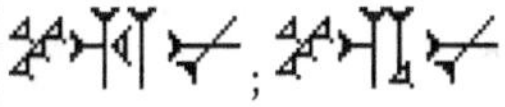
UZ$_3$: *enzu*: goat	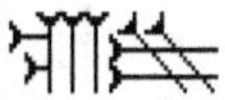
UZU: *šīru*: body part; flesh	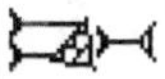
UZU.GABA: *irtu*: chest	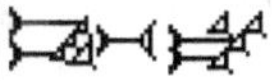
WA.AR.DU: *wardu*: slave; servant	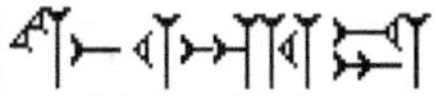
WA.AR.ḪU: *warḫu*: moon; month	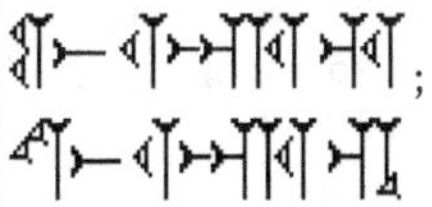
WA.AR.KI: *warki*: after	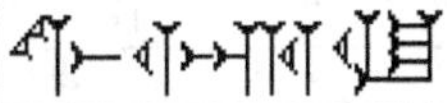
ZA.KUR: *uqnū*: lapis lazuli	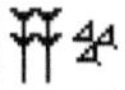
ZA.QA.RU: *zakāru*: to speak	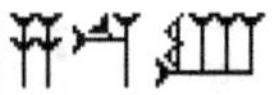
ZA$_2$.NA.RU$_2$.A: *narū*: stele	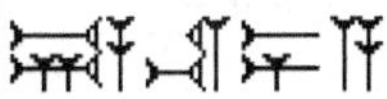
ZA$_2$.TU: *yaraḫḫu*: ruby	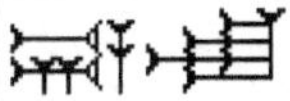
ZA$_2$.ZA.KUR: *uqnū*: lapis lazuli	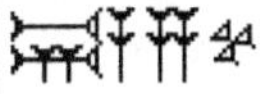

ZAG: *miṣru*; *pāṭu*: border; *pāṭu*: boundary; *sagū*: shrine	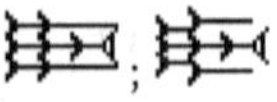
ZAG.ḪA: *bā'iru*: fisher	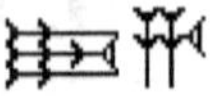
ZALAG$_2$: *nawirtu*: bright; light; *nūru*: light	
ZI: *imnu*: right; *kīttu*: law; *napištu*: life; soul	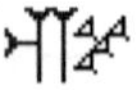
ZI.DA: *imnu*: right	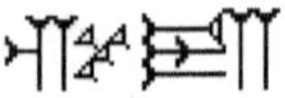
ZI.GAL$_2$: *šiknat napišti*: living being	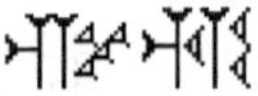
ZI.I.BU: *zību* ('jackal'): vulture	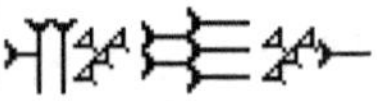
ZI.KA.RU$_3$: *zikaru*: male	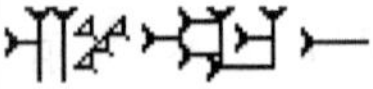
ZIK.RU: *zikru*: idea	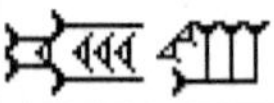
ZU: *idū*: to know; *lamādu*: to learn; *li'ū*: wise	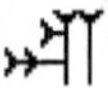
ZU.UM.BU: *zumbu*: fly	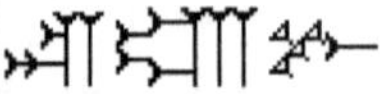
ZU$_2$: *šinnu*: tooth	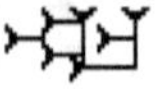
ZU$_2$*.LUM.MA*: *suluppū*: dates:	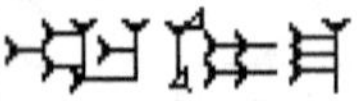
ZUR: *karābu*: to utter blessings or prayers	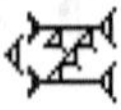

HEBREW (OLD)-ENGLISH

The alphabetical order accounts for diacritics and hyphens. Main sources: Bennett; Lauffenburger; Wigram.

'ak-rāhv': scorpion
'ălee-lāh': action
'ānā: to answer
'āśā: to make
'ătzeh'-reth; *kāh-hāhl'*: assembly
'ayin: eye
'ebed: slave
'ēgel: calf
'erev; *māriv*: evening
'ēṣ: tree; wood
'eṣem: bone
'ēz: goat
'ōp; *ṣippōr*: bird
'āb: father
'adam: humankind
'adam; *'īš*: man
'adamah: earth; land
'ādōn: lord
'āḥ: brother
'aḥar: after
'āhēb: love
'āḥōt: sister
'ālep: ox
'āmar: to say
'anōš; *segullah*: people
'ayyēh: where
'eben: stone
'eḥād: one
'el (*'lōhīm*): god (gods)
'ēm : mother
'ereṣ: earth
'ēš : fire
'eṣba': finger
'īš; *'adam*: man
'iššā: woman
'lōhīm: *'el*
'ōzen: ear
ah'yil: ram
assah; *b-r-'*; *k-n-h*: to create
bā': come
bah'-'al: master
bānā: to build
barzel: iron
bat: daughter
bayit: house
be'ēr: waterwell
bēn: son
b-r-'; *k-n-h*; *assah*: to create
dāg: fish
dāh-rōhm'; *neh'-gev*: South
dāh-vāhr': thing
dāh-vāhr': word
dām: blood
dbaš: honey
dēh-'āh': knowledge
delet: door
demut: likeness
ehyeh: I am/will be
ĕmeth: truth
eveh: papyrus
g'vool: border; limit
gādōl: big
gan: garden
gēhr: alien
gēled: skin
gešem: rain
ġhăšēh-'chāh': darkness
ġhēh'-lek; *māh-nāh'*: part
ġhōh'-šèch: dark
ġhōhk; *tōh-rāh*: law
ha-'adam: mankind
ḥābēr: friend
hālak: to go
ham: hot
har: mountain
havdalah: differentiation
hāyā: to be
ḥāyā: to live
hēh'-phe'ch: contrary
ḥmōr: ass
ḥōdeš: month
ḥôp: shore
hykal: palace
ir; *kir-yāh'*; *m*; *rs*: city
k'roov: cherub
k'thāhv: to write
kāh-deem'; *miz-rāhġh'*: East
kāh-hāhl'; *'ătzeh'-reth*: assembly
kāh-neh': reed
kāh-tzāk': end
kātab: to write
kebeš: lamb

kēh´-šeth: bow
keleb: dog
kī: because
kir-yāh´; *m*; *rs*; *ir*: city
kis-sēh´: throne
k-n-h; *assah*; *b-r-´*: to create
kōhl: voice
kōhph: ape
kōhr: cold
kōkāb: star
kōl: all; whole
lābān: white
lah´-yil: night
lāh-mad´: to learn
lāšōn: tongue
lēb: heart
lehem: grain
le-mino: type
lo: not
lo-ken: injustice
loo: if
m; *rs*; *ir*; *kir-yāh´*: city
ma'rāb: West
mah: what
mah´-kōhm´; *šr*: place
mah-'ăneh´: answer
māh-nāh´; *ģhēh´-lek*: part
mal-'chooth´: kingdom
mal-āh'ch´: messenger
māriv; *'erev*: evening
mašqeh: cupbearer
mayim: water
mazzal: planet
meen: kind; type
melek: king
merkaḇā: chariot
midraš; *še'elah*: inquiry
mil-lāh´: speech
millēl: to speak
minhag: customs
miqneh: cattle
miqneh; *tuvin*: property
mis-pāhr: number
mitz-vāh´: command
miz-rāhģh´; *kāh-deem´*: East
n´kēh-vāh´: female
n´sib-bāh´: cause
n'dee-vāh´: soul
n'šāh-māh´; *ruaḥ*: breath
nāhār: river
nāḥāš: snake
nāh-vee´: prophet
nāḵar: to change
nātan: to give
n-ᶜ-m: to sing
neer; *ōhr*: light
neh´-gev; *dāh-rōhm´*: South
nepeš: life
nepeš: soul
nešer: vulture
nōh´-gah; *zohar*: brightness
n-w-h: to rest
ōhr; *neer*: light
olam: world
oyev: enemy
pa'am: foot
pānīm: face
pārā: cow
pāras: to divide
paraz: judge
par-dēhs´: orchard
pe: mouth
qānā: to buy
qārā': call
qāṭān: small
qayin: metalsmith
ra': bad
rā'ā: to see
rabot: clouds
rāḥēl: ewe
rāh-ģham´: to love
rāḥōq: far
rāḵas: to bind
rakia: expanse
raqah: time
rav: great
rēh-šēth´: beginning
rō'e: shepherd
rōh´ă': evil
rōhv: many
rōš: head
rs; *ir*; *kir-yāh´*; *m*: city
ruaḥ: spirit
ruaḥ: wind
ruaḥ; *n'šāh-māh´*: breath
ruaḥ; *šāmayim*: air
s´gool-lāh´: special
ś'ōrim: barley
s'dāh-reem´: order
šā'al: to ask
šad: breast
šah´-ģhak: sky
šaḥar: morning
šālam: to be complete
šāma': to hear
šāmayim: heaven
šāmayim; *rūḥ*: air
šānā: year
śāpā: lip
sar: ruler
śe: sheep
še'elah; *midraš*: inquiry
seer: pot
segullah; *'anōš*: people
šeh´-kel: shekel
šekem: back
ṣēl: shade; shadow
ṣēla': rib
šēm: name
šemeš: sun
śēmōl: left
šēn: tooth
ṣippōr; *'ōp*: bird
šmōnā: eight
šnayim: two
šoham: lapis lazuli
šōr: bull
šr; *mah´-kōhm´*: place
ta'ch-ree'ch´: garment
tayiš: billy goat
tehom: the deep
tel: hill
ṭōb: good

tōh-rāh: teaching
tōh-rāh; *ģhōhk*: law
tohu: chaos
tšel: shadow
tšelatšal: scarab
tuvin: goods
tuvin; *miqneh*: property
tz´dāh-kāh´; *tzeh´-dek*: righteousness
tzāh-phōhn´: North
tzeh´-dek: justice
tzeh´-dek; *tz´dāh-kāh´*: righteousness
ve: and
y´koom: substance
yād: hand
yāda': to know
yaen: determination
yahveh: he causes to be
yālad̲: to give birth
yām: sea
yām: West
yāmīn: right
yan-šōhph´: owl; sacred ibis
yarah: to teach
yārēḥ: moon
yāšar: to be straight
yōm: day
zāh-'chāhr´: male
zāhāb: gold
z-b-l: prince
z-b-l: to lift up
zebūbīm: fly
zeh´-rem: storm
zik-kāh-rōhn´: record
zohar; *nōh´-gah*: brightness
zrō': arm

ARABIC (OLD)-ENGLISH

The alphabetical order accounts for diacritics and hyphens. Main sources: Bennett; Butterworth; Lauffenburger.

'abd: slave
'alāmah: sign
'anz: goat
'aqrabun: scorpion
'araḍ: accident
'arifa: to know
'ayn: eye
'aẓm: bone
'ālī: high
'iĵl: calf
'uṣfūr: bird
'ab: father
'abyaḍ: white
'a<u>dd</u>ana: to proclaim
'ađana; *sami'a*: to hear
'aḫ: brother
'aḥabb: love
'aḥad: one
'aḥmar: red
'aĵāba: to answer
'arḍ: earth
'aswad: black
'atā: to come
'aw: or
'ayna: where
'insān: person
'uđun: ear
'uḫt: sister
'umm: mother
'uṣba': finger
allāh; *ulūhat*: god
ayn: place
ayyšay' huw; *kayt*: quality
ba'da: after
ba'īd: far
baḥr: sea
banā: to build
baqarat: cow
bayt: house
bāb: door
bi'r: waterwell
bint: daughter
da'ā: call
dalīl: proof
dam: blood
dawā': drug
dhāt; *mahiat*; *mā huw*: essence
did: opposite
ḍahr: back
ḍarb: type
ḍil': rib
đahab: gold
đahaba: to go
đakar: male
đakārū: to speak
đi'b: vulture
đirā': arm
đubāb: fly
fa'ala: to make
fā'il; *sabab*: cause
fam: mouth
faṣl: differentia
ġaran: eagle
gēled: hide
ḥadd: definition
ḥadd; *ṭarf*: term
ḥadīd: iron
ḥaĵar: stone
ḥāfa: edge
ḥāffa: shore
ḥamal: lamb
ḥatab: wood
ḥayiya: to live
ḥayyat: snake
ḥimār: ass
i'ns: people
ibn: son
imra'at: woman
ism: name
isṭaqis: element
ištarā: to buy
itnāni: two
jawhar: substance
jins: genus

jumhūr: multitude
juz': particular
ĵabal; *sadd*: mountain
ĵild: skin
kabīr: big
kabš: ram
kalb: dog
kam: quantity
kāna: to be
kataba: to write
katīr: many
kawkab: star
kayt; *ayy šay' huw*: quality
khaṣṣah: property
kīssē': throne
kull: all; universal; whole
la: not
lisān: tongue
lubb; *qalb*: heart
ma'rifah: knowledge
maddah: matter
mahiat; *mā huw*; *dhāt*: essence
maḥmūl: predicate
malik: king
markabat: chariot
mata: when
maṭar: rain
mawḍū': subject
mā: what
mā': water
mā huw; *dhāt*; *mahiat*: essence
muqaddamah: premise
nafs: life
nafs: soul
nahr: river
nasr: bird of prey
naw': species
nār: fire
nefeš: living being
nūn: fish
qaḍyah: proposition
qalb; *lubb*: heart
qamar: moon
qanon: canon
qara'a: to read
qawl: speech; statement
qāla: to say
qird: monkey
qiyās: syllogism
ra'ā: to see
ra'y: opinion
raĵul: man
rā'in: shepherd
rās: head
ri'at: lung
riḫlat: ewe
riĵl: foot
rīḥ: wind
sa'ala: to ask
sabab; *fā'il*: cause
sadd; *ĵabal*: mountain
salam: peace
samā': sky
sami'a; *'aḏana*: to hear
samt: path; way
sanat: year
sayyid: lord
sinn: tooth
ṣabāḥ: morning
ṣadr: breast
ṣaɣīr: small
ṣinā': art
ṣūrah: form
ša'ir: barley
šabīh: likeness
šahādah: testimony
šahr: month
šaĵarat: tree
šakl: figure
šamāl: left
šams: sun
šā': sheep
šifat: lip
tafala: to spit
takallama: to speak
tays: billy goat
tell: hill
ṭab':nature
ṭarf; *ḥadd*: term
ṭayyib: good
tamāniyat: eight
tawr: bull
ulūhat; *allāh*: god
wa: and
wahaba: to give
waĵh: face
walada: to give birth
waqt: time
yad: hand
yam: sea
yamin: oath
yamīn: right
yasur: to be straight
yawm: day
ẓil: shade; shadow
ɣarb: West

EBLAITE-ENGLISH

The alphabetical order accounts for diacritics and hyphens. Main sources: Dahood, Afterword; Pettinato.

a-bù: father
a-dam; *lù*: man
a-ga-ra-gu-um; *ugula*: superintendent
a-kà-lum; *bù-ur-tum*: food
an-dùl: statue
ba-da-qù da-ne-um: to judge
ba-da-qù da-ne-um; *di-ku*: judge
ba-rí-um: bad
balašu: cypress
bù-ur-tum; *a-kà-lum*: food
da-la-lum: day
dam; *ì-ma-tum*: woman
di-ku; *ba-da-qù da-ne-um*: judge
dub-sar: scribe
dub-zu-zu: tablet specialist
eb-du: servant
en: king
en-sí: goat
é-a-gú-um: to go
é-da-ru-um; *lubbu*: heart
ga-šúm: rain
gidri: sceptre
guškin: gold
gú-bar: vessel; pot
gû: ox
ḫu-la-tum: phoenix
i-ad: hand
in: eye
ì-ma-tum; *dam*: woman
ka: like
ká: gate
kà-pá-tu: copper
li-sa-nu: tongue
lubbu; *é-da-ru-um*: heart
lugal: governor
lù; *a-dam*: man
ma-lik-tum: queen
ma-ni-lum: cow; possession
ma-ni-lum; *nì-ba*: property
ma-wu: water
na-ba-u-tum: prophecy
na-ba-um: prophet
na-ba-um: to call; to speak; to recite
na-se: prefect
na-si: person
nì-ba; *ma-ni-lum*: property
pá-tá-ru: to speak softly; to interpret
qá-nu-wu: reed
qá-ra-dum: hero
sar: bush
šum: name
tà-da-bí-lu: translator
ti-'à-ma-tum: sea
tì-é-mu: depth
tu-ba-lu-um: cotton plant
u: herb
udu: sheep
ugula; *a-ga-ra-gu-um*: superintendent
ù-mu-mu: mother
zabar: bronze

UGARITIC-ENGLISH

The Ugaritic Alphabet Tablet
(1350 BCE)

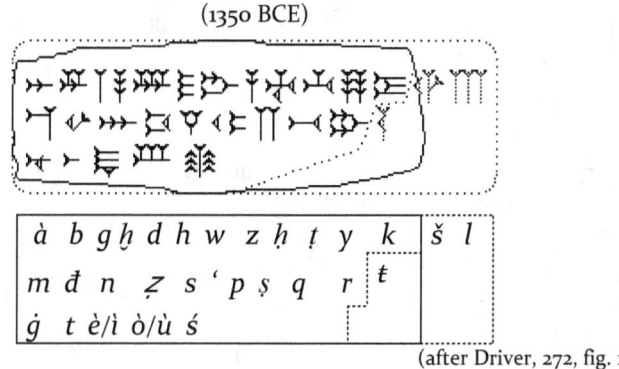

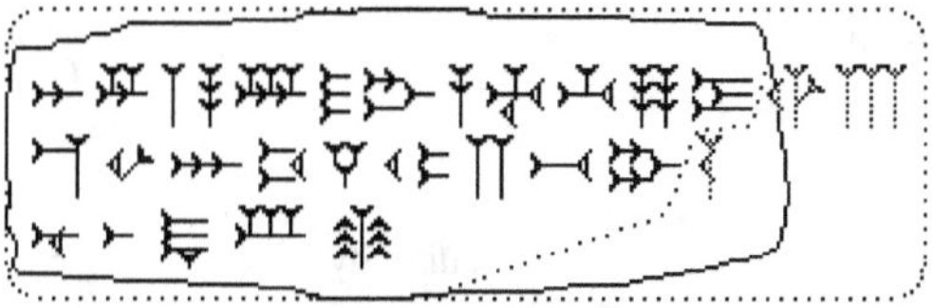

à	*b*	*g*	*ḫ*	*d*	*h*	*w*	*z*	*ḥ*	*ṭ*	*y*	*k*	*š*	*l*
m	*đ*	*n*	*ẓ*	*s*	*ʻ*	*p*	*ṣ*	*q*	*r*	*ŧ*			
ġ	*t*	*è/ì*	*ò/ù*	*ś*									

(after Driver, 272, fig. 109)

Main sources: Bennett; Dahood, *Ugaritic-Hebrew*; Huehnergard, *Ugaritic*; Lauffenburger.

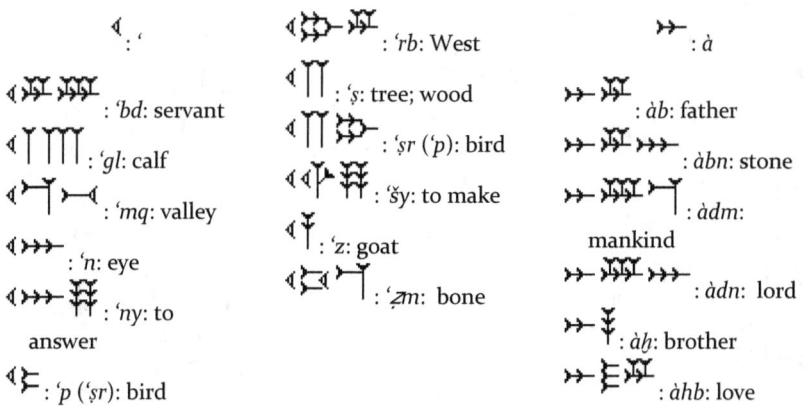

: ʻ

: *ʻbd*: servant

: *ʻgl*: calf

: *ʻmq*: valley

: *ʻn*: eye

: *ʻny*: to answer

: *ʻp* (*ʻṣr*): bird

: *ʻrb*: West

: *ʻṣ*: tree; wood

: *ʻṣr* (*ʻp*): bird

: *ʻšy*: to make

: *ʻz*: goat

: *ʻẓm*: bone

: *à*

: *àb*: father

: *àbn*: stone

: *àdm*: mankind

: *àdn*: lord

: *àḫ*: brother

: *àhb*: love

𐎀𐎈𐎄 : *àḥd*: one

𐎀𐎃𐎗 : *àḫr*: after

𐎀𐎃𐎚 : *àḫt*: sister

𐎀𐎋𐎍 : *àkl*: grain

𐎀𐎍𐎔 : *àlp*: ox

𐎀𐎎𐎗 : *àmr*: to see

𐎀𐎗𐎕 : *àrṣ*: earth; land

𐎀𐎗𐎇 : *àrz*: cedar

𐎀𐎘𐎚 : *àŧt*: woman

𐎁 : *b*

𐎁𐎓𐎍 : *bʿl*: master

𐎁𐎀 : *bà*: to come

𐎁𐎄𐎍 : *bdl*: merchant

𐎁𐎅𐎎𐎚 : *bhmt*: cattle

𐎁𐎛𐎗 : *bìr*: waterwell

𐎁𐎐 : *bn*: son

𐎁𐎐𐎌 : *bnš* (*mt*): man

𐎁𐎐𐎊 : *bny*: to build

𐎁𐎗𐎏𐎍 : *brđl*: iron

𐎁𐎗𐎋 : *brk*: evil

𐎁𐎚 : *bt*: 1. daughter 2. house

𐎄 : *d*

𐎄𐎂 : *dg*: fish

𐎄𐎍𐎚 : *dlt*: door

𐎄𐎎 : *dm*: blood

𐎄𐎎𐎖 : *dmq* (*nʿm*): good

𐎄𐎖 : *dq* (*ql*): small

𐎏 : *đ*

𐎏𐎁𐎁 : *đbb*: fly

𐎏𐎋𐎗 : *đkr*: male

𐎏𐎗𐎓 : *đrʿ*: arm

𐎂 : *g*

𐎂𐎁𐎍 : *gbl*: mountain

𐎂𐎄 : *gd*: billy goat

𐎂𐎄𐎍 : *gdl*: big

𐎂𐎌𐎎 : *gšm* (*mtr*): rain

𐎙 : *ġ*

𐎅 : *h*

𐎅𐎍𐎋 : *hlk*: to go

𐎅𐎆𐎚 : *hwt*: word

𐎈 : *ḥ*

𐎈𐎄𐎗 : *ḥdr*: room

𐎈𐎄𐎘 : *ḥdŧ*: new

𐎈𐎎𐎗 : *ḥmr*: ass

𐎈𐎗𐎌 : *ḥrš*: craftsman

𐎈𐎆𐎚 : *ḥwt*: country

𐎈𐎊𐎎 : *ḥym* (*npš*): life

𐎃 : *ḫ*

𐎃𐎔 : *ḫp*: shore

𐎃𐎗𐎕 : *ḫrṣ*: gold

𐎃𐎗𐎚 : *ḫrt*: cemetery

𐎛 : *ì*

𐎛𐎁 : *ìb*: enemy

𐎛𐎍 : *ìl*: god

𐎛𐎎𐎗 : *ìmr* (*š*): sheep

𐎛𐎐𐎌 : *ìnš* (*nšm*): people

𐎛𐎗𐎌𐎚 : *ìršt*: request

𐎛𐎗𐎚 *írt*: lung

𐎛𐎌𐎄 : *ìšd*: leg
𐎛𐎌𐎚 : *ìšt* (*nr*): fire
𐎛𐎘 : *ìṯ*: there is
𐎛𐎊 : *ìy*: where

𐎋 : *k*

𐎋𐎁𐎋𐎁 : *kbkb*: star
𐎋𐎍 : *kl*: whole; all
𐎋𐎍𐎁 : *klb*: dog
𐎋𐎐 : *kn*: to be
𐎋𐎐𐎅 : *knh*: to create
𐎋𐎗 : *kr*: lamb
𐎋𐎗𐎁 : *krb*: to utter blessings or prayers
𐎋𐎒𐎜 : *ksù*: throne

𐎍 : *l*

𐎍𐎁 : *lb*: heart
𐎍𐎁𐎐 : *lbn*: white
𐎍𐎎𐎄 : *lmd*: to learn
𐎍𐎌𐎐 : *lšn*: tongue; language

𐎎 : *m*

𐎎𐎛𐎄 : *mìd*: many
𐎎𐎍𐎋 : *mlk*: king
𐎎𐎐 : *mn*: what
𐎎𐎗𐎋𐎁𐎚 : *mrkbt*: chariot
𐎎𐎌𐎁 : *mšb*: seat
𐎎𐎚 : *mt* (*bnš*): man
𐎎𐎚𐎗 : *mtr* (*gšm*): rain
𐎎𐎊 : *my*: water

𐎐 : *n*

𐎐𐎓𐎎 : *nʿm* (*dmq*): good
𐎐𐎄 : *nd*: stele
𐎐𐎅𐎗 : *nhr*: river
𐎐𐎔𐎌 : *npš*: 1. soul 2. (*ḥym*): life
𐎐𐎗 : *nr* (*ìšt*): fire
𐎐𐎒𐎋 : *nsk*: metalsmith
𐎐𐎌𐎎 : *nšm* (*ìnš*): people
𐎐𐎌𐎗 : *nšr*: eagle

𐎔 : *p*

𐎔 : *p*: mouth
𐎔𐎓𐎐 : *pʿn*: foot
𐎔𐎐𐎎 : *pnm*: face
𐎔𐎗𐎒𐎚 : *prst*: division

𐎖 : *q*

𐎖𐎍 : *ql* (*dq*): small
𐎖𐎐𐎊 : *qny*: to buy
𐎖𐎗𐎄 : *qrd*: to call
𐎖𐎗𐎚 : *qrt*: city; town
𐎖𐎌𐎚 : *qšt*: bow

𐎗 : *r*

𐎗𐎓𐎊 : *rʿy*: shepherd
𐎗𐎁 : *rb*: great
𐎗𐎂𐎎 : *rgm*: to say; to speak
𐎗𐎈 : *rḥ*: wind
𐎗𐎈𐎖 : *rḥq*: far
𐎗𐎛𐎌 : *rìš*: head
𐎗𐎋𐎒 : *rks*: to bind

𐎒 : *s*

𐎒𐎔𐎍 : *spl*: vessel; pot
𐎒𐎔𐎗 : *spr*: to write

𐎕 : *ṣ*

𐎕𐎍𐎓 : *ṣlʿ*: rib

𐎝 : *ś*

𐎌 : *š*

𐎌 : *š* (*ỉmr*): sheep
𐎌𐎓𐎗 : *šʿr*: barley
𐎌𐎓𐎗𐎚 : *šʿrt*: wool
𐎌𐎀𐎍 : *šảl*: to ask
𐎌𐎄 : *šd*: field
𐎌𐎈𐎗 : *šḥr*: morning
𐎌𐎛𐎗 : *šỉr*: flesh
𐎌𐎍𐎎 : *šlm*: to be complete
𐎌𐎎 : *šm*: name
𐎌𐎎𐎓 : *šmʿ*: to hear
𐎌𐎎𐎀𐎍 : *šmảl*: left
𐎌𐎎𐎎 : *šmm*: sky
𐎌𐎐 : *šn*: tooth
𐎌𐎐𐎚 : *šnt*: year
𐎌𐎔𐎌 : *špš*: sun
𐎌𐎔𐎚 : *špt*: lip

𐎚 : *t*

𐎚𐎅𐎎𐎚 : *thmt*: the deep; primeval sea
𐎚𐎐𐎐 : *tnn*: serpent

𐎉 : *ṭ*

𐎉𐎅𐎗 : *ṭhr*: pure

𐎘 : *ŧ*

𐎘𐎄 : *ŧd*: breast
𐎘𐎍 : *ŧlŧ*: copper
𐎘𐎎𐎐 : *ŧmn*: eight
𐎘𐎐 : *ŧn*: two
𐎘𐎗 : *ŧr*: bull

𐎜 : *ủ*

𐎜 : *ủ*: or
𐎜𐎄𐎐 : *ủdn*: ear
𐎜𐎃𐎗𐎊 : *ủḫry*: end; destiny
𐎜𐎎 : *ủm*: mother
𐎜𐎔𐎚 : *ủpt*: to spit
𐎜𐎕𐎁𐎓 : *ủṣbʿ*: finger

𐎆 : *w*

𐎆 : *w*: and

𐎊 : *y*

𐎊𐎄 : *yd*: hand
𐎊𐎍𐎄 : *yld*: to give birth
𐎊𐎎 : *ym*: 1. day 2. sea
𐎊𐎎𐎐 : *ymn*: right
𐎊𐎔𐎚 : *ypt*: cow
𐎊𐎗𐎃 : *yrḫ*: moon; month
𐎊𐎌𐎗 : *yšr*: to be straight
𐎊𐎚𐎐 : *ytn*: to give

𐎇 : *z*

𐎇𐎁𐎍 : *zbl*: prince

𐎑 : *ẓ*

𐎑𐎍 : *ẓl*: shadow
𐎑𐎍𐎍 : *ẓll*: shade
𐎑𐎍𐎎𐎚 : *ẓlmt*: darkness
𐎑𐎗 : *ẓr*: back

SANSKRIT-ENGLISH

abhāva: negation
abhinna; *ankal*: whole
acayanah: that which encircles
adharma: injustice
adhikaraṇa: location
agni; *tejas*: fire
ākṛtī: shape
alpa: small
aṃśa; *āti*: part
ānantya: boundlessness
anartha; *kālī*: evil
ankal; *abhinna*: whole
anya; *bhinna*: different
anyatā; *bheda*: difference
āpa; *pānīya*: water
apara: other
apravṛtti; *tamas*: inertia
artha: thing
as: to be
āsana: posture
aśri: edge
āti; *aṃśa*: part
ātman: soul
avasthā: condition; state
avi: sheep
bahutva: plurality
bālaka: young
bhāṣā: language
bheda; *anyatā*: difference
bhid: species
bhinna; *anya*: different
bhrātṛ: brother
bhū: to exist
brahmagola: universe
bṛhat: big
buddhi: intelligence; reason
deha; *kāya*: physical body
deva: god
dharma: cosmic order; justice
dravya: substance
dvaṃdva: oppositional pair
dveṣa: hate
dyú : heaven
dyāvāpṛthivī: heaven and earth
gamana: motion
ganesan; *tama*: darkness
guṇa: quality
hetu; *kāraṇa*: cause
jara: old
jātī: genus
jihvā: tongue
jīvā: life
jyoti: light
kalā: art
kāla: time
kālī; *anartha*: evil
kapi: ape
kāraṇavāri: primeval water
karman: action
karmatva: activity
kathā: story
kevala saṃvākya: syllogism
kṣīṇa: weak
kṣiti; *pṛthivī*: earth
lakṣaṇa: definition
loka: names and forms
māṃsa: flesh
manas: mind
mātṛ: mother
mṛtyu: death
mudrā: sign
mukha: mouth
nāman: name
nāmarūpa: name and form; nature of the world
nava: new
nirmāṇa; *sṛṣṭi*: creation
pada: word
padārtha: category
pānīya; *āpa*: water
pariṇāma; *vikṛti*: change
pati: master
pitṛ: father
prakṛti: nature
pramāṇa: proof

prāṇa: spirit
prāṇa: *śvāsa*: breath
pratiyogin: opposite
pravṛtti: destiny
pṛthivī; *kṣiti*: earth
puggāla: person
rāga: affection
rāga: love
rūpa: form
sabhā: assembly
sādguṇa: goodness
śakti: power
sama: equal; same
sāmānya: universal
saṃbandha: relation
saṃsāra: world
śānti: peace
śarīra; *tanu*: body
sarpa: serpent
sarva: all
sattā: being
satya: truth
satyatā: reality
sreyas: good
sṛṣṭi; *nirmāṇa*: creation
stabdhi: immobility
sthiti: stability
śuṣikā: dryness
śuṣka: dry
svadhā: custom
svarūpa: essence
śvāsa; *prāṇa*: breath
tama; *ganesan*: darkness
tamas; *apravṛtti*: inertia
tanu; *śarīra*: body
tattva: principle
tejas; *agni*: fire
timira: dark
tīrain: shore
vāk: speech
varga: class
vāta: wind
vāyu: air
vibhāga: division
vidhi: law
vidyā: knowledge
vishama: odd
viśeṣaṇa: attribute
vyakti: individual
zizna: phallus

GREEK (OLD)-ENGLISH

Main sources : Apostle; Blank; Ross, *Aristotle Selections*; Todd.

A

α̅ ; *heis*; *hen*; *mia*: 1; one
abussos: abyss
adelphos: brother
aei: eternally
aēr: air
agathon; *eu*: good thing; goodness
agathos: good
aggelos: messenger
aglaos: bright
agros: field
aisthanesthai; *aisthēsis*: perception
aisthēsis; *aisthanesthai*: perception
aithēr: sky
aitia; *dioti*; *lógos*: reason
aition: cause
akros: high
alētheia: truth
alethes: true
allos: other
anamimneskein: to recall
anamnesis: latent memory
anemos: wind
anēr: male
anthemon: flower
anthrōpos: man
antikeimenon; *enantios*: opposite
antiphasis: contradiction
apartizein: to complete
apeiron: unlimited
apodeixis; *kataskeuē*: proof
apologia: speech in defence
apophansis: statement
apophantikos lógos; *problema*: proposition
apophasis; *arnesis*: negation
apothēkhē: granary
aristeron: left
arithmos: number
arkhē: beginning; principle
arkhē; *stoikheion*: element
arkhon; *dunastēs*: ruler
arnesis; *apophasis*: negation
arotron: plough
artion: even
aster: star
asteres planetai: planets
atomon; *kath' hekaston*: individual
atomos: indivisible

B

β̅ ; *duo*: 2; two
basileus: king
bathos; *bussos*: depth
bathu: deep, the
bios; *zōē*: life
bous: ox
bronkhos; *pharunx*: throat
brontē: thunder
bublion: book
bussos; *bathos*: depth

Δ

daktulos: 1. finger 2. date
deka; ι̅ : ten; 10
dēmiourgos: craftsman
dēmos; *làos*: people
dendron; *drus*: tree
dexion: right
dia: because
diagignōskein; *diorizein*: to distinguish
diagnōsis: diagnosis

diagōgē; *energeia*: activity
diairein; *horizein*: to divide
diairesis: division
diakonos: servant
dialektikos: language
dianoia; *ennoia*; *noēma*: thought
diaphora: differentia
diaphoros; *heteros*: different
dia ti: why
didaskein: to teach
dihorismos: specification
dikaiosunē; *dikē*: justice
dikē; *dikaiosunē*: justice
diktuon: net
diorizein; *diagignōskein*: to distinguish
dioti; *lógos*; *aitia*: reason
diploos: double
doulos: slave
doxa: opinion
drosos: dew
drus; *dendron*: tree
duas; *duo*; B̄ : two; 2
dunamis; *kratos*: power
dunastēs; *arkhon*: ruler
duo; duas; B̄ : two; 2

E

ebenos: ebony
eidopoios diaphora: specific difference
eidos: idea; species
eidos: Form
eidos; *skhēma*: figure
einai: to be
einai; *huparkhein*: to exist
einai; *on*: being; entity
eirein: to speak; to tell; to proclaim
eirein; *legein*; *phanai*; *phōnein*: to speak
eiremes: speech contriver
ekhein: to have; to be having
ekklesia: assembly
elephas: elephant
emesato: he contrived
en; *en tini*: present in
enantion: contrary
enantios; *antikeimenon*: opposite
enantios; *hupenantios*: contrary
enantiotēs; *enantiōsis*: contrariety
enantiōsis; *enantiotēs*: contrariety
energeia: actuality
energeia; *diagōgē*: activity
energeia; *ergon*: function
en merei; *epi meros*; *kata meros*; *merikos*: particular
ennoia; *noēma*; *dianoia*: thought
entelekheia: realization; entelechy
en tini; *en*: present in
enuparkhein; *pareinai*: to be present
enuparkhon: constituent
epi meros; *kata meros*; *merikos*; *en merei*: particular
epistamai; *gignōskein*; *gnōrizein*: to know
epistēmē; *gnōsis*: knowledge
epizētein; *zētein*: to inquire; to seek
epos; *lógos*; *phōnēma*; *phrasis*: speech
ergon; *energeia*: function
ergon; *historia*; *hoti*; *on*; *pragma*: fact
eros: love
erōtēsis; *zētēsis*: question
eruthros: red
eu; *agathon*: goodness; good thing
eu; *kalōs*: well (adv.)
eurus; *platu*: wide
euthus; *orthos*: straight

H

H̄; *okto*: 8; eight
ēremia: rest
ēremoun: resting
ēthike: ethics
ēthos; *nomos*: custom

Γ

gē: earth; land
genesis: becoming
genos: 1. sex; race 2. class; genus; kind; type
gignesthai: to be born; to become
gignōskein: to perceive
gignōskein; *gnōrizein*; *epistamai*: to know
glōssa; *glōtta*: tongue
glōtta; *glōssa*: tongue
gnōrizein; *epistamai*; *gignōskein*: to know
gnōsis; *epistēmē*: knowledge
gramma: letter; writing
grammatikē: grammar
grammē: line
graphein: to write
gunē: woman

Ἁ

haima: blood

hama: simultaneous
haptesthai: to touch
harma: chariot
harmonia: agreement

Ἑ

heis; *hen*; *mia*; Ᾱ : one; 1
hēlios: sun
hemera: day
hen; *mia*; *heis*; Ᾱ : one; 1
herma; *horos*: Hermes boundary stone
herma; *horismos*; *horos*: boundary
hermēneuein: to interpret
hermēneus; *prophētēs*: interpreter
hērōs: hero
hesperos: evening
heteros; *diaphoros*: different
heteromēkes: oblong
heterotis: difference
hexis: possession
hexis: state

Ἱ

hierax: hawk
hiereus; presbyteros: priest
hierogluphikos: hieroglyph
histanai: to stand
historia: inquiry; history
historia; *hoti*; *on*; *pragma*; *ergon*: fact
histōr; *krites*: judge

Ὁ

hodós: way
holoklēros; *teleios*: complete
holon: all
holos: whole
homoios: like; similar
homoiōma: likeness
homōnumon: homonym
homōnumos: ambiguous; equivocal
homos; *tautos*: same
hopoion: kind of thing
horan; *idein*: to see
horismos: determination
horismos; *horos*; *herma*: boundary
horismos; *horos*; *lógos*: definition
horizein: to determine; to limit
horizein; *diairein*: to divide
horizōn: horizon
horkos: oath
horos: boundary stone
horos: limit of a musical interval; musical interval; propositional term; term of ratio
horos; *herma*: Hermes boundary stone
horos; *herma*; *horismos*: boundary
horos; *lógos*; *horismos*: definition
horos; *onoma*: term
horos; *protasis*: premise
hoti; *on*; *pragma*; *ergon*; *historia*: fact
hoti estin: what it is
hoti estin; *phusis*: nature
hou heneka; *terma*; *telos*: end

Ὑ

hudōr: water
hugros: wet
hulē: matter
huparkhein: to be present in; to belong to
huparkhein; *einai*: to exist
hupenantios; *enantios*: contrary
hupokeimenon: subject; substratum
hupothesis: hypothesis
husteron: after
husteros: posterior

I

Ῑ ; deka: 10; ten
ˈΓχ : 3,600
ibis: ibis
idea: Idea
idein; *horan*: to see
idion: property
idiotēs: characteristic property; particular property
ikhthus: fish
isos: equal

K

kainos; *neos*: new
kakon: badness; bad thing
kakos: bad
kalamos: reed
kalein: to call
kalos: beautiful
kalōs; *eu*: well (adv.)
kampulos; *kurtos*: curved
kanon: canon
kardia: heart
karux: herald
kata meros; *merikos*; *en*

merei; *epi meros*: particular
kataphasis; *katēgoria*: affirmation; assertion
kataskeuē; *apodeixis*: proof
katēgorēma; *katēgoria*; *katēgoroumenon*: predicate
katēgoria: attribution; predication
katēgoria: category
katēgoria: charge; denunciation
katēgoria; *kataphasis*: assertion; affirmation
katēgoria; *katēgoroumenon*; *katēgorēma*: predicate
katēgoroumenon; *katēgorēma*; *katēgoria*: predicate
katharos: pure
kath' hekaston; *atomon*: individual
katholou: universal
kedros: cedar
keisthai: to be in a posture
kephalē: head
keramos: clay
kerkopithekos: monkey
kinein: to move
kinēsis: movement; motion
kinoumenon: moving
koinos: common
kosmos: world
kosmos; *taxis*; *thesis*: order
kōpe: oar
kratos; *dunamis*: power
kreas; *sarx*: flesh
krinein; *logizesthai*: to judge
krites; *histōr*: judge
kruos; *psukhron*: cold
kuparissos: cypress
kurtos; *kampulos*: curved

X

khampsai: crocodile
khaos: chaos
kheilos: lip
kheir: hand
khemeia: transmutation
khen: goose
khorion: skin
khrēsis: usage
khronos: time
khrusos: gold

Λ

laas: *laos*
làos: men
làos; *demos*: people
laos; *laas*; *lithos*: stone
legein: to say
legein; *phanai*; *phōnein*; *eirein*: to speak
legethai kata: said of
leukos: light
leukos: white
lexis; *lógos*; *onoma*; *rhema*: word
lithos; *laos*; *laas*: stone
logizesthai; *krinein*: to judge
lógos: account; formula; sentence; logos
lógos; *aitia*; *dioti*: reason
lógos; *horismos*; *horos*: definition
lógos; *onoma*; *rhema*; *lexis*: word
lógos; *phōnēma*; *phrasis*; *epos*: speech

M

makhella: hoe
manthanein: to learn
megas: big; great
melanos: black
mellon: future
merikos; *en merei*; *epi meros*; *kata meros*: particular
meros; *morion*: part
meta: after
metaballein: to change
metabolē: change
metempsukhousthai: metempsychosis; transmigration
meteōron: meteor
meter: mother
metrein: to measure
metron: measure
mia; *heis*; *hen*; [illegible] : one; 1
mikron: small
mikros: small
misos: hate
monas: one
morion; *meros*: part
morphē; *skhēma*: form
muthos: story

N

naus: ship
noeros: intelligent
neos; *kainos*: new
nephelē: cloud
nesos: island
noein: to think
noēma; *dianoia*; *ennoia*: thought
nomimon; *nomos*: statute; law
nomos: province
nomos; *ēthos*: custom
nomos; *nomimon*: law; statute

nous: mind; intelligence
nux: night

O

obeliskos: obelisk
odōn: tooth
oekos: house
oinochoos: cupbearer
oitos: fate
okto; Η̄: eight; 8
on; *einai*: entity; being
on; *pragma*: thing
on; *pragma*; *ergon*; *historia*; *hoti*: fact
onoma: name
onoma; *horos*: term
onoma; *rhema*; *lexis*; *lógos*: word
onomata: terminology
onomatikos: noun
onomazein: to name
ophis: serpent
ophthalmos: eye
opson; *trophē*: food
organon: instrument
ornis: bird
oros: mountain
orthos; *euthus*: straight
ouranos: heaven
ous: ear
ousia: being
ousia: substance
ousia deutera: secondary substance
ousia prōtē: primary substance
ousiotikos: substantive

Π

palaios: old
pan: universe
papuros: papyrus
paradeisos: garden
pareinai; *enuparkhein*: to be present
parelēluthos; *parōikhēmenos*: past
parōikhēmenos; *parelēluthos*: past
parousia: presence
pas: all
paskhein: to undergo; to be affected
pater: father
pathēma; *pathos*: affection
pathos; *pathēma*: affection
pathos; *sumbebēkos*: accident; attribute
pempte ousia: quintessence
peperasmenon: limited
peras: limit; outer limit
periphereia: outskirts
peritton: odd
pithēkos: ape
platu; *eurus*: wide
plēthos; *polla*: plurality
pneuma; *psukhē*: breath
pneumōn: lung
poiein: to act; to do; to make
poiēsis: making
poiēsis: poetry
poiēsis; *praxis*: action
poion: qualified
poios; *poiotēs*: quality
poiotēs; *poios*: quality
polis: city
polla; *plēthos*: plurality
pompos: leader
poson: quantified; quantity
potamos: river
pote: at some time (whenness)
pou: somewhere (whereness)
pous: foot
pragma; *ergon*; *historia*; *hoti*; *on*: fact
pragma; *on*: thing
praxis; *poiesis*: action
pro: before
probaton: sheep
problema; *apophantikos lógos*: proposition
prophētēs: prophet
prophētēs; *hermēneus*: interpreter
prophetia: prophecy
prophora; *phases*: utterance
prosdiorizein: to determine
prosōpon: person
prostaxis: command
pros ti: relation; relative to
protasis: proposal
protasis; *horos*: premise
proteros: prior
prōtos: first
pule: gate
pur: fire
puramidos: pyramid

Φ

phallos: phallus
phanai; *phōnein*; *eirein*; *legein*: to speak
pharmakon: drug
pharunx; *bronkhos*: throat
phases; *prophora*: utterance
philein: to love
philia: love
phoinix: phoenix
phōnein; *eirein*; *legein*; *phanai*: to speak
phōnē: voice
phōnēma; *phrasis*; *epos*; *lógos*: speech

phōs: light
phrasis; *epos*; *lógos*; *phōnēma*: speech
phule: tribe
phusis; *hoti estin*: nature
phuton: plant

Ψ

psukhē: soul
psukhē; *pneuma*: breath
psukhoros: cold
psukhron; *kruos*: cold

P

rhema; *lexis*; *lógos*; *onoma*: word

Σ

sarx; *kreas*: flesh
seistron: sistrum
selēnē: moon
sidēros: iron
skaphē: boat
skēptron: sceptre
skhēma: shape
skhēma; *eidos*: figure
skhēma; *morphē*: form
skhizein: to split
skholē: school
skorpios: scorpion
skotos: darkness
sōma: body
sophia: wisdom
sphrasis: seal
stēlē: stele
stenos: narrow
stoikheion: letter
stoikheion; *arkhē*: element
stoma: mouth
stulos: pillar
sukomoros: sycamore
sullogismos: deduction; syllogism
sullogizesthai: to prove
sumbebēkos; *pathos*: attribute; accident
sumplekein: to join
sunekhes: continuous
sunolon; *suntheton*: composite
sunōnumon: synonym
sunōnumos: synonymous
suntheton; *sunolon*: composite

T

tauros: bull
tautos; *homos*: same
taxis; *thesis*; *kosmos*: order
tekhnē: art
tekhnē: craft
teleios; *holoklēros*: complete
telos; *terma*; *hou heneka*: end
temnein: to cut
teras: omen
terma; *telos*; *hou heneka*: end
termon: border
tetragōnon: square
ti ēn einai; *ti esti*: essence; what-it-is (whatness)
ti esti; *ti ēn einai*: what-it-is; essence (whatness)
timē: honour
tode ti : thisness
topos: location; place
topos; *thesis*: position
tragos: goat
tropē: direction
trophē; *opson*: food

Θ

thalassa: sea
thanatos: death
thēlu: female
theos: disposer; god
thermos: hot
thesis; *topos*: position
thesis; *kosmos*; *taxis*: order
thronos: throne

Ξ

xēros: dry
xulon: wood

Z

zēn: to live
zētein; *epizētein*: to seek; to inquire
zētēsis; *erōtēsis*: question
zōē; *bios*: life
zōon: living being

LATIN-ENGLISH

Old Latin and New Latin.

A

absentia: absence
abyssus: abyss
accidens: accident
actio: action
ad aliquid: relative to
adesse: to be present
ad quid; *cur*: why
aequalis: equal
aequivocus: ambiguous; equivocal
aer: air
aeternitas: eternity
affectio; *passio*: affection
affirmatio: affirmation
ager: field
agere: to act; to do
agnus: lamb
albus: white
alius; *alter*: other
alter; *alius*: other
altus: high
amare: to love
amicus: friend
amor: love
angustus: narrow
anima: breath
anima: soul
annus: year
ante; *prae*: before
apis: bee
appellare: to name
aqua: water
aquila: eagle
arbor: tree
arcus: bow
arena: sand
assistens: assistant
astrum; *stella*: star
attollere; *extollere*: to lift up
attributio: attribution
attributum: attribute
audire: to hear
auricula: ear
auro: gold
autoritas: authority
avis: bird

B

bellus: beautiful
bonitas: goodness; bounty
bonum: good thing
bonus; *probus*: good
bos: ox
bracchium: arm
bronchia: throat
buccha: mouth

C

caedere: to cut
caelum: heaven
camera: room
canon: canon
capra: goat
caput: head
caro: flesh
carrum: chariot
causa; *materia*: cause
causa; *res*: thing
cedrus: cedar
celsus; *magnus*: great
chaos: chaos
cherub: cherub
cimiterium: cemetery
clamare; *praedicare*; *proclamare*: to proclaim
clarus: bright
classis: class
cogitare; *pensare*: to think
cognoscere; *discere*: to learn
communis: common
complere: to complete
compositus: composite
concilium: assembly
concipere: to conceive

conditio: agreement
constituens: constituent
continere: to contain
continuus: continuous
contractus: contract
contradictio: contradiction
contrarietas: contrariety
contrarium: contrary
cor: heart
corpus: body
correctus: correct
costa: rib
creare; *generare*: to create
creare; *facere*: to make
creatio: creation
crocodilus: crocodile
cupressus: cypress
cur; *ad quid*: why
curvus: curved
cyprum: copper

D

dactylus: 1. finger 2. date
dare: to give
decem; *X*: ten; 10
definitio: definition
definire: to delimit
deitas: deity
dens: tooth
denunciatio: denunciation
descendere: to descend
destinatus: destiny
determinare; *limitare*: to determine
determinatio: determination; specification
deus: god
diagnosis: diagnosis
dicere: to say
dictio; *lexis*: word
dictus; *parabola*; *phrasis*: speech
dies: day
differens: different
differentia: differentia; difference
differentia specifica: specific difference
directio: direction
directus; *rectus*: straight
discere; *cognoscere*: to learn
distantem: far
distinguere: to distinguish
dividere: to divide
divinitas: divinity
divisio: division
docere: to teach
documentum; *proba*: proof
dominium: property
dominus: lord
domus: house
donum: gift
dualis: dual
duas; *duo*; *II*: two; 2
ducere: to lead
duo; *II*; *duas*: two; 2
duplus: double
dux; *princeps*: leader

E

ebenus: ebony
ebur: ivory
effectus: effect
elementum: element
elephantus: elephant
energia: activity
entitas: entity
ergo: therefore
esse: to be
essentia; *quidditas*: essence
et: and
ethica: ethics
examinare: to examine
excellentem: excellent
existere: to exist
expansum: expanse
exquadra: square
extollere; *attollere*: to lift up

F

fabula: story
facere; *creare*: to make
factum: fact
falco: falcon; hawk
far; *granum*: grain
fari; *loqui*: to speak
fatum: fate
femella: female
femina: woman
fendere: to split
fere: to become
ferrum: iron
figura: figure
filia: daughter
filius: son
finis: end
firmus: firm
flere: to weep
flos: flower
fluvius: river
focus: fire
forma: form; shape
formula: formula
fortis: *potens*: strong
frater: brother
frigidus: cold
frons: front
functio: function
fundatio: foundation

G

generare; *creare*: to create
gens; *genus*: race
genus: genus; kind

genus; *gens*: race
genus proximus: proximate genus
grammatica: grammar
grandis: big
granum; *far*: grain
gubernator: governor

H

habere: to have
habitatio: building
habitus; *status*: condition
harmonia: harmony
herba: herb
heros: hero
hieroglyphicus: hieroglyph
historia: history
homo: humankind; man
Homo habilis: *Homo habilis* (dexterous man)
Homo sapiens: *Homo sapiens* (man the wise)
homonymum: homonym
honor: honour
hora: hour
horizon: horizon
hortus: garden
hostilis: hostile
hostilitas: hostility
hostis; *inimicus*: enemy
humanitas: humanity
hypothesis: hypothesis

I

I; *unus*: 1; one
ibex: ibex
ibis: ibis
Ibis comata: crested ibis
Ibis religiosa; *Threskiornis aethiopica*: sacred ibis
idea: idea
II; *duas*; *duo*: 2; two
imaginari: to imagine
immobilitas: immobility
incarnatio: incarnation
includere: to include
individuus: indivisible
individuus; *persona*: individual
inertia: inertia
inimicus; *hostis*: enemy
injustitia: injustice
inquirere: to ask; to inquire
inscriptio: inscription
insula: island
integritas: whole
intellegentia: intelligence
intellegere; *percipere*: to perceive
interpretari: to interpret
interpretor: interpreter
inundatio: inundation
invenire: to find
ire: to go
iudicare: to judge

J

judex: judge
jungere: to join
jurare: to swear
justificatio: justification
justitia: righteousness
justus: just

L

labia: lip
lapis; *petra*: stone
legalis: legal
legere: to read
legitimare: to legitimate
lex: law
lexis; *dictio*: word
liber: book
lignum: wood
limes: limit
limes; *terminus*: boundary
limitare; *determinare*: to determine
limitare; *terminare*: to limit
linea: line
lingua: tongue
linum: linen
littera: letter
locatio: location
loqui; *fari*: to speak
lumen: light (effect)
luna: moon
lux: light (cause)

M

magica: magic
magister: master
magnus; *celsus*: great
malus: 1. bad 2. mast
mamma: breast
mandare: to command
manere; *remanere*: to remain
manus: hand
mare: sea
masculus: male
mater: mother
materia: matter
materia; *causa*: cause
membrum: limb
mens: mind
mensis: month
mensura: measure
metallum: metal
metiri: to measure
minerale: mineral
minister; *serviens*: servant
MMMDC (∞∞∞ÐC): 3,600
modus operandi: modus operandi

momentum: moment
mons: mountain
mors: death
motio: motion
movere: to move
multitudo: multitude
multus: many
mundus: world
mutare: to change

N

narrare: to tell
nasci: to be born
natura: nature
navis: ship
negatio: negation
neus: new
niger: black
nimbus: cloud
nomen: name; noun
nox: night
numerus: number
nuntius: messenger
Nymphaea alba: white water lily

O

obeliscus: obelisk
oblongus: oblong
obscuritas: darkness
obscurus: dark
occupatio: occupation
octo; *VIII*: eight; 8
oculus: eye
omen: omen
omnis: all
operire: to cover
opinio: opinion
oppositus: opposite
ordo: order
organum: instrument
orphanus: orphan
ovis: sheep
Ovis longipes palaeoaegypticus: wavy-horned ram
ovum: egg

P

palatium: palace
Papio cynocephalus: baboon
Papio hamadryas: sacred baboon
papyrus: papyrus
parabola; *phrasis*; *dictus*: speech
pars: part
particularis; *specialis*: particular
parvus: small
passare: to pass
passio; *affectio*: affection
pastor: shepherd
pater: father
pati; *suffere*: to undergo
pax: peace
pede: foot
pellis: skin
penis: phallus
pensare; *cogitare*: to think
perceptio: perception
percipere; *intellegere*: to perceive
peripheria: outskirts
persona: person
persona; *individuus*: individual
pertundere: to pierce
petra; *lapis*: stone
Petrocephalus bane: pike
phoenix: phoenix
Phoenix dactylifera: date palm
phrasis; *dictus*; *parabola*: speech
pila: pillar
piscis: fish
planeta: planet
Plegadis falcinelus: black ibis
plere: to fill
pluralis: plural
pluralitas: plurality
pluvia: rain
poesis: poetry
ponere: to put
porta: gate
positio; *positura*: position
positura; *positio*: position
post: after
posterior: posterior
potens; *fortis*: strong
potens; *potis*: powerful
potentia: power
potis; *potens*: powerful
prae; *ante*: before
praedicare: to assert
praedicare; *proclamare*; *clamare*: to proclaim
praedicatio: predication
praedicatum: category
praedicatum: predicate
praefectus: prefect
praemissa: premise
praesens: present
praesentia: presence
praesumptiosus: presumptuous
presbyter: priest
pretium: price
primus; *princeps*: first
princeps: ruler
princeps; *dux*: leader
princeps; *primus*: first
principia: elements
principium: beginning
prior: prior; previous
proba; *documentum*: proof
probare: to prove
probus; *bonus*: good

proclamare; *clamare*; *praedicare*: to proclaim
proclamatio: proclamation
propheta: prophet
prophetia: prophecy
propositio: propostion
proprietas: quality
proprium: particular property
provincia: province
pulmo: *lung*
purus: pure
putare: to count
pyramis: pyramid

Q

quaerere: to question; to seek
quaestio: inquiry
quale: qualified
quando: when
quantitas: quantity
quantum: quantified
quidditas; *essentia*: essence
quiescere: to rest
quinta essentia; *quintum genus*: quintessence
quintum genus; *quinta essentia*: quintessence
quo; *ubi*: where
quomodo: how

R

ratio: account
realitas: reality
recitare: to recite
rectus; *directus*: straight
regina: queen
regnum: kingdom
relatio: relation
relatus: related to
remanere; *manere*: to remain
requisita: request
res; *causa*: thing
resina: resin
respondere: to answer
responsum: answer
revisere: to revise
rex: king
ripa: riverbank
ruina: ruin

S

sacire: to seize
sancire: to decree
sanguis: blood
sapere; *scire*: to know
sapientia: wisdom
scalae: ladder
scarabaeus: scarab
sceptrum: sceptre
schola: school
scientia: knowledge
scire; *sapere*: to know
scorpio: scorpion
scriba: scribe
scribere: to write
sculptura: sculpture
secretarius: secretary
serpens: snake
serviens; *minister*: servant
sexus: sex
si: if
sigillum: seal
similis: similar; like
similitas: likeness
simul: simultaneous
sinister: left
sol: sun
soldiarus: soldier
soror: sister
specialis; *particularis*: particular
species: species
spiritus: spirit
spuere: to spit
stabilis: stable
stabilitas: stability
stare: to stand
statua: statue
status: state
status; *habitus*: condition
statutum: statute
stela: stele
stella; *astrum*: star
stellae errantes: planets
subjectus: subject
substantia: substance
substantivus: substantive
sufferre; *pati*: to undergo
summum genus: top genus
superintendens: superintendent
sycomorus: sycamore
syllogismus: syllogism
synonymum: synonym

T

taurus: bull
tela: cloth
tempestas: storm
tempus: time
terminare; *limitare*: to limit
terminus; *limes*: boundary
terminus: term
terra: earth
texere: to weave
Threskiornis aethiopica; *Ibis religiosa*: sacred ibis
thronus: throne
Tilapia nilotica: Nile tilapia

U

ubi; *quo*: where
umbra: shade; shadow
universalis: universal
universum: universe
univocus: synonymous
unus; *I*: one; 1
urbs: city
ursus: bear
usus: custom

V

vas: vessel
venire: to come
vesper: evening
vices: change
videre: to see
vita: life
vivere: to live
VIII; *octo*: **8**; eight
vocare: to call
vox: voice
vultur: vulture
vulva: vulva

X; *decem: 10; ten*

BIBLIOGRAPHY

Allen, James P. *Middle Egyptian*. Cambridge: Cambridge University Press, 2000.

Apostle, Hippocrates G. *Aristotle's "Metaphysics."* Bloomington, IN: Indiana University Press. 1966.

———, trans. *Aristotle's "Categories" and "Propositions."* Grinnell, IA: Peripatetic Press, 1980.

Bennett, Patrick R. *Comparative Semitic Linguistics: A Manual*. Winona Lake, IN: Eisenbrauns, 1998.

Blank, David, trans. *Ammonius: On Aristotle's "On Interpretation"* 1–8. Ancient Commentators on Aristotle. Ithaca, NY: Cornell University Press, 1996.

Budge, E. A. Wallis. *An Egyptian Hieroglyphic Dictionary*. 2 vols. London: Murray, 1920.

Butterworth, Charles E., trans. and ed. *Averroës' Three Short Commentaries on Aristotle's "Topics," "Rhetoric," and "Poetics."* Albany: State University of New York Press, 1977.

Champollion le Jeune. *Grammaire égyptienne: Principes généraux de l'écriture sacrée égyptienne appliquée à la représentation de la langue parlée*. 1836. Reprint, Paris: Institut d'Orient, 1984–1985. (Photocopy.)

Dahood, Mitchell. *Ugaritic-Hebrew Philology: Marginal Notes on Recent Publications*. Biblica et orientalia 17. Rome: Pontifical Biblical Institute, 1965.

———. "Ebla, Ugarit, and the Bible."Afterword to *The Archives of Ebla: An Empire Inscribed in Clay*, by Giovanni Pettinato, 271–321. Garden City, NY: Doubleday, 1981.

Deimel, Anton. *Šumerische-Akkadisches Glossar*. Rome: Verlag des Papstl. Bibelinstituts, 1934.

———. *Šumerische Grammatik mit Übungsstücken und zwei Anhängen*. Rome: Verlag des Papstl. Bibelinstituts, 1939.

Deimel, P. Anton. *Šumerisches Lexikon*. Vol. 1. 1928. Reprint, Rome: Pontificium Institutum Biblicum, 1947.

Driver, G. R. *Semitic Writing: From Pictograph to Alphabet*. 1948. Edited by S. A. Hopkins. The Schweich Lectures of the British Academy 1944. Rev. ed. London: Oxford University Press, 1976.

Englund, Gertie. *Middle Egyptian: An Introduction*. Uppsala: Uppsala University, 1988.

Gadd, C. J. *A Sumerian Reading-Book*. Oxford: Oxford University Press, 1924.

Gelb, Ignace J., Benno Landsberger, A. Leo Oppenheimer, and Erica Reiner, eds. *The Assyrian Dictionary*. 21 vols. Chicago: Oriental Institute, 1961.

Gimbutas, Marija. *The Language of the Goddess*. 1989. San Francisco: HarperCollins, 1991.

Griffen, Toby D. "Deciphering the Vinča Script." 2006. Universidade Federal de Minas Gerais. http://www.letras.ufmg.br/NEAM/arquivos/vincascript.pdf (accessed May 29, 2009).

Haarmann, Harald. *Early Civilization and Literacy in Europe: An Inquiry into Cultural Continuity in the Mediterranean World*. Approaches to Semiotics 124. Berlin: Mouton de Gruyter, 1996.

Huehnergard, John. *Ugaritic Vocabulary in Syllabic Transcription*. Harvard Semitic Studies 32, edited by Frank Moore Cross. Atlanta: Scholars Press, 1987.

———. *A Grammar of Akkadian*. Harvard Semitic Studies 45, edited by Jo Ann Hackett and John Huehnergard. Atlanta: Scholars Press, 1997.

Keiser, Clarence Elwood. *Neo-Sumerian Account Texts from Drehem*. New Haven, CT: Yale University Press, 1971.

King, L. W. *First Steps in Assyrian*. London: Kegan Paul, Trench, Trübner, 1898.

———. *Assyrian Language*. 1901. New York: AMS Press, 1976.

Kramer, Samuel Noah, and John Maier. *Myths of Enki, The Crafty God*. New York: Oxford University Press, 1989.

Kutscher, Raphael. *Oh Angry Sea* (a-ab-ba hu-luh-ha): *The History of a Sumerian Congregational Lament*. New Haven, CT: Yale University Press, 1975.

Lauffenburger, Olivier. "Dictionnaire akkadien." Association assyrophile de France. http://www.premiumwanadoo.com/cuneiform.languages/dictionary/index_fr.php?langui=french (accessed November 3, 2009).

Mercer, S. A. B. *Egyptian Hieroglyphic Grammar with Vocabularies, Exercises, Chrestomathy (A First-Reader), Sign-List & Glossary*. 1926. Reprint, Chicago: Ares Publishers, 1984.

Miller, Douglas B., and R. Mark Shipp. *An Akkadian Handbook*. 1993. Reprint, Winona Lake, IN: Eisenbrauns, 1996.

Pettinato, Giovanni. *The Archives of Ebla: An Empire Inscribed in Clay*. (1979.) Afterword by Mitchell Dahood. Garden City, NY: Doubleday, 1981.

Ross, W. D., ed. *Aristotle Selections*. 1927. New York, NY: Charles Scribner's Sons, 1955.

Sadek, Ashraf Alexandre. *Dictionnaire hiéroglyphes-français*. Hors-série. Limoges: Le Monde copte, 2006.

Thomsen, Marie-Louise. *The Sumerian Language: An Introduction to its History and Grammatical Structure*. Mesopotamia 10. Copenhagen: Akademisk Forlag, 1984.

Todd, Robert B., trans. *Themistius: On Aristotle's "On the Soul."* Ancient Commentators on Aristotle. Ithaca, NY: Cornell University Press, 1996.

Volk, Konrad. *A Sumerian Reader*. Rome: Editrice Pontifico Istituto Biblico, 1999.

Vycichl, Werner. *Dictionnaire étymologique de la langue copte*. Louvain: Éditions Peeters, 1984.

Westendorf, Wolfhart. *Koptisches Handwörterbuch*. Heidelberg: Carl Winter, 1977.

Wigram, George Vicesimus. *The Englishman's Hebrew and Chaldee Concordance of the Old Testament*. 1843. Reprint, Grand Rapids, MI: Zondervan Pub. House, 1976.

Winn, Shan M. *Pre-Writing in Southeastern Europe: The Sign System of the Vinča Culture ca. 4,000 BC*. Calgary: Western Publishers, 1981.

*

Author's Background

Jean L. F. Lambert is the founder and former head of the Terminology Unit of the Royal Canadian Mounted Police. He holds a Master's degree in Applied Linguistics from the University of Ottawa, Canada, and was educated in French boarding schools (lycées Montaigne and Champollion) and in the Balkans and North America. Mr. Jean Lambert's unit contributed to a 125% increase in corporate translation output, and he was personally instrumental in casting the first multilingual police dictionary on the Internet, Polex+®.

In addition to developing and teaching a terminology course at the University of Ottawa, Jean Lambert has been a linguistic advisor to a range of agencies, from the Kent Constabulary for Channel Tunnel operations, to the Cyprus Association of Translators. He is the author of a glossary on plate tectonics, of the *International Illustrated Vocabulary of English-French Fingerprint Terminology with a Short Index in Six Languages*, of *The Quiet Tides of Bordeaux*, and of unpublished short stories (incl. Sur les traces d'Hannibal, Special Jury Prize, Italian Week, Ottawa, 2007).

www.ingramcontent.com/pod-product-compliance
Lightning Source LLC
Chambersburg PA
CBHW051522230426
43668CB00012B/1709
* 9 7 8 0 9 9 4 7 7 2 8 8 6 *